教育部人文社会科学研究规划青年基金项目（编号：YJCZH173）资助

中国森林保险区域化发展研究

王华丽 著

电子科技大学出版社
University of Electronic Science and Technology of China Press

图书在版编目（CIP）数据

中国森林保险区域化发展研究 / 王华丽著. -- 成都 : 电子科技大学出版社, 2019.4
ISBN 978-7-5647-6834-8

Ⅰ. ①中… Ⅱ. ①王… Ⅲ. ①林业—财产保险—研究—中国 Ⅳ. ①F842.66

中国版本图书馆CIP数据核字（2019）第065311号

中国森林保险区域化发展研究
王华丽 著

策划编辑 魏 彬
责任编辑 魏 彬

出版发行 电子科技大学出版社
成都市一环路东一段 159 号电子信息产业大厦九楼 邮编 610051
主 页 www.uestcp.com.cn
服务电话 028-83203399
邮购电话 028-83201495

印 刷 三河市腾飞印务有限公司
成品尺寸 170mm×240mm
印 张 20
字 数 390千字
版 次 2019年4月第一版
印 次 2019年4月第一次印刷
书 号 ISBN 978-7-5647-6834-8
定 价 86.00元

前　言

森林是生态资源的重要组成部分，不仅为社会提供各种物质资料，其水源涵养、固碳释氧、保持生物多样性等功能也为人类的生存和发展创造了条件。然而我国的森林资源却并不丰富，是一个生态脆弱的国家。与此同时，森林还面临着自然灾害的侵袭和人为破坏的风险，如风灾、暴雨、冰冻、干旱、台风、病虫害以及人为因素引起的火灾等，这些风险的存在极大地影响了林业生产的连续性和稳定性。为强化林业支持保护体系，促进受损森林资源尽快得到恢复，2009 年国家林业局和保监会联合发布《关于做好政策性森林保险体系建设促进林业可持续发展的通知》，逐步开始政策性森林保险试点。在财政补贴的支持下，政策性森林保险业务在全国范围内迅速推广，2016 年森林保险试点的地区和单位已达 31 个，参保森林面积 20.44 亿亩，保额 11779.98 亿元，财政补贴 26.74 亿元。

森林兴则生态兴，生态兴则文明兴。作为实现森林资源补偿和林业援助的重要途径的森林保险可有效化解林业经营风险，调动社会投资林业的积极性，对提高我国森林覆盖率、推动生态文明建设具有重要意义。森林保险在分散风险、减少森林灾害发生及损失、引导资金合理利用、保障林业的再生产方面具有极其重要的现实意义。然而由于我国开展森林保险的时间短，经验积累较少，所以在各个方面都存在不足。随着森林保险业务的逐步扩展，日渐增多的问题引起了学者们的关注和研究。其中林业产业发展与林业风险的区域差异性、风险区划指标的选择与量化、费率厘定的方法与差异化补贴等问题，是政策性森林保险经营的技术难点，也是现有研究涉及不多的内容。这些问题限制了森林保险的供给能力，制约着政策性森林保险的精细化发展。基于此，本书从区域化发展的角度入手，对我国的森林保险展开了系统的研究，试图解决以下几个问题：

（1）分析我国各区域间森林保险供求的差异性与非均衡性；

（2）对我国区域森林灾害进行风险评估；

（3）设计、量化多项指标，进行森林保险的风险区划；

（4）探索区域性森林保险费率的厘定，产品的设计与开发，补贴险种的选择，补贴标准的差异化及补贴力度的倾斜等；

（5）构建我国森林保险区域化发展的统一制度保障体系。

紧紧围绕上述五个问题，本书的主要内容分为六个部分。

一是对国内外学者关于森林保险的基本理论、森林保险的区划理论、森林保险发展的区域差异理论进行系统梳理，结合森林保险的特点和我国区域林业发展与区域保险发展的差异，探讨森林保险区域划分经营的必要性和可能性。我国幅员辽阔，各地区自然环境和经济条件等因素决定了不同地区森林保险的发展差异显著。其中：区域风险类型的差异性决定了森林保险费率厘定的不同；区域经济发展水平的差异决定了森林保险产品种类的不同；区域农村居民收入水平的差异决定了森林保险的有效需求不同；区域保险业发展水平的差异性决定了森林保险产品供给能力的不同；区域森林保险业发展的差异性决定了政府扶持力度的不同。由于存在方方面面的差异，无论是从适应经济发展和应对林业风险的角度，还是从针对性设计产品、精确厘定费率水平的角度，都需要对森林保险的经营进行区域划分。

二是考察了中国森林保险发展的历史与现状，并进一步从林业发展的宏观环境、森林灾害的分布、保险业发展程度、林农收入水平、财政实力及支林力度等方面，对我国区域森林保险供求要素上的差异进行阐释，分析我国森林保险曾经陷入困境的根本原因。我国早期开办森林保险时，缺乏相关的经验和技术，政府的支持力度也较小，造成赔付率高居不下，经营亏损的局面，导致保险机构开展森林保险的积极性不高。再加上林农对森林保险的认识不充分，有效需求不足，使得森林保险的发展十分艰难。

三是根据我国主要森林灾害类型与分布特点，运用多指标的、综合自然和经济多方因素的评价方法，对我国森林灾害风险进行评估，采用因子分析法和聚类分析法，制定出主要森林灾害风险评估的指标体系并进行风险区划。综合考量自然条件、风险状况、损失程度、规模效率等因素，将森林资源分为高风险、较高风险、中风险、较低风险和低风险五个区域。

四是依据风险区划的结果，进一步测算各地区的森林保险费率水平，针对各地区不同的风险状况和保险需求从费率分区、保险方案的确定、产品的设计与开发、补贴策略的选择等方面探讨我国森林保险区域差异化发展的路径。

五是选取典型区域进行具体实证分析，验证现阶段影响森林保险发展的主要因素，进一步探讨费率制定和补贴力度、补贴险种的区域差别对森林保险的可持续开展所具有的重要意义。

六是构建我国森林保险的立法、组织架构、补贴方式、再保险制度和巨灾风险基金制度等森林保险发展的宏观保障体系。

森林保险的区域化发展既有特定的历史渊源又有充分的现实依据，尤其是在广袤的华夏大地上，这一研究具有很强的中国特色。因该问题的研究刚起步不久，本书所得结论对我国政策性森林保险的试点和推广具有一定程度上的参考作用，但相关问题和内容的研究仍有待进一步深入。另外，由于资料的收集具有一定难度，书中内容难免存在的疏漏与不足，还请广大学者不吝赐教。

本书的面世得益于教育部人文社会科学研究规划青年基金项目（编号：13YJCZH173）的资助。书稿的执笔人为王华丽，参加研究的人员还有张宇、李东刚、毋辰燕、郭莎莎。感谢各位研究人员的通力合作。

王华丽

2019 年 3 月 24 日

目　录

1 导 论

1.1 研究背景与问题

1.1.1 研究背景

林业是国民经济的重要组成部分，是一项重要的基础产业和公益事业，它不仅为社会提供着各种产业所需的原材料，而且在调节气候、涵养水源、防风固沙等生态保护方面，发挥着不可替代的作用。与此同时，林业也属高风险产业，经常会遭受到各种自然灾害的侵袭和人为的破坏，如风灾、暴雨、冰冻、干旱、台风、病虫害等，以及人为因素引起的火灾、盗窃、滥砍、滥伐等，这些风险的存在极大地影响了林业生产的连续性和稳定性。要预防灾害的发生或减少灾害造成的损失就需要采取多种措施予以防范和补偿，森林保险作为其中的一项重要补偿机制，很早就受到了人们的关注和实施。

自二十世纪八十年代以来，我国的森林保险已经开展了有近四十年的时间了，取得了一些较为成功的经验，对林业的稳定与发展提供了很好的支撑。但由于森林保险手续繁杂、费率较高、操作技术难、管理粗放等外在原因，加上森林保险的正外部性等内在原因，导致保险公司承保森林保险的经济效益差，林农的投保积极性不高，以致森林保险的研究和实践曾一度处于停滞阶段。

实践证明，森林保险在分散风险、减少森林灾害发生及损失、引导资金合理利用、保障林业的再生产方面具有极其重要的现实意义。首先，森林保险作为保险的一种，最基本的职能就是分散风险，通过风险的转嫁从而有利于增强林业抵御灾害的能力，解除林业发展的后顾之忧；其次，森林保险的开展，使得林业在遭受重大灾害事故时得到经济补偿，从而有利于林业生产经营者在灾后迅速恢复生产、促进林业持续经营和稳定发展；再者，森林保险可以联合大范围群体的力量和大量的资金来共济互保，缓冲灾损和进行灾后恢复，从而有利于减少林业投融资的风险，改善林业投融资环境，促进资金合理利用；最后，森林保险业务的开办也有利于保险公司研发新的险种，拓展新的服务领域，优化产品供给和费率结构，培育新的业务增长点。

近年来，随着我国林业发展战略的调整，森林保险的实施和开展成为完善林权制度配套改革中的重要内容，也成为建设我国林业支撑服务体系的重要组成部分。为加强林业的风险管理，完善森林灾害防救体系、有效保护森林资源和维护国家生态安全，森林保险再度引起了有关各方的高度重视。与此同时，随着地方政府和中央政府试点对森林保险提供保费补贴，森林保险的业务规模不断扩大。2009 年中央财政在福建、江西和湖南 3 省开展了森林保险保费补贴试点工作，其中省级财政至少补贴 25%，中央财政补贴 30% 的保费，年末三省的投保面积已达 1.77 亿亩，保险金额为 820 亿元。2010 年，中央财政补贴的省份又增加了浙江、辽宁、云南 3 省，对公益林保险保费补贴比例由 30% 提高到了 50%，并要求地方财政至少补贴 40%，其中省级财政至少补贴 25%。森林保险试点省份逐渐增加，截止到 2016 年，全国已有 31 个地区和单位开展了森林保险工作，承保面积 20.44 亿亩，保额 11779.98 亿元，保费 29.45 亿元，平均每亩保额 576.32 元，保险费率 2.98%。然而随着森林保险业务的逐步扩展，日渐增多的问题也引起了更多学者们的关注。

1.1.2 问题的提出

由于森林保险的非竞争性，其推行和发展需要特殊的环境和政策，所以，世界上已开办有此类业务的国家，无论是发达国家还是发展中国家，在推行实施之前和期间都要做大量的、切实的调查和研究。当前我国的森林保险刚刚起步，尚在试验阶段，为建立适合我国国情的森林保险制度，许多林业工作者、保险工作者和研究者结合试点实践，对森林保险的性质，森林保险的需求，森林保险的制度模式和促进其发展的政策，森林保险的立法原则和内容等宏观问题，以及森林保险的组织形式，森林保险的费率和调控，森林保险的险种开发等微观问题，进行了多方面的理论探索，也在实践中积累了业务经营的经验和教训。尽管如此，我国森林保险的研究还是落后于森林保险的实践，很多需要做的研究还没有真正开展，问题也没有得到解决，致使目前的森林保险经营进展的不是那么顺利。而其中森林保险的风险区划和费率厘定就是这些需要研究的基础问题之一。

从国外的经验来看，森林保险开办较成功的国家，多将其研究集中在森林保险的经营实务方面。例如，如何提高森林保险的投保率、有效解决道德风险和逆向选择问题，政府补贴的额度与林农参与率的关系，政府补贴的成本和效果，政府对森林保险的补贴与其他救灾、助农、惠农政策的关系，以及森林保险的精算技术，如森林资源的价值评估、森林灾害损失率的认定、森林保险费率的厘定等技术性更强和更为微观的定量分析。纵观国内外关于森林保险的研究成果和开办森林保险的实践，森林灾害风险的区域划分和费率结构的确定是成功开展森林保险的重要基础工作之一，是科学厘定森林保险费率的基础，是估算政府财政负担及其可行性，改进现行森林保险经营管理体制，保证政策性森林保险健康持续发展必不可少的基础性研究。

正是在这一背景下，本文将通过深入分析我国森林保险的发展历程及其制约因素，在当前各地试点的区域森林保险发展模式的基础上，立足区域间森林保险发展要素的差异或差距，依据风险发生的次数、概率、受灾面积、损失程度等统计数据，根据各地区各种森林灾害的发生规律及时空分布、地理位置、自然环境、气候条件、防灾减灾措施等，制定出各种森林灾害风险的指标体系并进行风险区划。通过森林保险的风险区划，进行费率分区，补贴政策的倾斜，优先开发、重点补贴同当地森林灾害特点相适应的森林保险产品，并在此基础上用地区不平衡思路分析统一保障体系下的我国森林保险区域性发展的路径选择。

1.2 相关研究综述

我国是一个森林灾害发生非常频繁的国家，各类森林灾害造成的损失十分严重。发展森林保险，对于降低林业生产风险，减轻林农损失，改善森林资源管护现状，实现林业可持续发展具有十分重要的意义。然而，由于森林保险自身“高风险、高费率、高赔付”的特点，其市场经营在供需双冷的局面中日渐萎缩。这也使得森林保险成为学者们近几年来普遍关注并不断研究的话题。随着我国林业发展战略的调整，作为实现对森林资源补偿和林业援助的重要途径的森林保险业，也应在政府大力扶持和市场机制充分发挥作用的前提下得到深入研究和快速发展。

1.2.1 我国森林保险发展研究概况

我国森林保险的发展研究主要经历了三个阶段。

1.2.1.1 以试点为主的森林保险研究起步阶段

这一阶段主要集中在 1984 年至 1991 年之间，为森林保险的试点开展期间。1982 年，林业部门与保险部门联合发布了《对我国森林保险问题研究》的研究报告。该报告对森林保险在我国开展的目的、意义、方法及相关政策配套进行了详细阐述，并据此拟定了我国第一部《森林保险条款》，使我国森林保险业务的开展具备了初步的理论基础和简易的实施规则。其后的几年时间内先后有多个省（区、市）开展了此项业务，并创造了保险公司自营、林业部门与保险公司共保、林业部门自保及林业保险合作组织互保等多种承保类型。1989 年，在国务院发布的《森林病虫害防治条例》的第 20 条中，再次明确将在全国重点林区开展森林保险业务。

这一时期的理论研究也多以开展森林保险的重要意义（孔繁文、叶奕德、周志诚，1985）及各地的试点实践为主要内容（曾继明等、户林、解华石，1986；何幼平，1988）。学者们阐述了开展森林保险的意义和必要性，指出了具体开办时应遵循的指导思想和原则。通过对多个地区不同组织形式的森林保险试点工作和实践进行调查和理论分析，探讨了森林保险业务的保障范围、保险责任以及保额、费率和损失赔偿标准的确定等细节问题。

1.2.1.2 以业务萎缩为表现的森林保险研究缓慢发展阶段

1992 年至 2003 年期间，我国森林保险工作及理论研究发展缓慢。森林保险业务开展由于承保深度浅、投保率低、管理粗放、经济效益差等，一直停滞不前甚至出现萎缩的现象。这一期间关于森林保险的研究较少，且主要集中在几个人身上。南京林业大学的潘家坪学者，连续多年对我国森林保险问题进行了较为深入和系统的研究：其在 1997 年从产权制度、收益分配制度、保险体制及立法方面分析了制约我国森林保险发展的外部因素；从林农保险意识、承保技术及机构不稳定等方面分析了制约森林保险发展的内部因素，并据此提出了相应的对策建议。1999 年基于现行保险定价方法，详细地探讨了森林保险的定价问题。2000 年又从需求与供给不足、体系不完善、法律法规缺位、技术资金人才匮乏等角度说明了我国森林保险发展面临的主要问题，提出了要明确立法、改革体制、加强宣传、政策倾斜等多项对策。此外，还有些学者指出了我国森林保险在认识、管理和理论方法上仍然存在的一些问题（孔繁文，1996）。

1.2.1.3 以政策大力扶持、多角度探索为主的森林保险研究的快速发展阶段

自 2003 年起，我国南方集体林区开展了集体林权制度改革，在产权明晰的

基础上，通过政府扶持，逐步建立了政策性森林保险制度。福建省在 2005 年，江西省于 2007 年先后下发了关于开展森林保险试点工作的通知。2008 年中央一号文件明确提出要“积极推进政策性森林保险等配套改革”。2008 年 6 月颁布的《关于全面推进集体林权制度改革的意见》中，提出要“加快建立政策性森林保险制度，提高农户抵御自然灾害的能力”。2009 年 5 月，中国人民银行、财政部、银监会、保监会、国家林业局五部门联合下发了《关于做好集体林权制度改革与林业发展金融服务工作的指导意见》，其中“积极探索建立森林保险体系”被列为其中六条指导意见的重要一条。随后，财政部下发了《财政部关于中央财政森林保险保费补贴试点工作有关事项的通知》。中央政策性森林保险试点正式拉开序幕。2009 年 10 月，保监会、国家林业局发布了《关于做好政策性森林保险体系建设促进林业可持续发展的通知》，其中强调：要充分认识森林保险工作的重要意义，明确政策性森林保险的基本原则、工作思路及实施步骤，要求试点地区要科学合理地制定森林保险方案。一系列政策紧锣密鼓的出台掀起了我国森林保险业快速发展的浪潮。

与之相应，我国森林保险问题的理论研究也进一步深化。不仅有一定的理论积累，而且引入了国外先进的森林保险理论和做法以资借鉴，森林保险研究呈现出欣欣向荣的景象：从单一的森林保险试点地区发展概况探讨转向建立森林保险体系的研究；从单一的依靠市场运作转向政府补贴与商业运作相结合；从单一的政策研究转向政策、实践、法律、经济多角度、多层次分析；从理论研究转向实证研究。如王丹等（2005）的《我国森林保险的现状、问题与对策》，黄祖梅等（2006）的《森林保险市场的信号甄别和激励机制》，刘红梅等（2007）的《加快发展我国林业保险的研究》，石焱等（2008）的《我国森林保险发展缓慢的深层次原因及对策分析》，郑志山、周式飞（2008）的《森林保险市场的供求均衡与财政补贴制度》，金满涛（2008）的《美国、北欧、日本森林保险比较及其启示》，鄢和平等（2008）的《森林保险的可行性研究》，许慧娟等（2009）的《关于构建复合型森林保险体系的探讨》，一系列研究成果对今后的森林保险理论和实证研究具有重要的参考价值。

1.2.2 我国森林保险研究成果概览及评价

从查阅的文献看，我国关于森林保险的研究内容主要集中在以下几个方面。

1.2.2.1 森林保险的内涵及属性

关于森林保险的内涵及属性的研究已大体趋同，多数学者认为森林保险是以森林资源为标的的一种保险，具有明显的正外部性。孔繁文、刘东文（1985）最早提出了森林保险的概念，即森林经营者（被保险人）按照一定标准缴纳保险费以获得保险部门（保险人）在森林遭受灾害时提供经济补偿的合同行为。李祖贻（1989）进一步限定了森林的范围（在未被采伐转化为木材或其他林副产品以前）。其后，刘畅、曹玉昆（2005），杨菊红（2008），郑凡（2009）继续对这一概念细化为：森林保险是以各种类型的林木及砍伐后尚未集中存放的原木和竹林等为保险标的，对其在成长过程中因遭受自然灾害或意外事故所造成的经济损失为所有者提供补偿保障的一种保险。在森林保险的属性上，许多学者认为森林保险具有明显的公益性和一定的排他性，因此属于准公共物品（潘家坪，1997，2000；许晓丽，2009）。

1.2.2.2 开展森林保险的重要性及必要性

对开展森林保险重要性的认识逐渐被深化，多数学者在以下几点上达成共识：①森林保险是市场经济发展的必然要求，是补偿林业经济损失、完善风险保障制度的重要举措（潘家坪、常继锋，2000；胡继平、王伟，2009）；②发展森林保险可完善林价管理制度，增强森林资源的价值观念（孔繁文、刘东生，1985）；③发展森林保险有利于改善林业投融资环境、促进林权流转，可作为政府支持和保护林业的有效手段（孙月华，1986；刘红梅等，2007）；④开展森林保险可增强林农应对灾害的能力、解除林业生产者的后顾之忧、保护群众造林积极性（解华石，1986；任宝生，1990）；⑤森林保险可增强林业抵御风险的能力，恢复良性生态系统，保证森林资源再生产（陈玲芳，2005；刘畅，2005）；⑥发展开拓森林保险市场，有利于保险公司拓展业务，调整业务结构和产品供给，提升新的业绩（郑凡，2009）。

1.2.2.3 森林保险的发展现状、存在问题及原因分析

在我国森林保险发展现状及存在问题的分析上，多数学者认为我国森林保险发展严重滞后，远不能满足林业发展的需要。主要表现在：①森林保险经营效益低，出险率高，业务亏损严重，市场供给意愿不足（王丹等，2005）；②产权不清，主体不明，投保缺乏原动力，森林投保率低，承保面小，保险需求有限（金正道，2001）；③现行保险体系不适应森林保险发展的需要，存在资金短缺、人才匮乏、技术薄弱、法律法规缺位等问题（潘家坪、常继锋，2000）；④从政府角度看，国家政策对森林保险支持力度远远不够（杨菊红，2008）；⑤森林保险经营存在风险难以测定、保额精算困难、保费筹集不易、赔偿处理麻烦、林业保险与保护难以统一等问题（陈盛伟、薛兴利，2006）；⑥逆向选择和道德风险现象突出使得保险公司保险产品供给不足，林农投保需求减少，导致森林保险发展缓慢（石焱等，2008）；⑦林业自身竞争力薄弱、林权制度不完善、林业政策不明（刘红梅等，2007；樊毅、张宁，2008）。学者们普遍认为制约我国森林保险发展的因素，既有政策法律、政府扶持、产权制度等外在因素，又有思想意识、风险管理、技术人才等内在因素（陈玲芳，2005；诸华、马莉，2003；马晨明，2009）。

关于我国森林保险发展的制约因素及原因分析。潘家坪（1997）、王丹（2005）、王伟（2009）等学者分析了我国森林保险发展受到的外在因素制约主要有：产权制度不明晰造成森林保险主体不明确，收益分配制度不完善制约了林业经营者的投保积极性，森林保险体制缺乏应有的政策扶持和法律规范，林业行业竞争力不强制约了保险需求。还有一些学者总结了制约我国森林保险发展的内在因素主要有：林农风险意识缺乏，信息不对称问题导致保险公司经营成本和亏损风险加大，森林保险的技术力量薄弱、人才缺乏、交易成本高，森林资源的价值及赔付率等保险的核心内容没有科学的计量、测算模式等。

1.2.2.4 发展我国森林保险的有利条件

学者们认为发展我国森林保险的有利条件主要在于：①森林保险立法条件基本成熟；②国民经济快速增长，可以扩大保险供给；③林业生产中人们的风险意识增强；④林业标准化管理有利于促进林业保险发展；⑤竞争的加剧使保险服务质量和水平提高；⑥集体林权制度改革进入新的阶段；⑦利率的下调有利于保险费率的降低。（潘家坪、常继锋，2000；樊毅、张宁，2008；冯唐华等，2008）

1.2.2.5 基于区域森林保险试点情况的调查研究

近几年，我国的森林保险在中央及各地政府的大力推进下，有了快速发展，各地展开了新一轮的政策性森林保险试点。许多学者对试点地区进行了深入调研，针对实践中存在的问题，提出了相应的对策建议，为我国整个森林保险体系的建设提供了大量一线翔实资料和经验借鉴。郑新英（2007）、李建明（2008）、崔文迁（2008）、林雅秋（2009）、熊志刚（2009）、冷慧卿（2009）等学者的焦点集中在福建省。对福建省森林保险工作的基本情况和主要做法进行了简要介绍，分析了福建省开展森林保险中所存在的承保面偏低、保险费率偏高、政府扶持力度有限、险种单一、宣传力度不够、供给不足和需求乏力并存等问题，并针对经营中的一些“瓶颈性问题”提出了相应的政策建议。张健康、韩国康（2009）、陈学群（2009）等对浙江，李艳明、陈晓峰（2009）对广西，胡继平、杨君临（2009）对江西省，张子良（2009）对安徽省，宋金玲（2009）对伊春市，汪士奇（2009）对芜湖市，石焱（2009）对湖南省等各地森林保险的实践进行了分析与探索。

此外，梁晶（2009）分析了在黑龙江森工国有林区发展森林保险的必要性，提出了推进森林火灾保险及其他各种森林灾害保险等发展森林保险的具体思路。刘本洁、祖建新（2009）针对生态公益林建设的自身特征及其自然灾害保险的市场失灵，从立法支持、政策定位、介入方式和产品开发四个方面，探讨了生态公益林自然灾害保险的制度设计。符方雄（2009）从投保、出险、查勘定损、理赔四个环节对海南农垦橡胶树风灾保险的服务流程管理进行了详尽分析。

1.2.2.6 进一步发展森林保险业务的对策探讨

关于森林保险模式选择的研究。多数人认为应以政府为主导，建立政策性森林保险机制。王丹等（2005）指出森林保险市场的供需“双冷”特征决定了必须有政府介入，甚至强制实施。马菁蕴（2007）、谢异平（2008）、万千（2009）等认为，森林资产的公共性和外部性特征决定了森林保险必定是政策性保险，政府在资金上的支持是推动森林保险业务的必要手段，可选择“政府主导、财政补贴、政府部门统筹”管理模式。石焱等（2008）指出根据当前林业发展和森林保护的需要，应建立以政府为主导的政策性森林保险体系，才可实现社会效益、保险公司利润、农民收入三个最大化的目标。

关于森林保险立法的研究。学者们认为目前我国森林保险立法的条件已基本具备，加快森林保险法律建设不仅必要而且可行。潘家坪、常继锋（2000）提出森林保险作为一种林业发展和保护制度，对相关法律的依赖程度相当强，需要专门的法律来规范。王丹等（2005）强调要通过立法明确森林保险的政策性，以条文形式明确规定政府在推行森林保险过程中应发挥的职能和作用，用法律调整规范森林保险的各主体间的权利和义务关系。胡继平、王伟（2009）认为，积极出台森林保险方面的相关政策，加强森林保险的法制建设，是加快发展森林保险的保障。李媛媛（2009）经过深入分析后总结提出：森林保险与农业保险在保险标的上的根本性区别决定了森林保险必须单独立法。

关于组建政策性保险公司的研究。潘家坪、常继锋（2000）提议应适时组建政策性农业保险公司，来专门经办森林保险，将森林保险业务与普通商业保险业务彻底分开经营，单独针对政策性业务制定发展计划，摆脱商业经营模式对森林保险业发展的限制。王珺（2009）等认为，各省可通过直接指定或招标的方式确定专门的保险公司承办政策性森林保险。

关于政府对森林保险业扶持政策的研究。理论界普遍认同森林保险属于“弱质性产业”，其长远发展还应利用财政、税收、金融、再保险等手段予以扶持。补贴的形式可以多样，依据林农的需要，可以直接补贴资金、也可以是营林投资品、技术指导、税收优惠等，或对保险经营主体的经营亏损进行补贴、实行税收优惠、进行再保险分保等（郑志山、周式飞，2008；胡继平、王伟（2009）；冷慧卿等，2009）。

有关森林保险业务经营的具体技术问题研究。刘畅（2005）、韩国康（2008）分析了森林保险的保险标的、保险责任、除外责任、保险金额、保险期限、赔付处理等具体细节。李彧挥（2007）、马菁蕴（2007）、黄文才（2008）等根据多种因素将森林划分为多个级别，建议针对不同林种设置差异化险种。在费率的厘定上，潘家坪（1999）提出了两种森林保险的定价方法，一种是实践中使用的"价值法"，另一种是处于研究中的"效用比较法"。郑凡（2009）指出保险公司在经营森林保险时，应进行分保或者共保，确定保险金额时需要林业专家参与，提高精算水平。要进一步扩展保险责任，由目前单一的森林火灾保险拓展为能承保多种森林损失风险的综合险。胡继平、王伟（2009）认为提高森林保险的技术能力的关键在于：加强森林保险专业人才的培养、提高林业资源价值评估的水平、开拓多元化的保险险种。

有关森林保险体系中相关保障制度建设的研究。多数学者认为，保险公司在承保森林保险时，可选择通过再保险分出、建立巨灾风险基金或发行巨灾损失证券等方式来转移风险，并围绕这一命题展开了论述。如樊毅、张宁（2008），潘家坪、常继锋（2008）阐述的林业保险风险证券化，通过保险风险证券化对一些传统保险合约不予保险的风险提供保障；郑志山、周式飞（2008），郑凡（2009），付磊（2009）提出的政府主导下的森林保险风险基金的建立等。认同国家应建立森林保险风险准备金制度，实行专业管理、盈余滚存、定向使用，一旦发生巨灾导致保险公司发生约定的亏损，则由风险准备金予以适当补助。从而确保保险公司稳健经营，森林保险可持续发展。

1.2.3 国外森林保险发展研究动态

目前森林保险业务已在许多国家和地区得到广泛开展，初步形成了较完整的体系，积累了丰富的经验，值得我国在推广森林保险的过程中学习和借鉴。

1.2.3.1 典型国家开办森林保险的概况

（1）芬兰的森林保险。芬兰是世界上开办森林保险最早的国家，目前的承保数量和经营险种都有相当大的发展。芬兰的森林保险是在政府林农部领导监督下，由林业国营保险公司、森林共济会以商业保险公司 3 个机构来经营森林保险业务。经营险种有森林火灾险，重大损失险，综合险和附加险。全国划分 20 个林区实行差级费率，重大损失险享受费率优待。在 1972 年前实行定额保险，现今采取足额保险的方式。芬兰的森林保险一般通过估损人（第三人）对损失进行调查估定，估损人通常由林务员或林业技术员担任（金满涛，2008）。芬兰在全国建立了赔款额和树木价格变动数据库。通过长期理赔统计资料的分析，就可及时得出新的费率。芬兰政府对森林保险的开办给予了大力的政策支持，并为森林保险的赔付提供基金补贴，保险公司只承担赔付金额的 1/3，另 2/3 的赔付金额由政府补助基金供给。芬兰森林保险业务发展总体比较稳定，各种保险综合年平均赔付率在 68% 左右（张绍强等，2008）。

（2）瑞典的森林保险。瑞典政府和林木经营者都十分重视森林保险（王丹等，2005）。瑞典森林保险全部由私营商业保险公司经营。为避免遇到重大灾害，发生巨灾损失时，单个私营保险主体面临偿付能力不足的情形，瑞典在全国范围内规定了赔偿的最高限额，以限制保险公司巨灾风险责任的承担。随着业务发展，为提高赔偿限额，瑞典又成立了联营再保险公司，经营全国森林保险的再保险分保业务，以分担原保险人的巨灾风险。森林保险种类有火灾保险、综合责任保险，以及森林砍（采）伐保险（潘家坪，1998）。瑞典根据各地区的地理位置、气候条件、自然环境、交通状况、群众习惯等因素，将全国的森林划分为 6 个区域，不同林区采取不同的承保费率。森林保险的保额按单位面积的立木蓄积量的统一价格确定，按所投保的面积多少收取保费，不分原始林、人工林，也不分树种，按实际损失赔偿（J Nygaard，1951）。此外，为了森林保险的发展有法律依据和制度保障，瑞典制定了非常完备的《森林法》，还通过完善保险政策、推进林木标准化工作，为森林保险提供了统一标准。

（3）日本的森林保险。为促进本国林业的发展，保护森林资源及防范森林灾害损失风险，日本建立了一套健全的森林保险和林业金融体系（穆叶久，2003）。日本的森林保险是由民间的不以赢利为目的的森林共济会经营，通过官方的机构为森林保险提供再保险。目前有火险、气象险和喷火险三大险种。根据树种、林龄、立地条件确定不同的保险额。日本专设国营森林保险险种，政府对森林进行保险，国有林经营管理费用全部由国家负担。为节约林木资产评估费用，日本林野厅制定并颁布了全国统一的林木价值标准和保险费率，投保人可根据此标准自己计算出投保标的的保险价值和保险费（陶传友，1997）。健全的法律法规和林业财务制度为日本森林保险的发展奠定了坚实的基础。

（4）美国的森林保险。由于商业保险公司开办的森林保险的费率较高，早期美国的森林保险一直进展缓慢。森林资产的风险因保障机制的缺乏而被放大，易于被资产所有者流通和变现，这既增加了森林资产的交易次数和交易成本，又不利于森林资源的稳定经营和持续发展。为了有效保护和合理利用森林资源，美国于 1924 年 7 月 7 日通过了 Clarke-Mcnary 法案，在该法案下政府为森林所有者承担了部分保护措施成本（H.B.Shepard，1937），从而为美国森林保险的大力推广奠定了必要的基础。之后，为分散森林保险的风险，许多经营森林保险业务的保险公司采取合保的形式来进行森林保险的承保；有些保险公司根据森林所在地域的气候条件、种植密度大小、树种耐灾性及保护措施强弱等各种因素进行风险等级划分，并针对不同等级的森林收取不同的费率。灵活多样的市场竞争机制带来了美国森林保险条款的多样性和合理性（William Walters，1952）。此外，为扶持森林保险的发展，政府向承办森林保险的私营保险公司提供 30% 的业务费用补贴，这也大大调动了保险公司开办森林保险业务的积极性（李丹、曹三昆，

2008）。

综观之，各国森林保险体系可划分为三大类型，一是以政府为主的国有化保险体系。其森林保险制度包括公共保险和特别保险两个部分。公共保险针对自然灾害所造成的损失；特别保险对公共保险未涉及的险种进行补充。实施强制性保险制度，并且提供国家援助基金。二是国有化与私有化合作型体系。这种体系下私人保险公司在保险体系占有更多比重，国家主要提供保险补贴和再保险保障，以相互补充的方式实现森林风险管理。三是私有化主导型体系。其森林保险体系基本上由私有保险公司组成，政府在森林保险制度上采取更加宏观的战略，只是提供必要的政策支持（孙健，2008）。除此之外，各国普遍的做法是将全国森林划分为若干个林区，根据风险等级实行精算费率，按不同的林种、树种和价值以及所处地区分别确定不同的保额、保费及理赔标准。从发展历程来看，多数国家给予保费或管理费用补贴，重视立法，有完备的森林保险法律体系予以保障。

1.2.3.2　国外森林保险理论研究动态

因森林保险属于广义上农业保险的一种，从国外来看，有关农业保险研究的论著相对较多，而直接针对森林保险进行具体研究的较少，其中具有代表性是以下几篇文章：Blennow K, Sallnas O.（2002）针对气候变化和林业灾害对私有林主进行了风险认知调查。根据每个受访者的受损经验和为减少风险的投资意愿将风险进行排队。结果表明三大类中的六种风险是林主们最关心的：动物啃咬、木材价格下降、风灾、云杉树皮甲虫、根腐、松木象鼻虫。Jan H, Jaroslav S, Jan T（2002）以 1991—2000 年期间斯洛伐克天堂国家公园境内森林火灾发生情况的统计分析结果为基础，建立了森林火灾保险模型。该模型由净保费与风险保费两部分组成，用树种和林龄作为 Weibull 概率分布函数的两个参数分析森林火灾损失，并已在该地区的森林保险中得到应用。Brunette M, Couture S.（2007）通过建立森林保险需求的理论模型，揭示林农森林保险的最优选择。分析保险价格水平、风险厌恶类型、政府补偿的强度和频率的变化对林农保险支出的影响，指出灾后政府救助会降低林农灾前购买保险的需求，并据此提出相应的政策建议。Hol é cy J,

Giertliová B.（2009）针对正在生长中的林木由于随机的自然灾害（风灾、干旱、雪灾、虫害、冻灾等）和非自然灾害（盗窃、工业扩张等）遭受损失的情况，建立了森林财产保险模型，并结合生长中的山毛榉受损数据对该模型进行了评价分析。

到目前为止，世界上约有40多个国家开办森林保险，并逐渐形成了适合本国国情、各具特色的保险模式。从研究内容看，国外对森林保险的研究多侧重于微观层面，重点研究森林保险实务的改进。

1.2.4 国内外森林保险发展研究评述

以上就国内外关于森林保险相关发展历程与研究文献进行了回顾、梳理与总结，可以看出：一方面，随着学者们研究的深入，对我国森林保险发展的定位、政策扶持、制度保障等问题解决措施的提出，适应了新时期林业发展的新要求，为森林保险在我国的全面开展提供了理论支撑依据；另一方面，我国从1982年才开始研究森林保险的相关理论与实践问题，研究历史相对较短。通过专业检索发现，关于森林保险的理论研究与实践成果为数不多，以森林保险或林业保险为关键词、标题的学术论文只有几十篇，以森林保险问题为主题的学位论文只有两篇，也没有相关的学术专著公开出版。然而，随着我国林业经济体制改革的不断深化，森林经营的市场化程度逐步加强，加之有集体林区、国有林区林权改革的实际需要，森林保险问题已经成为林业发展亟待解决的紧迫问题。

总体来看，由于国外经营开办森林保险业务的历史较长、发展较完善，有关森林保险研究在研究范围、研究方法以及研究框架上，都处于领先的地位；另外，国外的研究多注重从微观角度出发，研究某个险种或某个地区，甚至某个林场的具体问题。这些微观的研究视角、方法值得我们学习和借鉴。与国外相比，森林保险的国内研究大多集中在模式选择、制度配套等方面的理论分析，也有部分针对试点地区的深入调查和实证研究，这些现有研究成果既为进一步探析我国森林保险的发展策略奠定了理论基础，指明了研究思路，又为开展具体业务所需的定量分析提供了大量的资料和数据基础。

但与保险、农业保险相比，无论是理论研究，还是实践研究，我国森林保险研究都显得较为滞后。具体表现为以下几个方面：一是国外的森林保险研究虽然比较成熟，但由于国情、民情、林情的差异较大，所采用的一些研究假设、方法和得到的结论，开办的具体模式、依据及做法在我国并不一定适用，需要结合我国的实际情况进行必要的遴选和改进；二是目前国内森林保险的研究以描述性研究为主，多遵循“问题提出—原因分析—对策建议”的分析范式，使得研究结果雷同、缺乏针对性，也缺乏科学性和实用性，针对森林保险的定量研究较少，且多集中在林农森林保险需求的影响因素等方面的内容，亟待研究层次、研究范围、研究内容的进一步深化和拓展；三是缺少从制度背景、目标体系、法规政策、组织构造、经营与代理、监管制度、保障制度、技术支持、配套措施等方面去研究如何构建完整的中国森林保险制度，而仅对其中的某个方面作了阐述，造成理论成果过多集中在经营层面，对具体内容的构想过于简略，缺乏系统研究和能够指导实践工作的具体设计。

随着国家及社会各界对森林保护、林业产业发展的重视，我国森林保险发展所需的政策环境和条件也正发生巨大的变化，森林保险的推广迎来前所未有的机遇，因而需要我们看清形势，找出问题所在，加大研究力度，进一步深入探析森林保险发展中遇到的相关问题。构建具有中国特色的森林保险理论体系，从险种设计、费率厘定、风险划分、森林保险机构组织形式的选择、风险基金的建立、再保险制度的完善等多角度建构我国森林保险可操作运行的具体系统，针对我国森林保险发展中存在的关键性制约因素，并提出具有可操作性的对策与建议。

1.3 研究意义

1.3.1 森林保险区域化发展的意义

首先，有利于森林保险价格的确定。森林保险能否顺利开展取决于其价格厘定的合理性，价格就是其所拟定的保险费率。而费率高低又取决于开展地区林业生产风险的大小。由于我国地域辽阔、森林布局不均匀、各地气候和地理条件存在显著差异，使得我国的森林灾害类型和损失分布呈现出典型的区域性特征。不同地区的森林风险或灾害种类不同，同一种风险或灾害对不同地区、不同林种、不同林龄的森林的影响不同。风险及其损失的区域性，也必然导致林农有着不同的森林保险需求。森林地区分布、风险损失程度、林农收入水平及地区保险业发展等方面所具有的明显区域差异，决定了必须要对森林保险实施区域划分经营，客观上必然要求森林保险发展的区域性。只有通过林业生产风险区划研究，才能使森林保险的价格厘定有科学基础，才能为政策性森林保险的长远发展奠定基础。

其次，有利于森林保险逆向选择问题的解决。从我国森林保险发展的历史来看，我国的森林保险一直都是全国统一经营，不分风险区域，也没有费率分区，当投保人掌握的信息比保险人更为全面时，就会发生逆向选择，即保费交得高的林农不愿意参加保险，而相反情况的林农则趋于选择超额投保，劣质客户的大量参保会造成森林保险经营趋于亏损，经营主体迫不得已而提高费率，高费率又进一步抑制了森林保险的有效需求，低投保率和高赔付率又造成森林保险的有效供给不足，致使市场发展停滞。在这种情况下，需要进行精确的风险区划，以区分可保风险的风险区域，森林保险的区域划分经营问题就成为一个必须要解决的关键问题。

再次，有利于确定差异化的森林保险扶持措施。从目前我国部分政策性森林保险试点地区的开展经验来看，由于各区域的财政支出能力、对林业产业的扶持力度、保险业的发达程度及林农的收入水平等方面存在较大的差异，决定了区域森林保险市场供需的不同，在森林保险的区域推广计划、发展路径及具体实施方案的选择也必然不同。在财政实力和支持力度等因素的影响下，各区域间森林保险的实施模式和发展水平也会呈现出较大的差异。要确保森林保险在我国的持续稳定发展，就必须在各区域间实施差异化的森林保险扶持措施。

最后，有利于构建森林保险发展所需的统一保障体系。从当前我国森林保险发展中存在的问题来看，尽管在森林保险的运行上需要进行风险区划，需要因地制宜地确定森林保险的险种、保障水平，开发有区域特色的产品和费率，执行不同的政策补贴原则和标准。但从总体上看森林保险的发展仍要借助于合理的、统一的制度保障体系。完善森林保险的立法建设、建立巨灾风险的分散机制、对森林保险的运营实施监管等一系列制度框架的构建，将更有利于推动森林保险业的持续良好发展。①

1.3.2 森林保险定量研究的进一步深入

森林保险是一项系统的科学工程，如果缺少相应的森林保险技术和精算能力，则会在很大程度上影响政策实施后的效果。其中，运用先进风险模拟技术评估森林生产风险，从而确立相应的森林保险区划，是设计合理森林保险产品、科学开展森林保险事业的前提（邢郦，2004）。国外森林保险开办较为成功的国家都进行了森林保险的风险区划。如，瑞典根据全国各地的地理位置、自然环境、气候条件、交通情况、群众习惯等因素，将全国森林划分为6个林区，不同林区规定不同的保险费率；芬兰将全国划分为20个林区，实行差级费率；美国也根据保护措施强弱、气候条件好坏、树种耐灾性程度、种植密度大小以及其他因素对森林进行了风险等级划分，收取不同的费率；日本的森林保险也根据树种、林龄、

① 张友祥．区域农业保险形成机理及发展模式研究[D]. 东北师范大学，2008.

立地条件进行了风险划分，并确定不同的保额。具体情况如表 1–1 所示。

表 1–1 日本森林保险的费率等级划分

Tab.1–1 Grade division on premium rate of forest insurance in Japan

林龄	树种	林地等级	保险费率（‰）
20 年以下	针叶树	一等	2. 7
		二等	3. 6
		三等	4. 3
	阔叶树	一等	1. 4
		二等	1. 8
		三等	2. 2
21 年以上	针叶树	一等	2. 3
		二等	3.0
		三等	3. 8
	阔叶树	一等	1. 2
		二等	1. 5
		三等	1. 9

目前我国有关森林保险的研究大多数集中于政策、法规、制度安排等方面的定性分析，缺乏在评估我国森林风险的基础上，开办政策性森林保险的可行性及相关精算领域的定量研究。而与森林保险的定量研究基本空白相比，我国农业保险关于风险区划和费率厘定的相关研究已取得了很大的进展。早在 1994 年，庹国柱、丁少群就进行了一系列关于农作物保险区划的研究，具体包括农作物保险区划的理论依据、风险分区和费率分区的探讨，他们采用指标图重叠法划分风险区域，利用正态函数法计算各风险区域的费率。李世奎等（1998）运用变异系数和单产减产率两个指标估算了中国水稻产量的风险水平。刘长标（2002）对农作物区域产量保险风险区划中风险因子的选择问题进行了讨论。邢郦（2004）运用“农

作物单产变异系数”“农作物成灾概率”“规模指数”“效率指数”4个主导指标，对全国粮食产地进行了风险等级划分。陈新建、陶建平（2008）以非参数核密度信息扩散模型为核心，通过主导指标下的聚类分析方法对湖北省水稻生产县（市）进行了风险区划。梁来存（2010）利用系统聚类法、K-均值聚类法和模糊聚类法对我国粮食生产进行了省级保险风险区划划分。这些研究成果将为本文的研究提供可资借鉴的方法和思路。

以上农业保险的风险区划研究已取得的成果在研究方法上对区域森林保险的研究有一定的启发。因此，本研究将在借鉴前人研究的基础上，将区域森林保险的相关理论和实证研究结合起来，运用计量经济方法，进行我国森林灾害风险的区域划分、摸清不同区域森林灾害损失风险的等级，同时利用保险精算方法厘定森林保险的费率，结合我国部分森林保险试点地区的实证分析，估算政府的财政负担，从而为分析我国开展政策性森林保险的系统科学性和经济可行性提供有价值的实证依据。

1.4 研究目标与研究内容

1.4.1 研究目标

（1）分析我国各区域间森林保险供求的差异性与非均衡性。

（2）对我国区域森林灾害进行风险评估。

（3）设计、量化多项指标，进行森林保险的风险区划。

（4）探索区域性森林保险费率的厘定，产品的设计与开发，补贴险种的选择，补贴标准的差异化及补贴力度的倾斜等。

（5）构建我国森林保险区域化发展的统一制度保障体系。

1.4.2 研究内容

基于以上研究目标，本文研究的主要内容有以下六方面。

（1）对国内外学者关于森林保险的基本理论、森林保险的区划理论、森林保险发展的区域差异理论进行系统梳理，结合我国区域林业发展与区域保险发展的差异，探讨森林保险区域划分经营的必要性和可能性。

（2）通过考察中国森林保险发展的历史与现状，分析我国森林保险陷入困境的根本原因。从林业发展的宏观环境、森林灾害的分布、保险业发展程度、林农收入水平、财政实力及支林力度等方面，对我国区域森林保险供求要素上的差异进行阐释。

（3）根据我国主要森林灾害类型与分布特点，运用多指标的、综合自然和经济多方因素的评价方法，对我国森林灾害风险进行评估，采用因子分析法和聚类分析法，制定出主要森林灾害风险评估的指标体系并进行风险区划。

（4）从产品的设计与开发、费率分区、主险的确定、补贴险种与补贴标准的选择等方面探讨我国森林保险区域差异化发展的路径。

（5）选取典型区域进行具体实证分析，验证现阶段影响森林保险发展的主要因素，进一步探讨费率制定和补贴力度、补贴险种的区域差别对森林保险的可持续开展所具有的重要意义。

（6）构建我国森林保险的立法、组织架构、补贴方式、再保险制度和巨灾风险基金制度等森林保险发展的宏观保障体系。

1.5 研究方法与技术路线

1.5.1 研究方法

（1）区域差异对比分析法。区域差异是贯穿本研究的一种具体分析方法。本研究拟将影响森林保险发展的诸多要素进行综合区域比较，分析我国森林保险市场当前所存在的区域差异，探讨在区域间实施差异化的森林保险机制和非均衡的政府补贴政策。

（2）因子分析法。选取影响森林风险发生概率的多项指标进行主成分分析，找出主要因子，减少指标以进行进一步的计算、分析和评价。

（3）模糊聚类法。采用聚类谱系图直观地反映各省之间森林风险的相似性和差异性，按不同风险等级进行我国森林火灾保险、森林病虫鼠害保险的风险区划。

（4）指数平滑法。在分别核算历年森林火灾和病、虫、鼠害损失率的基础上，使用指数平滑法，计算各类型灾害、各省区的损失率指数平滑值，对各地区未来森林灾害损失率的大小进行预测估计，并以此作为森林保险纯费率的主要部分。

1.5.2 技术路线

研究的技术路线图如图 1–1 所示。

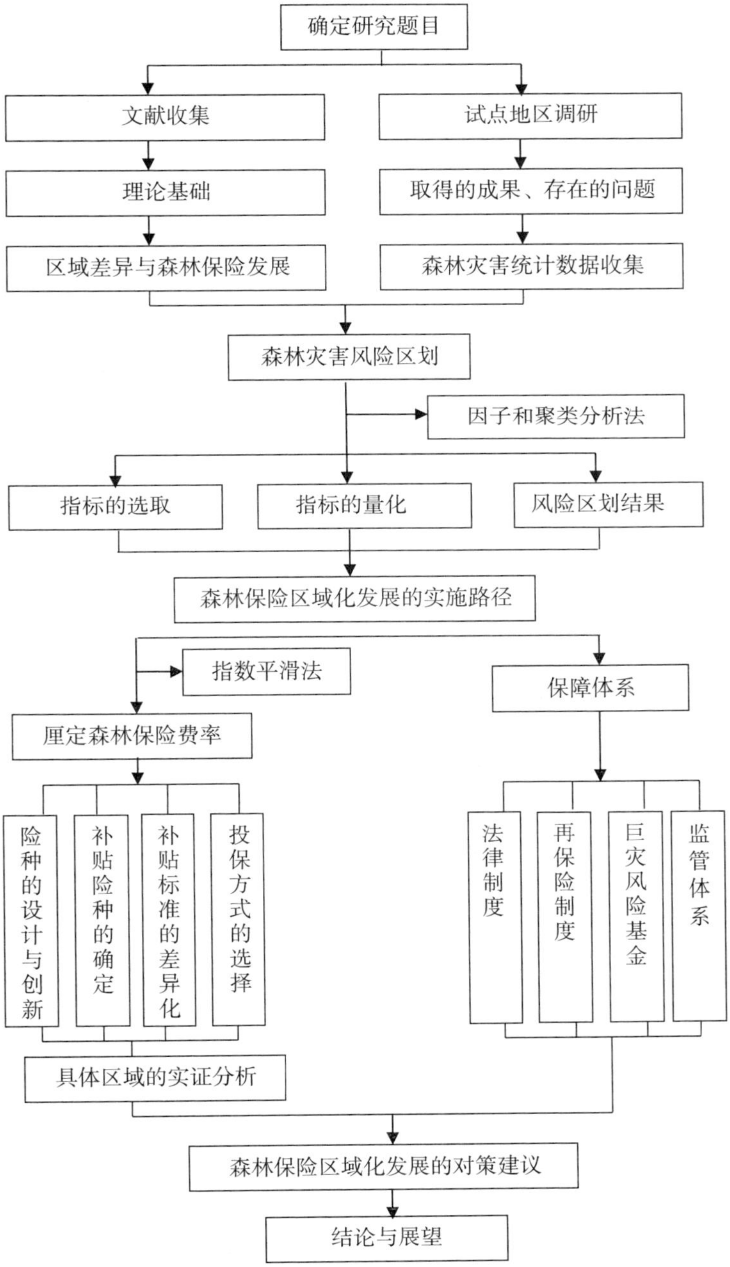

图1-1 技术路线图

Fig.1-1 Technology route

2　森林保险区域化发展的理论基础

2.1　森林保险的基本理论

2.1.1　森林保险的界定

保险是以契约形式确立双方经济关系，以缴纳保险费建立起来的保险基金，对保险合同规定范围内的灾害事故所造成的损失，进行经济补偿或给付的一种经济形式。保险乃是经济关系与法律关系的统一。首先，保险是多数单位和个人通过缴纳保费建立共同的保险补偿基金，并由全体被保险人分担少数成员的损失，保险人与被保险人之间具有商品交换和收入再分配关系。其次，保险通过签订保险合同，明确双方当事人的权利与义务，被保险人以缴纳保费获取保险合同规定范围内的赔偿，保险人则有收受保费的权利和提供赔偿的义务。

森林保险是商业保险延伸到森林灾害领域的一种尝试。森林保险是以具有经济价值的天然林、各类人工营造林和竹林等为保险标的，对它们在生长过程中，因约定的、人力不可抗拒的自然灾害或意外事故所造成的经济损失，保险人按照保险合同规定向被保险人提供经济补偿的一项保险业务。一般依据承保责任范围可将森林保险分为单一责任险、混合责任险和一切险。森林保险制度的建立是降低森林灾害风险的有效措施，是保护森林资源、维护生态安全的必要途径，是林业经济发展的客观要求和必然趋势。

2.1.2　森林保险的特征

森林与其他财产不同，森林是一种具有生命力的有机生物体，随着时间的变化生长发育，属于动态流动资产，它具有可再生性、生长的长周期性、分布的辽阔性、功能的多样性、管理的艰巨性等特性。正是由于森林的上述特点，使得森林保险也成为财产保险中经营技术最复杂，发展最缓慢的一类险种。一般商业保险公司不愿经营此类风险大、利润低的业务，原因主要在于以下几方面。

2.1.2.1　森林保险的风险大、成本高

首先，森林损失风险集中，风险难以分散。一次森林灾害事故往往涉及多个区域，涉及千千万万户林农、上亿公顷的林地。在一个风险单位内，承保的林户越多，承保的面积越大，风险反而越集中，风险损失会越大，保险人的经营风险就越大。其次，森林灾害风险具有广泛的伴生性。一种森林保险事故的发生往往会引起另一种或多种风险事故的发生，损失是多种因素共同造成的，很难将各种保险事故与相应的损失后果区分开来，这使得森林保险业务的开展需要一套特殊的理赔程序和查勘定损方法。再者，各种森林灾害的发生较频繁，局部地区的损失规模往往较大，风险在一定的地域范围内难以实现分散，可保性差。森林风险的广泛性和低可保性决定了森林保险经营的高成本性和高风险性。

2.1.2.2　森林保险的保额难确定

保险金额应根据保险标的价值的多少来确定，有效的保险金额必须在保险价值限度内。普通财产保险中保险标的的价值在投保前已经形成并可以事先予以确定，而森林保险的保险标的的价值在投保前尚未形成，往往是根据经验和预期确定一个保险价值，但这个价值会随着森林生长周期的变化及劳动和耗费投入而产生变化。这就给合理确定森林保险保额带来了较大的影响，加上受森林资源市场

价值变动的影响，使得森林保险保额的确定更是难上加难。现阶段我国所开展的森林保险业务多是以造林成本作为保险金额，从长远来看，这远远满足不了森林保险发展的需要。

2.1.2.3　森林保险的费率难厘定

森林漫山遍野地分布于广阔的林地上，既不能仓储，又难以封闭，在管理上十分艰难，森林火灾、虫灾、盗伐等人为或自然灾害频繁发生，森林经营面临巨大的风险。此外，我国地域辽阔，森林分布不均，各类森林灾害事故的发生也极不规则，各地之间和同一地区不同年度之间的森林灾害损失程度也不一样，对有关森林灾害事故发生情况的统计数据收集和积累的重视程度不够。目前权威的数据只有国家林业局发布的林业统计年鉴上有关于森林火灾、森林病虫鼠害的损失记载，其他的风灾、旱灾、冰冻、台风等气象灾害所致损失并没有详细的统计资料。所有这些因素导致测定森林灾害发生频率的难度加大，使森林保险费率的科学合理厘定困难加大，最终影响森林保险业务的开展。

2.1.2.4　森林灾害损失难测定

森林内部结构复杂，植被丰富，品种繁多，形态各异，各种林分类型多，功能多样，使森林的价值本身就难以确定，受各种环境因素综合影响导致森林灾害损失难以测度。受灾时间和受灾程度不一，所造成的损失程度也不一样。很多情况下，森林风险事故最终不一定会造成损失，比如，森林灾害可能影响森林的生长、收获，但林农可能会因价格的上涨获得收益；再如，一种森林灾害的发生可能遏制另一种森林灾害的出现，如雪灾能缓解病虫害等。

2.1.2.5　森林保险承保、理赔难度大

首先，森林分布点多面广，加之林区多为交通不便的偏远山区，加大了森林保险展业和承保控制的难度，相比其他业务也增添了许多额外的费用支出；其次，森林保险的标的是有生命的植物，生长阶段不同，保险标的的价值也不同，由于生长周期长，其未来的市场价值都难以预测，标的一旦受损，现场查勘、定损、赔付等工作费时费力，求证不易，也不太容易做到及时准确。经济上加重了保险

人负担；再者，森林保险灾后的观察期长。森林生长具有季节性，使得当年灾害发生所造成的实际损失，需等到来年春暖花开时，才能观测受损树木的实际损失程度，因此其灾后观察期需要几个月左右。各种因素造成森林保险的经营管理费用开支远比一般商业保险要高得多。

2.1.2.6 森林保险易产生逆向选择和道德风险

由于森林保险标的的特殊性和复杂性，加上森林又是属于其所有者的资产，这种资产的价值会随着生命周期的不同呈现动态的变化，而且这种资产的价值又与人的行为和自然因素有着非常密切的关系，使得森林保险中存在严重的信息不对称现象，投保人的逆向选择和道德风险较难控制。投保人的道德风险是指农户在参加农业保险前后的不诚实、不守信，或者是由于有了风险保障而降低对投保标的的预防措施以及在风险事故发生后不积极采取的补救措施等，导致风险发生概率上升和风险损失扩大。森林保险市场中投保人的道德风险可以分为事前道德风险和事后道德风险。投保人事前道德风险主要体现在投保农户在防损方面的行为产生的背离，包括因投保人不诚实或者故意欺诈而引起保险事故的发生，例如，在森林保险签单承保过程中，由于保险公司和投保人之间的信息不对称，投保人可能存在冒保、替保、垫保、虚保等骗保行为，由此使得保险公司在投保人的保险标的出险后，面对出险标的往往说不清子丑寅卯和搞不清东西南北。其次就是因投保人事前预防行为不积极而引起保险事故的发生。如投保人因有保险保障而降低其在林业生产中的努力程度和减少防灾防损措施等。投保人事后道德风险主要体现在投保人在减损方面的行为产生的背离，一般包括，首先，投保人在受灾后谎报灾情、虚报损失、串换标的以骗取农业保险赔款；其次，投保人在受灾后怠于采取减损措施以获取保险公司的超额森林保险赔款。所谓逆向选择，是一种事前隐藏信息的行为，是指由交易双方信息不对称产生的“次品”驱逐“良品”，进而出现保险市场上充斥着“高危险的投保人”的现象。森林保险市场上，逆向选择是指由于投保人的信息隐藏导致保险公司无法或者很难分离高低风险农户，唯有采用统一的保险费率，进而使得低风险农户不愿投保而高风险农户乐于投保。

森林保险的逆向选择行为主要表现在两个方面：一方面，不同地区、不同农户的逆向选择问题，森林保险风险具有典型的区域性特征，即使在一个省、一个市、一个县的范围内，各地的森林风险也会表现出一定的差异性；另一方面，同一地区、不同农户或者同一农户的逆向选择问题，即农户的选择性投保问题。

由于信息不对称，保险公司只能按照过去的历史资料所计算的平均出险概率确定森林保险费率，其结果必然有利于高风险投保者而不利于低风险者，逆向选择导致保险公司承保大量的高风险对象，赔付率上升，财务状况恶化，最终将被迫提高森林保险的费率或减少森林保险的市场供给。与逆向选择相比，森林保险的道德风险更难控制，购买保险以后，林农可能会减少投入或放松对于灾害发生的管理，导致灾害的损失范围和损失程度加重，从而增加保险公司经营森林保险的成本，最终造成森林保险市场的萎缩。

2.1.2.7 森林保险的可续保期长、连续性强

森林保险的保险标的是处于不断生长状态的植物，一般的速生用材林生长周期都在十年以上，某些风景林或珍贵树种其生长周期甚至达百年以上。生长的长周期性，决定了森林保险的可续保期也相当长。因此，森林保险的业务经营应当连续开展，采取各种措施加大续保率，以此在时间上分散森林保险承保的高风险。另外，这种长续保性也决定了必须要加强对森林保险风险的防范与控制，才能保障业务的持续开展。

2.1.2.8 森林保险风险区域化差异显著

林业生产具有地域辽阔、地形复杂、分布不均及种类繁多等特点。区域性是林业自然灾害系统的基本特征，也是其损失和风险的基本特征。地球表层圈的基本属性决定了孕灾环境的区域差异性；而作为林业的致灾因子，特别是天文气象，也相应表现出鲜明的区域特征。对于承灾体而言，林业生产过程尽管在一定程度上受到人类技术与生产方式的影响，但生产对象较其他自然灾害的承灾体仍具有更强的对自然环境的依赖性，在很大程度上受到地貌、水文、气象、植被、土壤等的制约而展现出很强的时空分布特征。因此，林业自然灾害的要素均服从特定

的空间分布规律；而林业自然致灾因子与承灾体的时空耦合则决定了林业自然灾害灾情的时间与空间分布特征，也决定了致灾过程、成害过程与风险的时空分布特征。林业自然灾害损失及其风险的区域性与空间尺度密切相关，这是由林业自然灾害孕灾环境中各类要素的空间分布规律及尺度特征决定的。气候特征及林业气象条件在空间上展现出更好的地带性与空间递变规律，对林业自然灾害形成“自上而下”的影响，决定了林业自然灾害承灾体及气象致灾因子的大尺度分布规律。地形、地貌等地表环境要素则可能表现出很强的局地差异性，使得林业自然灾害承灾体分布呈现出局地的破碎格局，并在局地对致灾强度造成“自下而上”的影响，从而使自然灾害、灾情也呈现出更强的个体化特征。水文、土壤等要素影响的空间特征则更多介于前述两者之间。人类活动，特别是林业生产方式和经营水平，则可能进一步对林业自然灾害损失及其风险的空间特征造成影响，这些自上而下和自下而上影响要素的交互作用，决定了林业自然灾害损失在不同空间尺度上所展现出的地带性与非地带性特征。在地形、地貌条件异质性较小的区域，林业自然灾害损失可能更多地受到自上而下因素的影响，呈现出较好的区域均质性与空间上的渐变性。在地形、地貌破碎地区，林业自然灾害损失会在大的递变性前提下呈现出空间上的异质性与不连续性。

综上所述，各区域间的自然地理条件、社会经济条件各有差异，森林灾害的发生类型、风险概率、损失程度也具有较大的差异性，这就决定了开展森林保险业务必须要根据区域森林资源的特点及环境因素的不同，具体确定差异化的承保条件和承保方式。

2.1.3 森林保险的属性

一般的商业保险产品从性质上来说存在严格的市场交易关系，投保人只有支付保费才能享受保险所带来的风险分散、损失保障功能，并根据所缴保费的多少决定保障范围和保险责任的大小。保险的成本和收益几乎不具有外部性，而与一般的商业保险产品相比较，森林保险具有以下特征。

2.1.3.1 森林保险在效用上具有一定程度的不可分割性

森林保险所承保的对象是森林的灾害损失风险，森林灾害会造成森林的大面积毁损和价值减少，包括森林使用价值的减少。森林的使用价值包括两个方面：一方面森林的有形效用，即森林的景观存在、提供的木材和其他林产品能被主观感知，并能够满足人们生产和生活需要，因此可通过森林使用价值的出售来实现森林的价值；另一方面是森林的无形效用。森林除了具有有形效用，还能提供水土保持、环境美化、气候调节等无形的生态效用。而这些无形的生态效用在现有的市场机制下却被整个社会无偿享用。从这个意义上来说，森林保险作为森林的保障机制，其受益者不仅仅是投保的林农，而是全体社会成员。

2.1.3.2 森林保险产品在消费上具有一定的非排他性

非排他性是指任何人即使他不愿意为某物品或为他提供的服务付费，也不可能把他排除在该物品和服务的消费之外。森林保险本身具有私人物品的属性，需要支付对价才能换取承保主体提供出险后补偿的功能，只有参保才能达到分散风险的目的。但在投保人消费森林保险的过程中或承保人经营森林保险的某些环节上，森林保险不具有排他性。如投保森林保险带来的防灾、防损效应，作为投保标的森林做好了灾前、灾后管理，也会降低临近森林受灾、受损的概率。森林保险所带来的森林种植面积的扩大以及随之而来的生态环境的改善，也使所有人能够享受良好环境带来的好处。从这些方面看，森林保险在消费上不具有排他性。

2.1.3.3 森林保险产品经营的规模性

因保险所承保的标的风险发生具有偶然性，就单个风险而言，很难预测其发生规律。但对大量同类的事物经过长期观察，可以接近准确地预测危险的发生频率和概率，这就是保险经营的大数法则。运用大数法则，客观上必须要有大量的、同类的危险单位存在，并且保险公司所承保的危险数量也足够充分。森林保险的经营如果规模太小，没有承保大量的同类标的，就不可能制造出大数法则所需要的条件，也就不能进一步分散风险。森林保险的经营也会出现不稳定的情况。

2.1.3.4 森林保险服务利益计算的模糊性

对于森林保险的投保者而言，林业生产经营因遭受保险责任范围内的风险事故造成经济损失时，保险人能依据其保额的高低、保障范围的大小迅速进行灾后理赔，从而使投保人能够获得恢复生产所需的资金成本，减少因灾害所带来的生产、生活不能为续的情形。这种林业再生产的持续进行使森林资源总量上不致出现大的波动，森林所带来的生态效益也得到了保持，从而增加和提高了全社会的福利水平。但对森林保险所提供的服务收益，我们只能以经济手段对被保险对象进行衡量，而无法定量分析计算整个社会所获得的收益。

由上述分析可见，森林保险从属性上来说，是介于私人物品与公共物品之间的准公共物品。这种准公共物品具有有限的非竞争性和局部的排他性。对于准公共产品的供给，在理论上应采取政府和市场共同分担的原则。

2.1.4 森林保险的效应

森林保险作为增强林业风险抵御能力的重要机制，不仅对于减少森林风险发生，分散林业经营风险起到了积极的作用，而且在林业再生产过程中体现出更为突出的作用和效果。

2.1.4.1 森林保险的生产效应

森林保险的生产效应可以从图 2-1 中清楚地看到。在无森林保险时，林产品的供给线为 S_0，其与需求曲线 D 的交点决定林产品产量为 Q_0，价格为 P_0。有森林保险保障后，森林风险导致的不确定性和损失就会转移至保险公司，林农在获得经济补偿的情况下，收入预期不至于下降，从而增加了林农从事林业生产的积极性。此时林产品供给曲线右移至 S_1 的水平， 林产品产量由原来的 Q_0 增长到 Q_1 的水平，尽管林产品的价格有所下降，但产量的增速会超过价格下降的速度。不仅生产者从中获利，消费者也获得了林产品价格低廉的好处。

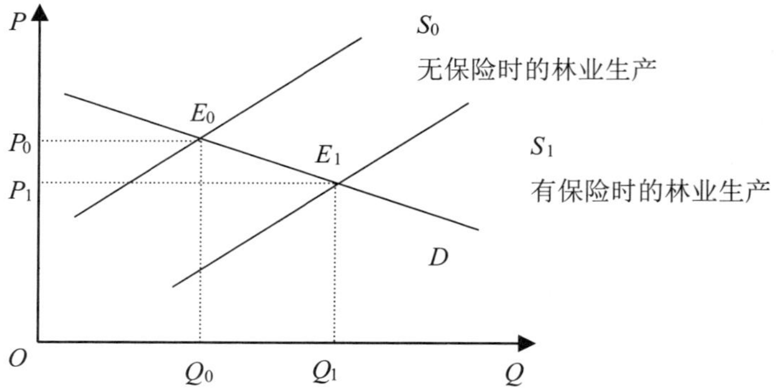

图2-1　森林保险的生产效应

Fig.2-1　Production effect of forest insurance

2.1.4.2　森林保险的投资效应

引入森林保险机制后，林业生产和林业投资环境就会得到改善，进而促进林农的投资倾向发生变化。首先，森林保险将大幅增加林地的投入和利用。在无森林保险的长期市场均衡中，质量较高的林地将全部投入到林业生产中，而质量较差的林地将被闲置。但森林保险的提供，使得质量较低的林地的预期赔偿高于所支付保费，提高了林地的经济价值，使用更多的边际林地进行生产将变得有利可图，从而导致林地利用的大幅增加。这意味着未被利用的低质量土地将投入到林业生产中，随之而来的是环境的改善。从这一角度来看，推进森林保险制度，其意义不仅仅在于实现了对林农的支持和保障，更在于强化了森林资源的生态效能，对实现人与自然的和谐发展具有重要的意义。其次，当发生灾害损失时，森林保险有利于林业生产经营者在灾后迅速恢复再生产，防范林业生产中断的风险，林农就会扩大原有的生产规模，追加投资，从而进一步提高林业生产效率。

2.1.4.3　森林保险的收入效应

森林保险的收入效应可以通过两个途径来实现：一是森林保险灾后的保险赔付和经济补偿功能可减少林农因自然灾害和意外事故所导致的收入下降，从而稳定林农的收入；二是在有政府财政补贴的政策性森林保险下，购买森林保险的林农实现了投入成本的相对减少。在预期收益稳定的情况下，当总保费被低估于总赔款时，森林保险实际上增加了林农的收入。实际上对林农来说，投保森林保险需要支付保费，会减少林农可获得的最大收入，这反过来也降低了林农获得最低收入的可能性，在一定情况下将损失转为收入。因此，森林保险影响着林业净收入的概率分布。从图 2-2 可以看出，投保了森林保险的收入概率明显高于不投保的收入概率。

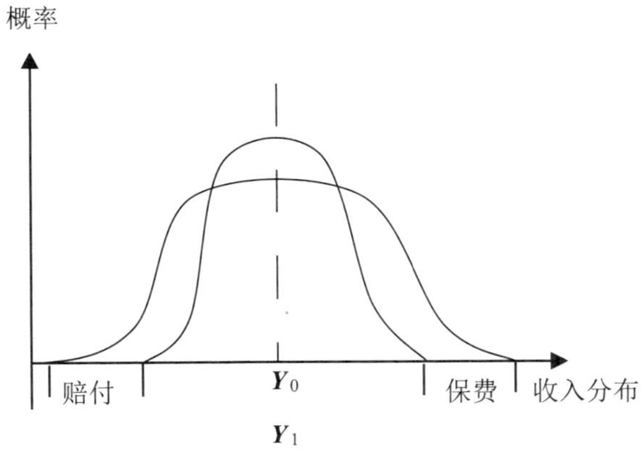

图2-2 有（无）森林保险的收入概率分布

Fig.2-2 Income probability distribution with (without) forest insurance

2.1.4.4 森林保险的消费效应

森林保险有着巨大的消费效应。一是森林保险实施后，稳定了林农的收入预期，尤其是灾后补偿增多，林农收入的稳定性增强，相应地消费也会增长，刺激农村消费市场的发育和扩大，并促进国民经济的健康发展。二是森林保险实施后，林业再生产规模扩大，林产品的产量和市场供给量增加，相应地，林产品的价格就会适当下降。这样，消费者就可得到更多价格低廉的农产品，消费者剩余增加，社会总福利得到增加和改进。图 2-3 说明了森林保险的消费效应。假定林农投保了 Q_1 数量的森林保险，此时，林农承担的边际私人成本（*MPC*）

和所获得的边际私人收益（*MPR*）相等，消费福利为 OAQ_1。但投保后，林产品产量增加，森林保险的利益会外溢给广大的消费者，社会边际收益（*MSR*）大于边际私人收益（*MPR*），在森林保险的保费得不到补贴的情况下，森林保险的边际私人成本（*MPC*）会大于边际社会成本（*MSC*），区域 OBQ_2 为社会获得的消费总福利。

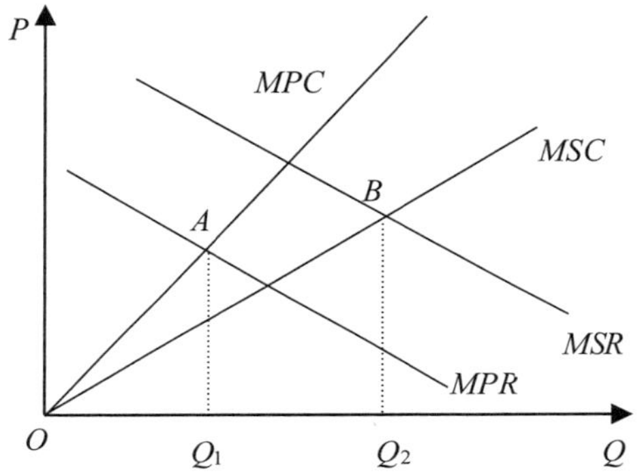

图2-3　森林保险的消费效应

Fig.2-3　Consumption effect of forest insurance

2.1.4.5　森林保险的融资效应

森林保险可以改善林业和林业经营主体的信用地位，便于其获得贷款，增强林业的融资能力，降低融资风险，对林业资金的流通起到配套保障作用。林权制度改革后，林业生产规模进一步缩小，风险高、收益低的特点使森林的培育和种植缺乏稳定的资金支持，加之林农普遍缺乏有效地抵押和担保，导致林农不能进行信贷融资以扩大再生产。如果没有相应的风险保障机制，无法通过保险转嫁风险，就会影响金融资金流向林业，不利于林业的可持续发展。而森林保险的发展改善了林业的风险管理水平，在很大程度上稳定了林业投资回报率，增强了投资主体的信心。同时，保险作为一种资产，自身也可以充当抵押物，也改善了林农的信用状况。更为重要的是，在缺乏有效的分摊机制情况下，林业经济的损失风险有相当一部分将转嫁到金融机构，加大农村金融风险，而森林保险制度使得本该由银行承担的贷款风险可通过保险机制在全社会范围内分摊和化解。

2.1.4.6　森林保险的防灾效应

森林保险作为增强林业风险抵御能力的重要机制，既可提升林业风险的保障范围和水平，转移并分散风险，又能促进森林防灾、防损能力的提高。森林保险以预防和减少损失发生为目标，因此在保险条款的制定、费率的确定、查勘定损、赔付处理、优惠措施等方面，坚持贯彻“防灾”的原则，把防灾减损工作实施到具体开办保险业务的各个环节中。如与林业部门、气象部门、环境保护部门等防灾、防损的专业部门密切配合，加强对各种森林自然灾害、病虫鼠害及人为因素造成森林资源破坏的测报和防治，从而降低森林火灾的发生率、病虫害的发病率及其他自然灾害的损失率和死亡率等。这不仅有利于保险经营主体降低赔付率，增加经营利润，从而有进一步降低费率的空间，而且更重要的是减少了森林资源的损失，确保森林良好生态效益和社会效益的发挥。

2.1.4.7　森林保险的扶贫效应

通过开展森林保险，扶持种植大户在贫困地区流转土地，发展林木种植产业，进而带动贫困村村民参与分红，实现脱贫。在这样的“扶贫思路”下，森林保险探索出一条“产业＋扶贫”的道路，在为森林生态资源提供保障的同时，还安排了防灾减损资金用于专项造林工程的启动，既增加了生态资源的数量，也给贫困户带来一定的经济收入。另外，商业型保险公司定期选聘建档立卡的贫困户为护林人员，协助当地林业管理部门做好森林巡护管理工作，以“就业扶贫”的途径支持贫困地区脱贫攻坚。因此森林保险这项计划不仅发挥了保障作用，而且还发挥了多方面管理效用，对于完善森林防灾减灾体系，创造就业机会，增加贫困户收入，助力精准扶贫都具有莫大的帮助。

2.2 我国森林保险发展的经济学分析

2.2.1 森林保险的有效需求与有效供给

2.2.1.1 森林保险的外部经济性

外部性是指某人或某单位的经济活动对其他人或单位所产生的非市场性的有利或有害的影响，前者称为外部经济，后者称为外部不经济。假定在没有森林保险的情况下，林产品的供给曲线是曲线 S_0，需求曲线是 D，此时消费者剩余是 P_1AP_0，生产者剩余是 P_0AO(如图 2–4 所示 ）。投保森林保险后，森林保险的保障作用使得林产品供给增加及其价格下降，供给曲线必然向右下方移动至 S_1，均衡价格由 P_0 降到 P_2。此时，消费者剩余增加 P_0ABP_2, 生产者剩余由原来的 P_0AO 变为 P_2BO。对整个社会来说，社会福利的增量（即△ ABO 的面积）总是正值。这说明，引入森林保险后提高了整个社会的福利，而社会福利增量取决于供给曲线 S_0 向 S_1 方向移动的程度，即森林保险的参与程度及其需求弹性大小。当参与率提高，林产品供给弹性就会增大，社会福利的增量也会增加。但生产者剩余逐渐减少，并向消费者移动，以至于生产者获得的最终利益比引入森林保险前减少，从而导致林业生产经营的平均利润下降。森林保险的开展，保险人并不得益，被保林农在一定阶段可从中获得收益，但最大和最终的获利者是全社会。由此可见森林保险具有明显的外部经济性。

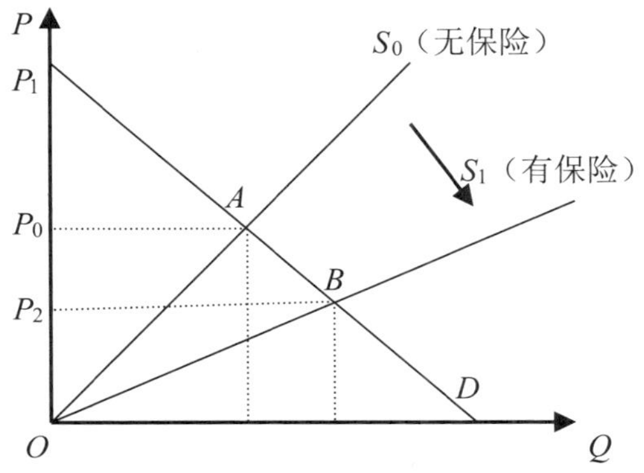

图2-4　森林保险的外部经济性

Fig.2-4　External economy of forest insurance

2.2.1.2　森林保险"消费"的正外部性与有效需求不足

森林保险所具有的这种外部经济性，使得社会其他成员未支付任何费用，却享受着林业稳定、林产品价格低廉和良好生态环境的好处，导致森林保险的私人收益小于其社会收益，私人成本大于其社会成本，产品的资源配置不能满足帕累托最优条件。①

如图 2-5 所示，林农购买保险进行消费的边际私人收益为 *MPR*，整个社会从中所得到的边际社会收益为 *MSR*，边际社会收益大于边际私人收益，即 $MSR > MPR$。如果政府对林农投保不予补贴，林农将独自承担购买森林保险的全部成本，其边际私人成本 *MPC* 就会大于整个社会的边际社会成本 *MSC*。林农和社会分别按照边际成本等于边际收益的原则确定森林保险的市场均衡量 Q_1 和 Q_2，$Q_1 < Q_2$，森林保险有效需求不足的现象就会产生。

① 杨菊红 . 森林保险机制研究 [D]. 西北农林科技大学 ,2008: 13–16

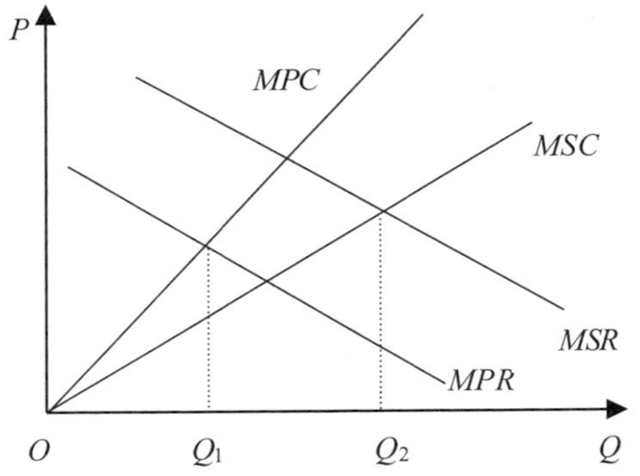

图2-5　森林保险“消费”的正外部性与有效需求不足

Fig.2-5　Positive externality of consumption and insufficient effective demand for forest insurance

从我国的实际情况来看，林业生产经营者的收益相当低。① 以江西省为例，2008年江西省农村居民家庭人均纯收入为5075元，来自于农业的收入为1762元，来自于林业的收入为106元，林业收入仅占农村居民家庭人均纯收入的2%，农业收入的6%。林农来自于林业的收入越低，可支配的收入越少，支付欲望越弱，森林保险的需求不足会更加明显。其次，随着林权制度改革的进一步推进，分权到户后，林地经营规模变小。林农出于自给性需要，会增加所种植林木的类型，采取多样化的种植手段。加上林地空间布局的分散化、小型化，客观上产生了一种内在的风险调节和分担机制，这在一定程度上也降低了森林灾害的发生概率和灾损影响，也必然会降低森林保险的需求。再者，林农会对森林保险的参保成本及预期收益进行比较。近年来，随着农村劳务的输出及外出务工收入的增加，来自于林业的收益在农民收入中所占比例不断下降，即使遭受森林灾害损失，也不会对林农的林业生产经营和家庭生活造成严重影响。因此，有些地区的林农尽管支付能力比较强，但对来自于林业的预期收益并不高。所以在自愿投保又无政府补贴的情况下，林农也不愿选择投保。

---

① 王华丽，陈建成．政府支持与我国森林保险发展的经济学分析 [J]. 经济问题．2009(10): 105–108

2.2.1.3 森林保险“生产”的正外部性与有效供给不足

如图 2-6 所示，当不考虑外部性时，保险公司按照 *MSC=MPR* 所决定的均衡数量 Q_1 提供森林保险。但事实上，由于森林保险的正外部性，保险公司所获得的边际私人收益小于边际社会收益，*MPR* 上升至 *MSR* 社会总的产出水平应为 Q_2，其中 *MER* 为边际外部收益。对于保险公司来说，从利润最大化的角度考虑，提供 Q_1 的产量是相对合理的，如果价格维持 P_1，而提供社会所期望的产量 Q_2，必然导致保险公司的经营亏损。①

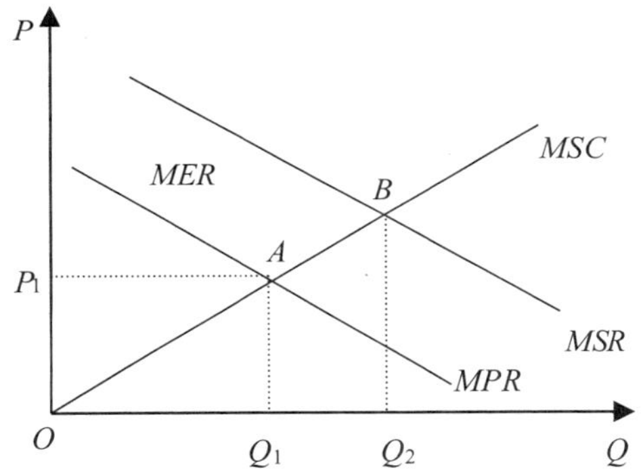

图2-6 森林保险“生产”正外部性与有效供给不足

Fig.2-6 Positive externality of production and insufficient effective supply for forest insurance

森林保险承保的风险发生概率较高，损失集中，覆盖面大，赔付率远高于一般财产保险；另外，森林保险展业、承保、定损、理赔的难度、强度大，道德风险和逆向选择的问题较突出，经营成本和监督管理成本都较高，高赔付率和高成本最终导致森林保险经营亏损严重。

因此，如果政府不对商业保险公司经营森林保险提供经营费用补贴、资金支持以及税收优惠等政策性扶持，森林保险的正外部性就会产生这样的结果：保险公司的最佳供给量小于社会期望的最佳供给量。在这种情况下，必然导致森林保

① 吴希熙，刘颖 . 森林保险市场供求失衡的经济学分析 [J]. 林业经济问题 , 2008(5): 440-443

险供给不足，造成市场失灵。

2.2.1.4 森林保险补贴的社会福利最大化

森林保险是一种准公共物品，具有极强的正外部性，因此政府的直接经营或提供补贴是森林保险发展的必要条件。

在图 2–7 中，没有森林保险的商品市场中林产品的供给曲线用 S_0 表示，现假设引进森林保险制度，林农支付全部的保险费用，保险会减少林农的生产损失。供给曲线由原先的 S_0 下移至 S_1。当需求缺乏弹性时，林产品价格由原先的 P_0 降到 P_1，消费者获得的消费剩余为 P_0ADP_1。林农原来生产 Q_0 产量的成本可以减少 AC，净节省费用 OAC。这种费用的节省会使林农没有补贴也购买森林保险。对整个社会来说，净福利大小是△ OAD 的面积。其大小取决于供给曲线由 S_0 到 S_1 的移动程度。因为所支付的保险费已经包含在 S_1 里，因而△ OAD 的面积所显示的福利所得就可以衡量引进无补贴的森林保险的社会价值。当林农的参与程度提高，林产品供给弹性增大，社会福利的增量会增加。但生产者剩余逐渐减少并向消费者转移，以致生产者的最终利益比引入森林保险前减少，导致林业产业的平均利润下降。

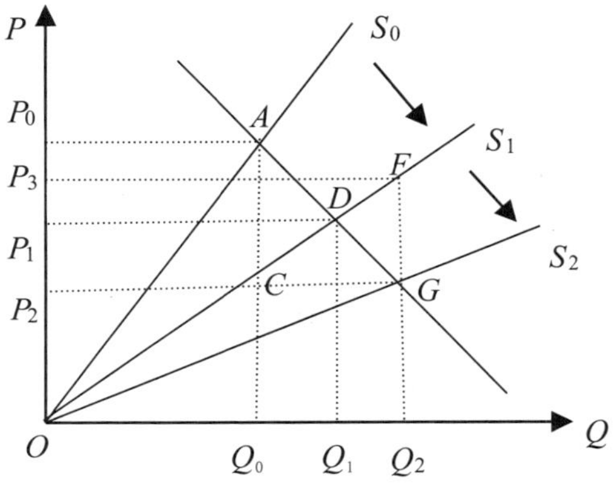

图2–7 有无补贴时森林保险消费者剩余和生产者剩余比较

Fig.2–7 Comparison of consumer surplus and producer surplus with (without) forest insurance subsidy

因此政府应通过对森林保险进行补贴，把此部分超额剩余返还到林农手上。补贴会使供给曲线进一步下降到 S_2，产量由 Q_1 增加到 Q_2，而产品价格也进一步下降到 P_2。很显然，补贴后社会福利增加了△ ODG，小于补贴的成本 P_2P_3FG。但这部分社会净损失已通过政府补贴的形式转移给保险公司。其本质只是政府对社会资源的合理再分配，这种合理分配的结果是使消费者获得更多消费者剩余，林农由于投保获得较高的风险保障，保险公司获得了政府补贴并一步增加森林保险的供给，最终实现了社会福利的最大化。

2.2.2　森林保险的逆向选择与道德风险

近年来，随着政策性森林保险在各地的试点开展，及中央财政保费补贴政策的出台和省级财政补贴比例的提高，我国政策性森林保险迎来了难得的发展机遇。但由于信息不对称所造成的道德风险和逆向选择可能会导致政府所提供补贴的政策性森林保险增加额外的成本。为保障森林保险在我国的顺利进行，有必要对这些负面影响的重要性及防范措施进行系统研究。

2.2.2.1　保险市场中的信息不对称问题

从信息经济学角度分析，信息不对称就是参与者之间对不对称分布的有关某些事件的知识和概率分布。事前信息不对称也称之为逆向选择，是指高风险单位更倾向于以均衡的保费来投保。由于保险公司事前不知道投保人的风险程度，只能根据某种类别的风险所可能导致的平均损失，对该组所有的风险收取相同的保险费。一些潜在的低风险投保者可能会觉得基于平均损失的保险费对于他们来说太高，而不购买保险，这样将会增加所承保风险的平均损失，导致保险公司提高保费，这样又会使更多的人放弃购买保险，很明显这是一个恶性循环，最终使得风险变为不可保。事后信息不对称主要是道德风险问题，道德风险是指由于保险公司不能对被保险人的心理、行为准确了解和控制，使得他们在加入保险后用于避免和减少意外损失所付出的努力发生变化，从而导致意外事件发生概率上升或保险公司赔偿金额增加。无论是道德风险还是逆向选择，都将影响保险机制的运行，削弱保险的供求能力。

在保险市场中，投保人处于拥有标的风险信息的相对强势地位，保险人则是处于拥有保险标的风险信息的相对弱势地位，存在着广泛的信息不对称现象。作为具有信息优势一方的投保人必然具有机会主义行为倾向。投保人与保险人之间的信息共享度越高，投保人实施隐瞒、欺诈、说谎等投机行为的超额报酬，即预期的风险收益越低，投保人的投机倾向就越能得到抑制。反之，投保人与保险人之间的信息越不对称，投保人的预期风险收益越高，越有实施投机行为的可能性。保险公司付出的信息搜寻成本越高，相应能够获得的信息共享度就越高，越有利于降低投保人的投机倾向。

由于森林分布的地域分散性、森林生长过程的复杂性和长周期性、森林资源价值核算的不确定性，使森林保险市场上保险人的信息搜寻成本较高，森林保险的承保费率也要相应提高，高保费导致部分风险水平较低的优质客户退出森林保险市场，而剩余大量高风险投保人的集中必然会使保险人的赔付率上升。我国地域辽阔，林地和林木分布在自然条件、经济水平各不相同的区域，林业经营者所面临的风险各不相同。当信息不对称造成的逆向选择与道德风险成为普遍现象时，森林保险的赔付率将远高于保险公司的预期，从而导致森林保险市场的有效供给不足。

2.2.2.2　基于模型的森林保险信息不对称问题的理论分析

假设林地的蓄积量产出为 y，是由投入 x 所决定的随机变量，投入包括各种生产要素的投入、森林管护、防灾减损措施的采取等。ω 为自然环境属性，表示气候、降雨、灾害、区域地理位置及其他生长条件，值越高表明生长条件越好，产出也越高。θ 为生产效率，取决于林地质量的高低、林种的选择、生长周期等。则林地的生产过程可表示为：

$$y=f(x,\ \omega,\ \theta) \tag{2-1}$$

在无保险的条件下，林农选择投入 x 来实现期望效用的利润最大化。p 为林产品的价格，μ 为单位投入成本。生产效率为 θ 的林农的利润为：

$$\pi = pf(x, \omega, \theta) - \mu x \quad (2-2)$$

根据冯·诺伊曼－摩根斯坦恩预期效用理论，林农无保险时的期望效用为：

$$MaxEU_n(x) = \int_{\omega_L}^{\omega_U} [u(pf(x, \omega, \theta) - \mu x)] g(\omega) d\omega \quad (2-3)$$

其中，$g(\omega)$ 为变量 ω 的概率密度函数。ω_U 和 ω_L 分别为生长条件 ω 的上、下限。①

现在来讨论林农在购买保险的情况下，如何做出最优保险决策。由保险公司决定的临界林地的蓄积量为 y_c，如果实际产出 $y < y_c$，保险公司将赔偿或支付 $p(y < y_c)$。由于蓄积量取决于投入（x）和林地类型（θ）以及自然环境属性（ω），在给定任一对（x，θ）与临界产量 y_c 的情况下，总有某个临界值 $\omega = y_c / x\theta$ 会引发保险赔偿（如当 $\omega < \omega_c$ 时，$y < y_c$）。则林农能得到保险赔偿的概率为：

$$k(x, \omega, y_c) = \int_{\omega_L}^{\omega_c(x, \omega, y_c)} g(\omega) d\omega \quad (2-4)$$

用 ρ 表示林农购买保险的成本，对于购买保险的林农来说，其利润函数为：

$$\pi = \begin{cases} py_c - \mu x - \rho & y < y_c \\ pf(x, \omega, \theta) - \mu x - \rho & y \geqslant y_c \end{cases} \quad (2-5)$$

则林农购买保险的预期效用为：

$$MaxEU_n(x) = k(x, \omega, y_c) u(py_c - \mu x - \rho) + \int_{\omega_c(x, \omega, y_c)}^{\omega_U} [u(pf(x, \omega, \theta) - \mu x - \rho)] g(\omega) d\omega \quad (2-6)$$

在选择投保的情况下，投入 x 的增加会导致产量均值增加，低于临界产量的概率下降，降低了保险赔付率，从这个意义上来说，保险对于林农来说减少了投入的价值，有成本却没有收益，并由此产生道德风险。其次，越是不利于林业生产的环境状态，即 ω 值越低，林农获得保险赔偿的期望概率就越大。因此自然环境状态在一定程度上决定了林农购买森林保险的决策。此外，林地生产效率 θ 越高，林地实际产出低于临界产出的概率就越低，从保险中获取的收益就越少。

基于保险公司拥有的生产者的投入水平和林地生产效率类型的信息，有三种

① Adeyement Esuola, Michael Hoy, Zahtrul Islam, et al. Turve. Evaluating the Effects of Asymmetric Information in a Model of Crop insurance [J]. Agricultural finance review, 2007(9): 341–356.

情况发生。第一种情况，假定保险公司能知道每块林地的生产率类型，并以此为基础决定保险的价格，而拥有不同生产率类型林地的林农将以不同的价格购买保险，保险赔偿的概率也取决于林地的生产效率。这种情况下只存在道德风险。第二种情况，假定保险公司知道每种林地生产类型的合理投入水平，但不能确定单个投保者的林地的具体生产类型时，此时只存在逆向选择。第三种情况，保险人既不了解林农的生产投入决策，也不知道林地的生产效率。保额和价格是由无保险状态下不同生产类型的历史经验来决定的，此时逆向选择和道德风险并存。

2.2.2.3　基于特殊性的森林保险信息不对称问题的实证分析

保险业的经营是典型的不对称信息条件的经济主体之间的交易行为。但由于森林自身的特殊性，也决定了逆向选择与道德风险在森林保险中产生与表现的特定性。

（1）森林地域分布的辽阔性和保险监控的艰巨性为逆向选择创造了条件。

一方面，现阶段的林权制度改革进一步明晰了产权，林地的经营权及林木的所有权更为复杂和多样，加之林区交通不便，给森林保险的展业和承保控制带来高昂的成本；另一方面，由于不同树种、不同地域、不同立地条件林木生长速度、质量不一，价值不同，难以测算，保险理赔工作量大，容易产生纠纷和歧义，森林保险的条款设定和费率厘定只能化繁为简，根据风险单位集合的平均损失率来确定。这种“总体平均”费率有利于高风险单位，而不利于低风险单位，结果使得低风险者放弃购买保险或鼓励原来的低风险者从事高风险的项目，森林保险的赔付率必然增高，迫使保险公司提高所有潜在保户的费率，由此又创造了一个更大的逆向选择市场。结果是，市场上只剩下了高风险者与保险人进行交易。如因森林火灾多由人为原因引起，故林农只对位于村边、田边、路边，离居住地比较近的森林投保。在树种上，阔叶林和混交林起火概率很小，林农一般也不会投保。

（2）森林保险的标的价值与投入不相关，实行固定保额易诱发逆向选择。

一般的财产保险，保险标的的价值基本不变或随时间经过而折旧贬值，但是森林资源的价值却随生长周期的增加而不断增长。林业生产的劳动和资金投入在造林阶段占 50% 以上，其后是幼林抚育阶段，经营者投入逐渐减少，林价与生产者的阶段投入缺乏相关性。另外，受区位、树种、交通等诸多因素制约，林木价值往往有很大差距，造成投保人对保额高低有不同要求，而目前的森林保险方案均采取“低保额、保成本”的原则，每亩保额从 300 元至 800 元不等，远远低于成林的实际市场价值。虽然森林保险的理赔条款中规定，赔付时要参考林龄、林种、残值、灾损程度来确定赔付额，但目前在实际操作中政策性森林保险均不分林龄、树种，统一确定固定的保额。这使得森林保险很容易违反保险最基本的损失补偿原则。从而导致林农选择将风险较大的幼林及成本投入较低的树种投保。

（3）森林生产经营周期长、风险大，引发道德风险突出。

长期的不断投入，几乎一次性的产出，森林生产经营过程孕育了大量的不确定风险因素。实证研究表明，林农在购买保险后，会减少或放弃采用许多原来行之有效的风险管理措施，以此增加保险索赔的预期。首先，投保人在防损方面的行为会产生背离。森林保险的标的是正处于生长阶段中的林木。林木生长的好坏、易灾性的大小在很大程度上取决于生产经营者管理照料是否周到，采取的措施是否合理。其次，投保人在减损方面的行为会产生背离。森林在其生长期具有自身的调节和再生能力，森林病虫害和其他一些风险灾害如果能给予适当的照料即可消除或减轻损失程度，保险事故的发生并不意味着最终损失的形成。但由于道德风险的存在，投保人怠于灾后管理、不及时采取灾后补救措施，造成最终损失的扩大。最后，投保人故意导致损失扩大或制造保险事故，如林农将有用之材间伐之后，准备更新树林时，故意将余存部分炼山，编造失火原因，以此索要保险赔款。道德风险的存在使得森林保险供给前后的损失概率、损失程度发生偏差，影响保险公司的收益。

（4）森林保险的有效需求不足加剧了逆向选择的发生。

森林保险标的是多年生植物，生长期长，森林资源若没有受到自然灾害和人为破坏，通过科学、合理的经营，在自然生产力的作用下，其总量是增长或保持不变的，没有折旧及减值的问题，这种永续性特征，使得林农产生严重的不投保的侥幸心理。另外，现阶段中国小规模的林业经营弱化了森林保险的经济保障功能，一方面即使发生灾害损失也对其家庭总体收入水平影响不大，林农对少许的赔偿金不在乎；另一方面，通常经济林的收益要大于其他林种，因此拥有经济林的林农面临更大的风险，森林保险的需求更强烈。而由于受采伐指标等的限制，拥有用材林的林农收益的实现相对较困难，投保积极性不高。此外，很多林农嫌参保麻烦，不愿投保，有效森林保险需求严重不足，也加剧了逆向选择的发生。

（5）森林保险标的的价值评估难，易产生信息不对称问题。

由于各地区的气候、土壤、地形等自然环境条件和社会生产技术及经济发展水平的不同，森林分布和林业生产也具有明显的地域性差别，这就决定了森林保险应该根据各地的实际情况，具体确定承保的条件和方式。而森林保险涉及的森林资源的价值评估在我国至今没有专门评估机构和专业评估人员，也缺乏评估标准，这一方面阻碍了森林保险险种的拓展以及实际保险业务的运作，另一方面也诱发了信息不对称问题的产生。①

与其他险种相比，森林保险中的逆向选择和道德风险问题更严重，市场经营容易出现亏损和停滞状态。因此为了避免投保人的道德风险和逆向选择问题，保险公司应尽可能地精确划分风险区域，进行费率分区，细分费率档次。但这对商业保险公司来说成本相当高，需要政府提供森林保险补贴，以此促进森林保险正外部效应的更好发挥。

2.2.3 政府灾后救助与林农森林保险参保

近年来，全球频发的自然灾害给人类社会造成了巨大的生命和财产损失，自

① 陈玲芳 . 我国森林保险发展的现状、问题与对策研究 [J]. 福建农林大学学报 (哲学社会科学版), 2005(04): 38–41.

然灾害成为各国面临的共同挑战。相比之下我国的自然灾害具有灾害种类多、分布地域广、发生频率高、造成损失重等特点。1990—2017 年 27 年间，平均每年因各类自然灾害造成约 3 亿人次受灾，直接经济损失 2800 多亿元人民币。与此同时，我国对自然灾害救助的投入也在逐年加大。从表 2-1 中可看出，一方面，即使加大了救灾支出的投入总量，但对于直接的经济损失的弥补而言，只能是“杯水车薪”；另一方面近年来救灾支出占财政支出比例保持了比较高的增长速度，但是与我国灾害损失需求和国外相关国家相比，比重仍然较低。

表 2-1 1990—2017 年我国财政救灾支出情况

Tab.2-1 Situation of fiscal disaster relief expenditure in 1990—2017

单位：亿元

年份	救灾支出	直接经济损失	救灾支出占经济损失比重	国家财政支出	救灾支出占财政支出比重
1990	13.3	616	2.16%	3083.59	0.43%
1991	25.75	1215	2.12%	3386.62	0.76%
1992	11.3	854	1.32%	3742.20	0.30%
1993	14.9	993	1.50%	4642.30	0.32%
1994	18	1876	0.96%	5792.62	0.31%
1995	23.5	1863	1.26%	6823.72	0.34%
1996	30.8	2882	1.07%	7937.55	0.39%
1997	28.7	1975	1.45%	9233.56	0.31%
1998	83.3	3007.4	2.77%	10798.18	0.77%
1999	22	1962	1.12%	13187.67	0.17%
2000	47.5	2045.3	2.32%	15886.50	0.30%
2001	41	1942.2	2.11%	18902.58	0.22%
2002	55.5	1717.4	3.23%	22053.15	0.25%
2003	52.9	1884.2	2.81%	24649.95	0.21%
2004	32.0	1602.3	2.00%	28486.89	0.11%
2005	52.9	2042.1	2.59%	33930.28	0.16%

续 表

年份	救灾支出	直接经济损失	救灾支出占经济损失比重	国家财政支出	救灾支出占财政支出比重
2006	59.3	2528.1	2.35%	40422.73	0.15%
2007	65.6	2363.0	2.78%	49781.35	0.13%
2008	303.8	11752.4	2.59%	62427.03	0.49%
2009	174.5	2523.7	6.91%	76299.93	0.23%
2010	113.44	5339.9	2.12%	89874.16	0.13%
2011	86.4	3096.4	2.79%	109247.79	0.08%
2012	112.7	4185.5	2.69%	125952.97	0.09%
2013	102.7	5808.4	1.77%	140212.10	0.07%
2014	98.73	3373.8	2.93%	151785.56	0.07%
2015	94.72	2704.1	3.50%	175877.77	0.05%
2016	79.1	5032.9	1.57%	187755.21	0.04%
2017	80.7	3018.7	2.67%	203330.00	0.04%

数据来源：2004—2008 年中国统计年鉴、民政事业发展统计报告整理获得

2008 年也是我国林业行业损失最为惨重的一年。在年初的特大雨雪冻灾中，全国 19 个省份森林受灾面积达到 0.23 亿 hm^2，占全国森林总面积的 1/10，受灾人口 2959 万，直接经济损失达到 1014 亿元。5 月的汶川特大地震灾害，全国林业系统因灾死亡 230 人，受灾人口达 10.9 万人，造成直接经济损失 230 亿元。中央财政安排了专项资金支持灾后林业生态恢复重建，制定了受灾木竹最低收购保护价，提供贴息贷款，对难以偿还的造林债务，根据灾情给予优惠或适当豁免。随着灾害的频繁发生，灾害损失程度越来越严重，政府开始重视对灾害保险的政策研究和试点工作。借助保险对灾害损失的经济补偿和转移分担功能的发挥，逐步探索建立森林灾害保险与财政补贴相结合的新林业风险防范与救助机制。

但随之而来的几个问题却让我们不得不对政府救助与森林保险的关系做更深入的探讨分析。首先，林农的森林保险投保选择是否会受政府灾害救助的影响？

其次，政府灾后救助是否附带条件又会对林农的投保决策产生什么样的影响？最后，政府的灾害救助能否取代森林保险的保障功能，或森林保险能否取代政府的灾后救助？

2.2.3.1　政府灾后救助与林农最优保险决策

通过建立森林保险的理论模型，首先分析在没有政府救灾的情况下林农的投保决策，其后重点分析有政府援助时林农的投保选择。

假设一个拥有同龄林的林农可获得的最佳收益为 R，用 $\varepsilon \in [0, \bar{\varepsilon}]$ 表示随机分布的自然灾害变量，ε 越大，表明灾害程度越严重。用 $L(R, \varepsilon)$ 表示当自然灾害发生时损失的大小。$L_{\varepsilon}(R,\varepsilon)=\dfrac{\partial L_{\varepsilon}(R,\varepsilon)}{\partial\varepsilon}>0$。用 $f(\varepsilon)$ 与 $F(\varepsilon)$ 分别表示 ε 的强度和频率分布函数。同时假设 $0 \leqslant L(R, \varepsilon) \leqslant R$，$L_R(R, \varepsilon) > 0$。当所获收益增加时，损失也会随之加大。[①]

（1）无政府救助时的林农最优投保决策。

林农购买一份保险，当发生灾害损失时，能获得赔偿 $\alpha L(R, \varepsilon)$，其中 $0 < \alpha < 1$，为林农所选择的保险保障水平。无论是否发生损失，林农都须支付保费 P。保费为 $P(R)=(1+\lambda)\alpha\gamma(R)$，其中 $\gamma(R)=E[L(R, \varepsilon)]$，为预期赔付成本，$\lambda \geqslant 0$ 为附加费率。假定不存在道德风险和逆向选择的问题。林农选择保险保障水平 α 使期望效用最大化，即

$$Max_{\{\alpha\}}\int_0^{\bar{\varepsilon}} U[R-(1-\alpha)L(R, \varepsilon)-(1+\lambda)\alpha\gamma(R)]f(\varepsilon)d\varepsilon \qquad (2-7)$$

$U[.]$ 为冯·诺依曼－摩根斯坦效用函数。则最优的保险需求 α^* 为：

$$\int_0^{\bar{\varepsilon}} U'\{[R-(1-\alpha^*)L(R, \varepsilon)-(1+\lambda)\alpha^*\gamma(R)][L(R, \varepsilon)]-(1+\lambda)\alpha\gamma(R)\} f(\varepsilon)d\varepsilon=0 \qquad (2-8)$$

如果森林保险 $\lambda=0$ 时能获得，则足额投保是最优的 $\alpha^*=1$；如果保费中包括附加费率 $\lambda>0$，则比例投保是最优的 $\alpha^*<1$。现假定林农的风险偏好类型为一般

① Brunette M,Couture S.Effects of public compensation for disaster damages on private insurance and forest management decisions[R/OL].www.lef.nancy-engref.inra.fr.

承认的渐弱的绝对风险厌恶，可得知，当保险价格上涨或他们的风险厌恶增加时，林农的保险需求将会增加。相反，随着林木价值的增加，林主可能会减少或增加他们的保险支出。林农用以抵御自然灾害所造成的损失的保险决策，与保险费率、林木的价值水平、风险偏好类型紧密相关。这些因素也可以解释我们所看到的投保行为的多样性。

（2）有政府救助时的林农最优保险决策。

政府灾后救助可以采取两种形式，一种是直接救助在灾害中受损并且没有投保任何保险的林农；另一种是政府灾后救助补偿额是根据林农所投保险的保障水平来决定的。因此，我们分别来分析这两种情况。

由于林农在投保时已知灾后可获得政府财政拨款救援。设由灾后政府救助确保的林农的收益在不投保时不会低于最小值 R_t，则林农的投保选择为：

$$Max_{\{\alpha\}}EU(\alpha)=\int_0^{\hat{\varepsilon}}U[R-(1-\alpha)L(R,\varepsilon)-(1+\lambda)\alpha\gamma(R)]f(\varepsilon)d\varepsilon+\int_{\bar{\varepsilon}}^{\hat{\varepsilon}}U[R_t+R-(1-\alpha)L(R,\varepsilon)-(1+\lambda)\alpha\gamma(R)]f(\varepsilon)d\varepsilon \tag{2-9}$$

变量 $\hat{\varepsilon}$ 是由政府的援助计划决定的，为自然灾害严重程度的临界状态，也确定了政府对灾害经济损失进行补偿的最低限。林农选择的最优投保水平 $\hat{\alpha}$ 为：

$$\int_0^{\hat{\varepsilon}}U'[M]L(R,\varepsilon)-(1+\lambda)\gamma(R)f(\varepsilon)d\varepsilon+\int_{\bar{\varepsilon}}^{\hat{\varepsilon}}U'[M_t][L(R,\varepsilon)-(1+\lambda)\gamma(R)]f(\varepsilon)d\varepsilon=0 \tag{2-10}$$

其中 $M=R-(1-\hat{\alpha})L(R,\varepsilon)-(1+\lambda)\alpha\gamma(R)$ 为没有政府救助补偿时林农的最终收益。$M_t=R_tR-(1-\hat{\alpha})L(R,\varepsilon)-(1+\lambda)\alpha\gamma(R)$ 为有政府救助补偿时林农的最终收益。

由于 $EU(\alpha)$ 是凹型的，很容易得出 $\left.\frac{dEU(\alpha)}{\alpha}\right|\alpha^*<0$。这个不等式意味着 $\alpha^*>\hat{\alpha}$。政府灾后救助的存在降低了林农的最优保险保障水平的选择。

2.2.3.2　结论

（1）如果只在发生异常灾害时才进行政府救助计划，那么林农将通过增加他们的最佳投保需求来应对损失程度的较大不确定性。在自然灾害严重程度比临

界值 $\hat{\varepsilon}$ 大时，灾后政府补偿计划的存在将起到分散遭受经济损失的林农的风险的作用。这种情况可立即推断出最适的保险保障范围将会增加。如果发生小规模灾害时就实施政府救助计划，使补偿的临界值高于自然灾害的临界值水平时，林农们将降低他们的最优保险保障水平。

当灾后救助补偿的临界值较高时，林农会主动地增加他们的保险需求，更倾向于通过购买保险来抵御风险。政府援助计划的存在降低了林农的投保动机。由于预期灾后救助的存在，林农不主动采取有效措施去抵御自然灾害，因为他们有政府救助做后盾，使潜在的损失风险得到了部分保障，从而导致森林保险保障功能的低效性。一般来说，政府通常只针对异常灾害而实施灾后救济。在这种情况下，增加政府的救济支出与林农减少保险的购买相关联。这一结论可以解释为什么如此少的私营森林所有者用投保来免受自然灾害的影响。

（2）现在来分析由林农自身的保险决策所决定的政府灾后救助水平。在此前提下，如果对投保和救助的预期效用大于没有保险时的预期效用，林农将会选择投保。即 $\alpha>0$，如果：

$$\int_0^{\hat{\varepsilon}} U[R-(1-\alpha)L(R,\varepsilon)-(1+\lambda)\alpha\gamma(R)]f(\varepsilon)d\varepsilon+\int_{\hat{\varepsilon}}^{\bar{\varepsilon}} U[R_t+R-(1-\alpha)L(R,\varepsilon)-(1+\lambda)\alpha\gamma(R)]f(\varepsilon)d\varepsilon>\int_0^{\bar{\varepsilon}} U[R-L(R,\varepsilon)]f(\varepsilon)d\varepsilon \tag{2-11}$$

假定政府的救助与林农投保的森林保险保障水平成比例 αR_t，当 α 增加，政府援助也随之增加。林农们将会选择下面的保险保障水平以使期望效用最大化。

$$Max_{\{\alpha\}}\int_0^{\hat{\varepsilon}} U[R-(1-\alpha)L(R,\varepsilon)-(1+\lambda)\alpha\gamma(R)]f(\varepsilon)d\varepsilon+\int_{\hat{\varepsilon}}^{\bar{\varepsilon}} U[\alpha R_t+R-(1-\alpha)L(R,\varepsilon)-(1+\lambda)\alpha\gamma(R)]f(\varepsilon)d\varepsilon \tag{2-12}$$

当政府救助与森林保险的投保相联系时，林农最优的投保选择 α_m 为：

$$\int_0^{\hat{\varepsilon}} U'[R-(1-\alpha_m)L(R,\varepsilon)-(1+\lambda)\alpha_m\gamma(R)][L(R,\varepsilon)-(1+\lambda)\gamma(R)]f(\varepsilon)d\varepsilon+\int_{\hat{\varepsilon}}^{\bar{\varepsilon}} U'[\alpha_m R_t+R-(1-\alpha)L(R,\varepsilon)-(1+\lambda)\alpha_m\gamma(R)][R_t+L(R,\varepsilon)-(1+\lambda)\gamma(R)]f(\varepsilon)d\varepsilon=0 \tag{2-13}$$

（3）通过比较在公式（2-10）和公式（2-13）可以看出，政府灾后救助与已投保的森林保险的保障水平相联系，将使林农们有较强的投保动机。尽管灾害救助减少了林农个人的损失，导致森林保险的投保率低，但如果政府灾害补偿的存在以林农已投保森林保险为前提，并根据森林保险的保障范围而确定灾后补偿的额度，那么林农的保险需求将会增加。

在自然灾害发生后，政府提供一些灾后援助，使遭受损失的林农尽快恢复生产、生活。但这种灾后救济却使得林农们不愿意在灾前为林木投保或采取一些预防措施。究其原因在于在确定救助计划时没有考虑到补偿对森林保险效率的负面影响。对灾后救助补偿的预期已经降低了林农们在灾前自愿购买保险的需求。随着政府承担救灾支出的增加，林农的森林保险支出减少，同时伴随着森林价值、保护措施成本及风险厌恶的增加，这种矛盾愈加明显。

2.2.4 森林保险的自愿投保与强制投保

保险经营的理论基础是概率论和大数法则，只有足够多的投保人参与，森林保险才可能达到大数法则的要求。根据国内外森林保险的开展经验来看，森林保险的参与方式包括三种：自愿参保、强制投保和有条件的强制投保。实施方式的选择对参保率的提高在初始阶段是至关重要的。森林保险的实施方式作为一种约束机制是由森林保险自身的特殊性和森林保险市场发育的阶段性所决定的。国外森林保险的经验表明，采取适当的，并具有一定约束力的森林保险实施方式，提高森林保险的参与度，是开展森林保险的基础。

2.2.4.1 自愿投保

虽然自愿原则是市场机制的决策方法，但对森林保险来说不完全适用。主要原因如下。

（1）自愿投保易引发逆向选择。森林保险若采取完全自愿参与的原则，信息严重不对称所引起的逆向选择将导致高风险的投保人积极参与，而低风险的投保人将放弃投保，此时森林保险风险不是被分散而是被集中，森林保险将无法建立有效的风险分摊机制。这也使得森林保险的经营成本上升，保险公司经营的积极性将大大降低。

（2）森林保险的准公共物品属性导致自愿投保的参保率过低。前面分析过森林保险虽然在直接消费上具有排他性，但在消费过程中却带有非排他性，加之森林所带来的巨大的生态效益使全体社会成员享受林业稳定、林产品价格低廉、丰富森林资源、良好生态环境的好处。但对森林保险的投保人而言，购买森林保险所获得的个人福利小于为整个社会所提供的福利，存在正的外部性，这将降低林农的投保意愿，造成森林保险的参保率偏低。

（3）自愿投保不符合现阶段我国森林保险发展的实情。就我国森林保险开办的实际情况而言，一方面，法律规定，森林保险实行自愿原则，任何组织和个人不得强制农民和林业生产经营组织参加森林保险；另一方面，林业收入水平低、收益低而且生产成本高、经营周期长、风险大，削弱了林农自愿购买森林保险的经济基础。若实施森林保险的自愿投保，则收入水平较低的林农受支付能力的限制无法参保，也享受不到国家的森林保险补贴所带来的净福利的增加。发生森林灾害后，损失得不到及时补偿，简单的生活生产都将难以维持。而收入水平相对较高的林农通过参保森林保险，既能享受到保费补贴，又能在灾害发生时得到保险公司的补偿，生产生活得以持续，这样反倒进一步拉大了林农的收入水平差距。政府对森林保险的补贴，实质上变成了一种逆向转移支付。这显然违背了开展政策性森林保险业务的初衷。此外，在完全自愿投保的选择下，要扩大森林保险的覆盖率，让收入水平和投保意识都不高的林农，积极参与到森林保险中，政府必须提供足够的保费补贴，大力进行舆论宣传，保险公司要制定合理的费率，提供高质量的服务等等，所有这些要求在当前的现实条件下，要完全实现还有一定的困难。

2.2.4.2 强制投保

实施强制投保的必要条件是保险标的物涉及第三方利益，存在外部性，例如机动车辆保险。下面用博弈的方法来分析自愿投保与强制投保中政府与林农的选择及对策。

假设条件如下。（1）博弈主体：博弈双方为政府和林农。（2）策略集合：

政府规定政策性森林保险所采取的参保方式，有两种选择，①自愿投保；②强制投保。林农在政府的森林保险政策下，也有两种利己的行动策略选择：投保，不投保。（3）假设：采取自愿原则时有 50% 的林农参保，而强制原则时参保率达到 100%。（4）信息假设：林农是“以追求自身利益最大化为目标”的经济人，对于所做决策产生的损益状况拥有完全的信息；政府是以“追求社会福利最大化为目的”的理性主体，在政策的制定过程中具有完全的信息优势。（5）博弈的次序：政府先决定政策性森林保险的参保方式是自愿还是强制，然后林农决定是否投保。则双方的收益矩阵如表 2-2 所示。

表 2-2 收益矩阵

Tab.2-2 Pagoff matrix

	政府	
	自愿	强制
投保	$-X$，$-Y$	$\frac{-2X-a}{2}$，$-2Y$
不投保	$-X-a$，0	$-2X-\frac{a}{2}$，$-3Y$

在这个博弈过程中有可能出现以下四种情况。（1）政府对政策性森林保险业务的开展采取自愿投保的实施方式，并为参保林农提供保费补贴，而林农则选择积极投保。当灾害发生后，林农和政府的损失为 $-X$（保费）和 $-Y$（保费补贴），政府的政策预期和林农的森林保险需求都得到了满足，因此在该策略组合中双方的选择都是最佳的，实现了帕累托最优。（2）政府对政策性森林保险业务的开展仍采取自愿投保的方式，而林农则选择不投保，此时森林保险只是政府形式上的政策目标，而得不到落实，林农也得不到森林灾害的风险保障。当灾害发生时，双方损失为 $-X-a$ 和 0。（3）在政策性森林保险的实施过程中，政府采取强制投保方式，而林农积极参与。这种情况下，灾害发生后林农和政府的损失分别为：$\frac{-2X-a}{2}$和 $-2Y$，较之第一种选择双方损失都有所增加。（4）在政策性森林保险的

实施过程中，政府坚持选择强制投保方式，而这种强制保险对于那些不愿意投保森林保险的林农来说是一种额外的负担，一种福利的直接损失，而且那些不愿意参与投保的林农往往属低收入群体。① 这种情形下，博弈双方损失不仅没有得到补偿，反而都在增加，分别为 $-2X-\frac{a}{2}$ 和 $-3Y$。该博弈的组合是子博弈精炼纳什均衡，但却不能实现帕累托最优。

很显然，在政策性森林保险业务开办过程中，无论是基于政府政策实施的角度还是从增加整个社会福利的角度来考虑，选择林农自愿参与比强制参与损失相对较少。因此，从理论上来说，政策性森林保险在我国的开展应当采取自愿投保的方式。之前的森林保险试点实践中各地政府也确实坚持了自愿参与的原则。但从实施效果来看，我国森林保险的参与率及覆盖面始终较低。因此，森林保险的实施若采取完全自愿的参与原则与当前我国的现实国情不符。而强制投保也不是当前的最优选择。原因有二：一是近年来政府一直强调在“减轻农民负担”，更加关注农民的收入和福利，强调对农民的补贴，而且随着农村基层民主自治体制的完善，在目前的环境下，实施强制森林保险的可能性较低；二是实施强制性森林保险必须要有相应的高保费补贴与之相配套。高保费补贴可降低林农因被强制参保而带来的不满和抵制，减轻林农的保费支出负担。但这种高补贴要求又与我国政府财政实力不足的现状相矛盾。

2.2.4.3 有选择的强制投保

有选择的强制投保可以很好地解决在自愿原则下森林保险发展所存在的问题。所谓的有选择的强制投保，是指对一些外部性较大，关系到国计民生的重要的标的，采取强制投保的措施，对于一些风险较集中，灾害发生较频繁的地区的某些险种实行强制投保，而对其他的森林保险险种，仍采取自愿投保的原则，由林农自行决定是否参保。在实施政策性森林保险的过程中，采取有选择的强制投保方式既可以在短期内大幅提高森林保险的参保率，进而降低某些风险较大险种

① 孙香玉．农业保险补贴的福利研究及参保方式的选择 [D]. 南京农业大学 ,2008:119–120.

的费率，实现森林灾害风险的转移和分散，又可减轻政府的财政负担，将补贴总额保持在相对合理的水平上。同时这种一定范围内的强制投保还可有效地解决森林保险中的逆向选择和道德风险问题，降低森林保险的赔付率和亏损率，增强森林保险经营的稳定性。

2.3 森林保险风险区划的理论依据

2.3.1 森林保险风险区划的含义

森林保险风险区划[①]是依据保险经营原则要求和森林保险风险地域分异规律，在对森林保险标的及其风险特点进行调查的基础上，从各地不同的风险状况和保险标的的损失状况出发，按照区内相似性与区间差异性、保持行政区界相对完整性的原则，将一定地域范围内的森林保险标的所面临的风险划分为若干不同类型和等级的区域，以各区域的自然禀赋、经济活动和风险特点等为依据，科学规划森林保险发展模式，实现森林保险的全面开展和持续经营。

森林保险区划与林业区划、森林区划三者之间一方面有着紧密的联系，另一方面又因目的不同而有显著差别。从差别来看，森林保险区划理所当然是为森林保险业务的开展提供服务的，主要研究森林灾害及损失风险的区域分布及影响因素；林业区划是在分析研究自然地域分异规律和社会经济状况的基础上，根据森林生态的异同和社会经济对林业的要求而进行的林业地理分区，主要目的是查清各个地区的自然条件、社会经济情况和森林资源状况，为调整林业产业布局，建立合理的生产结构，促进各个林业区域的林业发展提供系统资料和科学依据；森

① 森林保险区划的定义是在参考了庹国柱和李军主编的《农业保险》（中国人民大学出版社 2005 年版）中农业保险区划的定义而定的。

林区划的主要目的是便于调查、统计和分析森林资源的数量和质量，便于组织各种经营单位，长期进行森林经营利用活动，提高森林经营利用水平。从三者之间的联系来看，森林保险区划和林业区划以及森林区划又都同样遵循区域划分的基本标准，又都因各区之间自然条件、社会经济条件以及林业发展方向的差异性而呈现出典型的区域差异。

2.3.2 森林保险风险区划的经济理论基础

2.3.2.1 保险风险分散理论

保险公司是专门经营风险的单位，其承保社会风险单位的各类可保风险，收取保费并按约定承担赔偿或给付保险金的责任。因此对保险公司而言，作为集各种风险于一身的经营主体自身必须要更加重视风险管理，这不仅关系到公司自身能否稳定经营、可持续发展，而且还涉及整个社会抵御风险的能力，风险管理对保险业来说是经营的重中之重。保险风险管理的主要目的就是要实现风险的分散，风险的分散又可以通过两种方式进行：即实现风险在空间上和时间上的双重分散。

在空间上实现风险分散，是指保险人必须要最大限度地扩大承保的地域范围或某一险种的覆盖面，尽可能让更多的风险单位参与投保。这是因为在不同的地域范围内，一般来说不同的投保人其投保的标的风险是相互独立的，随着保单数量的增加，投保标的同时发生风险事故的概率会减少，也会使部分地域范围遭受风险事故的损失能在全部承保区域内实现分担。需要注意的是如果保单之间的损失概率出现正相关性，可能会直接增加保险公司的赔付率。因此，保险人需要不断开拓新的险种，增加保险深度和保险密度，在多险种间降低保单的相关系数，以及成为保险的分出主体或分入主体等多种方式，都能让保险人的经营从空间上实现风险的分散。

在时间上实现风险分散，是指保险人应尽可能长时间的在某一地区开展业务，使一定时间序列下的业务总收入与总支出能够保持平衡。这一点可以通过保险费率的精算来实现，保险人所收取的保费就是将多年的损失在各年间平均分配，按损失赔偿的平均值来收取。因此保险人经营保险业务的好坏不能以某一年度的承保理赔情况来衡量，而应该长期稳定的持续经营。实践中，保险人往往将这两种分散方式结合起来使用。其中实现风险在空间上的分散对保险人来说尤为重要，它能够使保险人保持保费收入与赔款支出的基本稳定，降低风险准备金的提取比例，同时风险事故发生率的降低也会减少保险人的业务经营费用，这样才有可能实现保险人的盈余目标。然而，就森林保险来说，由于同一地域范围内的所有危险单位之间具有较强的相关性，这将导致承保范围的扩大反而加剧了风险的集中，不利于实现保险经营所需的风险分散。因此，必须要进行森林保险的风险区划，由保险公司结合区划的结果进行有针对性的承保范围的扩大，才能真正实现风险的分散。

2.3.2.2　对价交换原则

保险是以合同为基础的经济制度，是以风险损失为对象的经济交易，是风险的出售和购买。承保方是风险购买者，而投保人是风险销售方，双方要按市场交易对等原则，体现权利和义务的对称。保险人有根据合同收取保险费的权利，也有建立保险基金，进行经济补偿的义务。被保险人有缴付保费的义务，也有在遭受保险责任范围内的损失时，要求经济损失补偿的权利。森林保险作为一种林业经营者转移森林灾害损失风险的方式之一，需以支付保费为代价，这种交易性的存在表明了森林保险也属于商品的一种。

既然具有商品性，森林保险的经营就必须遵循一个基本原则——对价交换。对价是指在有偿交易的情形下一方当事人为了获得另一方当事人的财产、权益或者劳务等而向对方所做的支付，其本质内涵是对等给付。从法律关系看，对价是一种等价有偿的允诺关系，某人允诺是为了换取另外一个人对允诺的承诺。从经济学角度说，对价就是在协调平等主体之间相互冲突的过程中，通过妥协让度并给予及时补偿而不使任何一方受损的情况下，就能实现帕累托效率的改进。

既然是双方对价交换，任何一方都不能受损，因此交易双方的收支平衡是商品生产和商品经营的最基本要求。如果出现一方的收支不平衡，森林保险的交易就无法进行下去。森林保险的对价交换又包括两个方面：一是保险人的收支均衡；二是投保人的收支均衡。即在长期的市场均衡中，每个投保人按所缴纳保费的多少，获得对应的保险保障范围及出险获赔的概率，也就是投保人的保费支出要与其获得的赔款收入基本保持平衡。对保险人而言，就是总保费收入与总支出的均衡。但是，保险人所收取的保费是基于历史损失率推算出的预期损失率基础之上提前收取的，是事先决定好的承诺，如果与实际不符，保险人也不能再额外要求投保人增加保费，因此，为实现保险人的收支平衡，必须要准确计算保险费率，确保预期总保费收入与总赔付和业务开支之和大致相等。

“对价交换”的另一层含义是实现投保人的收支对等，即从长远来看，投保人所缴纳的保费应与其可获得的赔款相等。但在森林保险中，区域森林灾害风险的巨大差异导致投保人之间收支的差异，造成了投保人收支的不均衡和与保险人之间对价关系的复杂性。因此理论上应该依据风险大小和损失程度的差异分别计算每个投保人的费率，依据个体风险差异的大小区别收取保费，这样才可能实现对每个投保人而言的收支对等。然而，因工作量太大和全部个体资料的不可获得性，这种做法在实践中无法实现也没有必要。但为了尽可能的实现交易的对价公平，在计算森林保险费率时，在风险程度基本相同的同一区域内，应对每个投保人实行同一费率，这仍然需要进行森林保险的风险区划，进而进行森林保险的费率分区。

2.3.3　森林保险风险区划的必要性分析

2.3.3.1　通过风险区划可以适应经济发展的区域性要求

经济与保险之间有着密切的联系，经济的运行方式和发展水平在一定程度上也决定了保险的发展。森林保险的发展也必然受到经济的决定和影响。区域资源禀赋和发展路径的差异决定了其经济发展过程中面临着不同的风险，这就要求不同的区域要有不同的风险应对机制，对保险而言就要有不同的保险供给。我国的经济发展呈现典型的区域化特征。各区域之间在经济水平、经济结构、意识形态等方面存在较大的差异。各经济区域间森林保险市场的需求不同，客观上也决定了森林保险市场供给的不同。立足于各区域的经济发展水平和发展阶段的经济基础之上，森林保险市场供给、承保理赔方式、核损核算方式等都应体现出强烈的区域特点。森林保险业只有与经济发展相适应，才能既促进保险业的发展又促进区域经济的发展。因此，经济发展的区域性特征要求我国的森林保险的发展也必须走区域化的道路。①

2.3.3.2 通过风险区划可以适应森林风险的区域性

森林面临各种各样的风险并遭受各种灾害损失。仅仅就自然灾害损失而言，就有火灾、气象灾害、地质灾害、生物灾害、环境灾害等。由于森林分布区域的广阔性，各地气候和土壤条件的显著差异性，以及林业生产布局的特殊性等原因，森林灾害损失呈现出典型的区域性特征。不同的地区具有不同的灾害种类，同样的气象条件或气象灾害，在不同的时间、区域对不同的对象造成的损失是不同的。即使是同一地区的同一灾害种类，因地理环境、植被类型、管护措施的差异，也会造成不同程度的灾害损失后果，因此不同地域之间风险差异较大。此外，林业属弱质性产业，受自然灾害影响较大，各年度间损失的波动性大，遇到特大灾害造成的巨灾损失，单靠个别地区、个别区域的力量难以承受。这些都需要进行森林风险的区域化管理。通过风险区划和区域化发展，不同地区的森林保险能反映出不同的风险状况和生产力发展水平。

2.3.3.3 通过风险区划可以正确确定保险责任、厘定保险费率

森林保险的开展势必要对森林风险种类、发生的概率及对不同对象所造成的损失或损失率进行细化并加以测算，从而科学地制定森林保险的开展方式和方法。森林风险区划是正确确定保险责任范围，科学计算并分摊风险损失的基础。通过

① 谢家智 . 农业保险区域化发展问题研究 [J]. 农业现代化研究，2004(1): 31–34.

风险区划，把一定区域按照几个主要风险种类及具体标准划分成几个“小区域”，再把这几个“小区域”区划成数十个“小小区域”，在不同的风险区域厘定差别的森林保险费率，使林农支付相同价格可以购买同质的森林保险，即保费负担与保险责任相一致，这样统计分析出来所确定的损失率和费率，其结果将会更加精确。在进行了森林保险的风险区划后，以区划成果为依据就可以制定反映区域风险差异的差别费率，再结合区域经济发展水平及林农的收入状况，考虑森林保险的有效需求能力和支付能力，分析区域范围内制约森林保险发展的因素，并有针对性地提出合理的解决办法。

2.3.3.4 通过风险区划可以相对降低道德风险和逆向选择的程度

通过风险区划，进行区域性森林保险产品的设计与开发，不但能刺激森林保险产品的潜在需求，还能较好地防止信息不对称所带来的逆向选择和道德风险。实行统一费率，由于忽略了保险标的风险程度的客观差异，必然会造成风险相对较小的地区负担相对较重，获得补偿较少；风险相对较大的地区负担相对较轻，获得补偿较多，长此以往，结果自然是优质客户的退出和森林保险赔付率的增加，不仅会产生严重的逆向选择和道德风险，还会影响广大林农对保险的全面认识和参与投保险的积极性。而风险区划和费率分区，既可以避免保费的不均衡负担，使区域费率与区域生产状况、风险状况联系起来；又可以体现保险风险一致性原则和防止逆向选择。因此，森林保险经营成功的基础之一就是做好森林风险区域规划，这是正确厘定和合理调整森林保险费率的重要依据。

2.3.3.5 通过风险区划可以获得风险区域的较多资料

我国森林保险起步较晚，又经历了停滞期，森林保险业务并没有得到广泛的开展，造成相关的业务数据和经验资料缺乏。同时，森林灾害的相关历史数据，因地域、种类的不同，分散在各省（市）的气象、林业、民政等相关部门，没有专人进行汇集整理，缺乏系统性。而各地（市）在资源共享和信息沟通上又存在着诸多的问题，难以做到信息资源的共享，对历史灾害数据掌握的不完整给各地政府的森林灾害预防工作带来了重重困难，更严重阻碍了政策性森林保险的顺利进行。

由于受限于统计资料的缺失，我国大多数区域还没有进行相应的森林保险风险分区，极少数的风险区划研究大都是针对个别灾害类型的省级风险区划，这样会在一定程度上低估各区域的综合风险和损失率的大小；其次，森林灾害的发生在年际间、地区间的差异很大，加之各区域的原始统计资料不完整，很难搜集到准确、可靠的森林灾害造成的蓄积量损失和林木毁损等直接经济损失数据，更谈不上对生态效应损失和社会效应损失等间接经济损失的核算；再者，森林保险的标的是处于不断生长过程中的林木，其资源价值随生长周期的长短不断发生变化，虽然最终砍伐后要以市场林价的方式实现其直接经济价值，而要确定其在每个成长阶段中的实际价值却很困难，技术要求比较复杂；此外，我国的森林资源普查每五年进行一次，间隔时间较长，区域林地面积、林龄、林种等统计资料较难精确获得，这给森林保险费率的精确厘定带来了困难。而通过保险区划，进行深入细致地调查分析就可以进一步获得风险区域的更多资料。

通过上面的分析可以看出，森林保险风险区划的目的，在于对某一区域的森林保险进行全面规划。进行了森林保险风险区划后，可基于区域风险程度的大小、水平的差异，记算出各区域的各类森林保险险种的费率，结合区域经济发展水平和林农的收入水平客观评估区域内林农的保费支付能力，进而依据地方政府的财政实力和支出能力探讨森林保险保费的来源和补贴问题。再者，通过森林保险的风险区划即可了解各类森林灾害在时空上、地域上的分布状况，在此基础上可进一步分析通过何种途径、在多大范围内才能使森林灾害风险得到有效分散，探讨哪些险种适于自愿保险，哪些险种有必要实行强制保险等，以及如何建立再保险机制和巨灾风险保障机制。可以说，森林保险的风险区划是发展森林保险必不可少的基础准备之一。

2.4　森林保险区域化发展的机理分析

由于自然地理条件、气候条件的不同，林业生产所表现出的区域风险类型、损失程度有很大的不同，决定了不同区域对森林保险产品需求的不同；不同地区林农的收入水平及抵御风险损失能力的不同，决定了不同地区对森林保险的费率水平和保障范围的需求也存在很大的不同；同时，不同地区的经济发展水平及政府财政支付能力的不同，也决定了政府补贴力度的不同。

2.4.1　区域风险类型的差异决定了森林保险费率厘定的不同

根据自然灾害特点和抗灾能力的强弱划分，可将不同的地域范围分为三种类型。

一类是灾害风险大，人口密度低，经济落后，抗灾能力较弱的地区，该地区因主要从事传统的第一产业生产，各类森林灾害发生频率高，因此对林业生产的危害也较大。从总额上看，在该类地区各类森林灾害所造成的直接经济损失值较小，但由于地区国民生产总值较低，灾害所造成的直接经济损失所占比重较大，即灾害的直接经济损失率较高。对于该类地区，因森林灾害发生较频繁，森林保险需求强烈，但经济落后，森林保险的购买力不足，因森林覆盖较广，对维持我国生态环境安全发挥至关重要的作用，因此森林保险的开展应以高补贴、低费率为宜。同时，由于森林灾害的直接经济损失率较大，可适当提高森林保险的赔偿标准，以促进林业再生产。

二类是森林灾害风险程度中等，人口密度中等或较大，经济欠发达，抗灾能力中等水平的地区，该类地区的森林灾害所造成的直接经济损失率也为中等水平。

该地区因森林覆盖中等、灾害发生频率也不高，对森林保险需求也属中等水平，且森林保险的购买能力适中，所以森林保险费率的厘定、赔偿标准的制定、政府补贴水平的选择在全国范围内来说也应以中等水平为宜。

三类是人口密度大，经济发达，抗灾能力较强的地区。因该类森林覆盖率低，灾害发生的频率及所造成的直接经济损失率较小。可因人口密度大，森林资源较匮乏，森林灾害所带来的环境破坏、生态能力的下降等间接损失显得尤为突出。在该地区由于森林生产经营规模较小，对森林保险的需求不强，但因经济发达购买力较强，森林保险的发展应以强制投保、较高费率、较低补贴为宜，并适当降低保险的保障水平。

2.4.2 区域经济发展水平的差异决定了森林保险产品种类的不同

尽管森林灾害风险具有普遍性，但因森林灾害的主要类型以及各类风险所造成的损失程度不同，以及区域经济发展水平的不同，对森林保险产品种类的需求也就有所不同。对于区域经济发展水平较高的地区，林业生产经营的市场化程度较高，其主要面对的是自然灾害风险、森林资源市场价值波动风险和林业经营管理技术风险，因而对森林保险中的价格保险、收益保证保险有着较高的需求。该地区森林保险发展中亟须解决的焦点主要集中在森林蓄积量的平均产出、林产品的价格变动指数、森林保险费率的厘定、损失赔偿标准的制定等问题上，这也对该地区森林保险业务的承保技术和理赔工作提出了更高的要求，从而有利于推动区域森林保险产品的创新，进而推动森林保险在全国范围内的整体发展速度。对于区域经济发展水平较低的地区，林业生产经营的市场化程度较低，其主要面临的风险仍然是传统的自然灾害对林业简单再生产所造成的危害，因而对森林的灾害损失保险有着更为强烈的需求，因此该地区森林保险的市场供给主要集中于森林自然灾害的发生频率、时空分布、直接经济损失程度、损失率的拟合、损失赔偿标准的确定等问题上，但因森林灾害风险的发生类型多、频率高、季节性强、查勘定损难，导致森林保险的业务管理费用较高。

2.4.3　区域农村居民收入水平的差异决定了森林保险的有效需求不同

农村居民收入水平与森林保险需求呈正相关关系，农村居民收入水平在区域间的差距或差异，决定了林农对森林保险的需求差异。农村居民家庭收入中来自于林业的收入所占的比重越大，保险需求就越强烈，但这种保险需求能否转为有效需求还要受到支付能力的限制；此外，区域间经济、社会、文化及教育水平的差异，也造就了农村居民保险意识强弱程度的差异，随之而来的是林业生产经营者对森林保险有效需求的区域差异。保险业务起步早，发展快，产品多，加之人们受教育水平较高，风险保障观念较强的地区，其林农的保险意识也较强；而保险业务起步晚，发展慢，产品少，教育欠发达地区，林农对新事物的接受能力较弱，保险意识也相对较弱，甚至对保险还存在误解，认为保险是一种负担。

2.4.4　区域保险业发展水平的差异性决定了森林保险产品供给能力的不同

影响保险产品供给的一个重要因素是保险业发展水平的高低，而区域经济社会发展水平的高低又决定了保险业发展水平的高低。具体来说，森林保险产品的供给及其创新能力取决于保险业的发展。而保险业的发展又取决于区域范围内的经济、人口、政策、金融等因素。毫无疑问经济的发展是保险业发展的重要基础和力量源泉，区域内人口总数越多，其保险的需求及支付欲望就越强烈，政府对保险业发展的扶持措施力度越大越能刺激和推动保险业的发展，而良好的金融环境是保险业持续稳定发展的坚实基础。这些影响保险业发展水平的因素在区域空间分布上不可能是均衡的，这就形成了区域保险业发展水平上的差异。换言之，保险业发展的区域不平衡直接反映了经济发展的区域不平衡。另外，政府的政策措施也是影响和决定保险业市场供给的重要因素之一，政府在财政支出能力上的强弱、对林业扶持规模的大小及森林保险补贴力度上的高低为区域森林保险的发展提供了重要的保障。政府财政实力以及对林业支持的区域差异，必然造成森林保险发展以及产品供给的区域差异。

2.4.5 区域森林保险业发展的差异性决定了政府扶持力度的不同

区域森林保险需求和供给上的差异性，使得森林保险业的发展呈现出较大的区域差异，区域地方政府干预力度和扶持措施的不同，又加剧了森林保险的地区不平衡运行，也使得森林保险资源不能完全依靠市场机制在全社会范围内实现优化配置，更不利于森林保险业务在各区域间的协调、统一、健康发展。为实现森林保险业务整体发展的一致性，促进森林风险在更大范围内得以有效分散，政府有必要对区域间森林保险业的运行实行干预和扶持，通过采取有针对性的倾斜财政扶持政策，调整和实现各区域间森林保险资源的流动和配置，采取多样化的策略，促进森林保险在各区域间的统一协调、持续发展，具体扶持措施及运作模式如表 2–3 所示。

表 2–3　森林保险发展中政府的扶持措施及运作模式

Tab.2–3　Supporting measures and operation mode of policy forest insurance

	森林灾害区域风险大		森林灾害区域风险小	
	经济发达	经济发达	经济落后	经济落后
投保方式	自愿投保	强制投保	强制投保	自愿投保
保费补贴	高	较低、分级递增	低	分级递增
费率厘定	低	高	适当调高	适当调低

续 表

	森林灾害区域风险大		森林灾害区域风险小	
	经济发达	经济发达	经济落后	经济落后
优惠措施	力度大	力度小	力度小	力度适中
巨灾分散	中央为主、地方为辅	地方为主、中央为辅	地方自主安排	地方为主、中央为辅
区域森林保险的运作模式	政策性为主、商业化为辅	商业化为主、政策性为辅	商业化为主、政策性为辅	政策性为主、商业化为辅

综上所述，由于区域间的风险分布及其强弱的不同、经济社会发展水平的不同、居民收入水平和保险意识的不同，带来了区域间森林保险需求的不同；同时，区域间的金融保险业的发展程度、保险产品的供给创新能力以及地方政府的财政支持力度也存在明显的不同，从而也造成了区域间森林保险供给的差异。这种区域差异的明显性，决定了必须从区域实际出发，实行差异化的森林保险发展模式和实施机制，合理界定市场机制作用范围和政府的干预程度，促进市场竞争机制与政府政策倾斜的有机结合，实现市场主体间良好互动，从而更好地促进森林保险的可持续发展，进而促进林业的可持续发展。

3　我国森林保险发展历程与现状

我国森林保险的研究、试验与应用已有二十多年历史。随着国民经济和林业经济的快速发展，森林保险也有了较大发展，森林保险的重要性日渐获得了人们的认同。但同保险业以及农业保险的整体快速发展相比，我国森林保险的发展仍严重滞后，需要给予更多的关注，对其进行更为深入的研究。

3.1　我国森林保险发展的历史考察

3.1.1　森林保险的早期探索

在党的十一届三中全会以后，林业“三定”政策（稳定山林权、划定自留山、确定林业生产责任制）以及“以营林为基础”的方针逐步落实，带来了林业商品生产的发展和山区经济的进一步活跃。与此同时，林业生产经营主体开始独立面对林业生产经营中的自然和市场风险，出于稳定生产的需要，森林保险的现实需求随之显现。

1978 年，我国开始恢复研究森林价格，为森林保险奠定了理论基础，为加强森林管理提供了方法。1981 年，为加强森林资源管理和减少森林灾害损失，林业部与中国人民保险公司联合启动了森林保险研究工作。1983 年，双方共同完成《对我国森林保险问题研究的报告》，阐述了开展森林保险的目的、意义、方法及有关政策。同年，中国人民保险公司拟定了我国第一部《森林保险条款》，对森林保险业务的承包范围、费率精算、损失赔偿等进行了规定，森林保险的理论框架初步形成，使我国森林保险业务的开展具备了初步的理论基础和实施依据。

3.1.2 森林保险初期试点阶段

这一阶段主要集中在 1984 年至 1995 年之间，森林保险业务在我国开始进行试点。1984 年由中国人民保险公司在广西灵川县开始进行我国首次森林保险的试点工作。1985 年在吉林省汪清林业局进行了国有林区森林保险的试点。1986 年中国人保福建省保险公司会同福建省林业厅在邵武市进行了林业与保险公司共保形式的森林保险试点。后中国人保财险公司又在辽宁省本溪市开展了林业部门自办保险的新形式试点。在各部门的大力配合下，我国先后用 5 年的时间进行了保险公司自营、林业部门与保险公司共保、林业部门自保及林业保险合作组织互保等多种承保形式的试点。据 5 个试点地区的不完全统计，1984 年到 1986 年期间，全国森林保险承保的森林面积达 33 万公顷以上，保费收入 42 万元，承保保额 3~4 亿元，森林保险的赔付总额为 34 万元，赔付率为 81%。[①] 各试点情况如表 3-1 所示。尽管赔付较高，但因积极推进也取得了初步的效果。

① 高岚 . 对森林灾害经济损失的补偿理论与保障体系的研究 [J]. 林业经济，2002(12): 34–36.

表 3–1 1984—1986 年我国典型地区森林保险试点情况

Tab.3–1 Forest insurance pilot in typical areas of China form 1984—1986

年份	地区	林权所有形式	森林保险组织形式	业务类别
1984	广西桂林	集体林	保险公司主办	森林火灾险
1985	吉林汪清	国有林	保险公司主办	森林火灾险
1985	山西永济	集体林	农村林木保险合作组织共济	—
1986	福建邵武	集体林	林业部门和保险公司共保	森林火灾险
1986	辽宁本溪	集体林	林业部门自保	森林综合险

资料来源：文献整理

试点过程中，森林保险业务虽取得一定成果，首先是覆盖面迅速扩展，从 1984 年广西桂林启动森林保险试点工作以后，吉林、山西、福建、辽宁等地也积极研究，陆续开展了森林保险的实践探索，到 1988 年，全国开展不同形式的森林保险的省份达 20 多个。1989—1994 年，全国森林保险的总保费收入为 11860 万元，总赔款支出 8340 万元，平均赔付率为 70.3%。森林保险产品种类和责任范围也有所扩大，由最初的杉木保险、柑橘保险扩展到用材林保险和经济林保险，部分地区对人工林和天然林、中幼林和成熟林做了费率和保额的区分，保险责任范围也从单一的火灾扩展到病虫鼠害、风灾、水灾、旱灾等主要自然灾害。但这一阶段市场发展缓慢，仍处于起步状态，主要表现为承保范围窄、参保率低、供给主体少、技术能力缺乏、赔付率高、亏损严重、经济效益差等。中国人民保险公司是森林保险的唯一供给方，市场需求以国有林场、国有采育场和乡镇集体为参保主体，累计承保面积仅占我国森林总面积的 4%，且森林保险的经营管理费用开支远高于其他财产保险，[①] 市场发育程度低。

① 熊国平，何文雄．建立我国森林保险运行体系问题初探 [J]. 江西林业科技，2010(3): 47–50.

3.1.3 森林保险停滞萎缩阶段

这一阶段为 1995 年至 2003 年。自 1995 年开始，我国森林保险业务发展开始停滞不前，参保面积和保费规模双降，有些地区甚至停止开展森林保险业务。以福建省邵武市为例，1995 年森林火灾保险面积为 161.80 万亩，1999 年仅为 28.94 万亩，下降了 82.11%。至 2003 年，邵武市森林保险工作全面停止。出现这种情况的原因有两点：一是保险公司商业化转制，森林保险承保意愿下降。1995 年，全国人大审议通过的《保险法》在保险行业中引入了市场机制，这对于促进保险业发展无疑有积极的作用。然而，在缺乏政府支持和政策性补助的情况下，市场化意味着业务运作的完全商业化，对于林业等生产周期长、灾害类型多、社会公益性强的行业来说，高风险，高赔付，低收益，直接导致其保险业务被保险公司边缘化。1996 年，原中国人民保险公司组建为中国人民保险（集团）公司，森林保险由其中的中保财产保险有限责任公司经营。同年，按《保险法》的基本精神，中保财产保险有限责任公司印发《关于目前加强种植业保险业务管理的几点意见》（保财农（1996）2 号），修订完善森林火灾险种条款，放弃和停办规模小、效益差的险种。2003 年，中国人民财产保险股份有限公司公开上市，从国有政策性经营机构转变为商业化经营公司，更加关注经济效益，逐步舍弃高赔付率、低利润率的森林保险业务。二是林业经营主体参保积极性不高，有效需求不足。首先，林业“三定”没能充分调动林业产经营的积极性，再加上亚洲金融危机的冲击，我国农村经济发展缓慢，农民收入增长近乎停滞，林农购买森林保险的有效需求不足。其次，20 世纪 90 年代中后期，国有林场经营状况恶化，资产负债率不断提高，无力继续负担森林保险费用。再次，保险公司为提高经营效益采用上调保险费率和限制责任范围等方式，也抑制了林业经营主体投保的积极性。

即使森林保险基础较好的福建省南平地区，2000 年至 2003 年间，森林保险保费收入也年均减少 21%，4 年的年均承保面积为 33449.35hm^2，不到南平市有林地总面积的 5%，缴纳保费平均每年仅为 45 万元，而赔款金额高达 32.7 万元，平均赔付率也达 72%，其中 2000 年的赔付率更是高达 146.14%（如表 3–2 所示）。高赔付、低回报的现实严重影响了我国森林保险业的发展，使森林保险业务一直停滞不前甚至出现大量萎缩的现象。

表 3–2　2000—2003 年人保财险南平分公司森林保险业务开展情况

Tab.3–2　Development Situation of forest insurance operated by PICC Property and Casualty Company Limited NanPing Branch in 2000—2003

年份	承保			赔付		
	数量（hm^2）	保额（万元）	保费（万元）	件数	赔款金额（万元）	赔付率（%）
2000	49474.1	74321.6	57	41	83.3	146.14
2001	27489.9	9354.6	39	18	16.6	42.56
2002	179748.0	12491.7	52	5	11.6	22.31
2003	38918.6	14800.4	34	7	19.4	57.06
平均	73907.7	27742.1	45	18	32.7	72.67

数据来源：黄伟纲 . 建立林业保险制度的思考 . 华东地区保险理论研讨会论文汇编，2004:82–84

3.1.4　政策性森林保险发展的试点阶段

进入 21 世纪以来，农业保险问题受到中央的高度重视。2002 年新修订的《农业法》第一次提出“国家逐步建立和完善政策性农业保险制度”。此后，2004—2008 年的中央一号文件，连续对建立和完善政策性农业保险制度提出指导意见。

2007年，中央财政农业保险保费补贴政策落地，开启了中国农业保险制度和政策性农险事业的新篇章。

在农业保险大发展的背景下，集体林权制度改革的推进给森林保险的发展注入了一剂“强心剂”。从2003年开始，福建、江西等省份相继开启新一轮的集体林权制度改革试点。随着改革的不断推进，林改后林业分散经营带来的风险和林权抵押贷款难的问题凸现，这重新激发了林业生产经营主体和相关部门对森林保险的关注和积极性，给南方集体林区林业带来了新的生机和活力。为充分发挥保险的功能与作用，促进林业稳定发展，新一轮的森林保险试点工作又在浙江、福建等地展开，森林保险事业逐渐复苏。

2005年，福建省下发了《关于开展森林保险试点工作的通知》。2007年10月，江西省制定并出台了《江西省林木火灾保险试点工作方案》，在全省26个县内开展了政策性森林火灾保险试点工作。试点原则为：“三个兼顾”，即森林保险的实施需要兼顾林农的缴费能力、保险公司的风险承受能力、财政的补贴能力，以及低保额、低保费、保成本的“两低一保”原则，采取“市场运作、林农自愿、政府引导”的模式，以参保者灾后能迅速恢复生产，保险公司可持续经营为目标，尝试逐步建立健全的森林灾害风险保障机制。但受林业产权制度不明晰、加上森林保险经营的复杂性、林农缺乏投保积极性以及森林保险的配套扶持政策缺乏等因素的制约，我国森林保险的总体进程仍然处于试点推广阶段。2008年初发生的特大雨雪冰冻灾害给林业造成了巨大的损失，但由于森林保险的参保范围窄、险种单一、保障水平低，受损林业生产经营者从保险中获得的灾后补偿十分有限。

综合来看，这一时期森林保险的发展呈现如下特点。

一是政策性机制开始导入。围绕建立森林保险发展的长效机制，各界对于森林保险的认识从最初认为是由保险公司自主经营的商业化险种，发展到承认森林保险的准公共物品属性，并意识到其持续发展必须依靠国家的支持，走政策性保险的道路。

二是市场竞争主体趋于多元。继中国人民财产保险股份有限公司和中华联合财产保险公司之后，从2003年开始，中国大地财产保险股份有限公司、安信农业保险股份有限公司、安华农业保险股份有限公司、阳光农业相互保险公司等相继成立。保险公司数量的增加，促进了森林保险的市场竞争，增加了森林保险的有效供给，推动了森林保险市场的发展。

三是财政支持效果明显。财政保费补贴极大地调动了政府、保险机构和林业生产经营主体推动和参与森林保险的积极性。例如，浙江省于2006年启动政策性森林保险试点，财政给予45%的保费补贴，至2008年，全省森林保险面积达到2121.23万亩，保费共计920.81万元，提供风险保障92.08亿元。这三项指标分别为2006年的128.48倍、85.82倍和257.37倍。其具体的森林保险业务开展情况如表3–3所示。

表3–3　2006—2008年浙江省政策性森林保险业务开展情况

Tab.3–3　Development Situation of policy–related forest insurance business in Zhejiang province from 2006 to 2008

年份	承保				赔付		
	投保户数（户）	参保面积（万亩）	保额（万元）	保费（万元）	理赔户数（户）	赔付金额（万元）	赔付率（%）
2006	9453	16.51	3577.66	10.73	0	0	0.00
2007	293	66.93	24234.00	24.40	3	5.20	21.31
2008	1548	2121.23	920787.77	920.81	22	32.89	3.57

数据来源：国家林业局、中国保险监督管理委员会

3.1.5　政策性森林保险推广实施的新阶段

2008年中央一号文件指出要全面推进集体林权制度改革，明确提出了要“积极推进林木采伐管理、公益林补偿、林权抵押、政策性森林保险等配套改革”。2008年6月颁布的《关于全面推进集体林权制度改革的意见》一文中，又再次

明确提出要“加快建立政策性森林保险制度，提高农户抵御自然灾害的能力。”为了贯彻党中央、国务院的战略部署，2009 年 5 月，中央五部门联合下发了《关于做好集体林权制度改革与林业发展金融服务工作的指导意见》，其中“积极探索建立森林保险体系”被列为其中六条指导意见的重要一条，要求“要把森林保险纳入农业保险统筹安排，通过保费补贴等必要的政策手段引导各方积极参与森林保险，扩大森林投保面积；要求保险公司要不断完善森林保险险种和服务创新，逐步提升森林保险的服务质量”。随后，财政部下发了《财政部关于中央财政森林保险保费补贴试点工作有关事项的通知》，要求在省级财政至少补贴 25% 的基础上，中央财政再补贴 30% 的保费，保险责任可从火灾、暴雨、暴风、洪水、泥石流、冰雹、霜冻、台风、暴雪、雨凇、虫灾等灾害中选择几种。2009 年 10 月保监会、国家林业局发布了《关于做好政策性森林保险体系建设促进林业可持续发展的通知》，强调要充分认识森林保险工作的重要意义，明确政策性森林保险的基本原则、工作思路及实施步骤，要求试点地区要科学合理地制定森林保险方案，内容应包括参保标的物、灾害责任、保额和费率、风险分散机制、推进森林保险实施的工作策略，以及财政部门、林业主管部门、保险监管部门在推动森林保险工作中的功能与角色等内容。

在中央制定相关政策的同时，各试点地区也依据各省实际，相继出台了一系列规范化文件，均制订了省级《森林保险试点工作方案》，明确了指导思想、基本原则，界定了保险责任，针对不同树种、树龄、灾害类型等因地制宜设置险种，并设定了相应的费率和保额，规定了赔偿处理的操作方式，保费补贴及资金结算方式等具体环节的内容与要求，不仅在省级政策层面提供了规范，也为各试点地区森林保险的良性运行提供了保障。

在此时期，保险机构与林业部门积极合作，共同推进森林保险工作。2010 年，人保财险与国家林业局林业工作站管理总站签订了《共同推进森林保险的合作框架协议》，约定在森林保险的宣传、培训、承保、查物定损、防灾防损等方面开展全面合作。此后，双方联合印发了森林保险宣传产品，开展了森林保险培训，举办了森林保险座谈会，并在基层合作共建工作上进行了积极的研究和探索。各保险公司的分支机构与林业主管部门之间也建立起沟通协作机制，协同开展森林保险宣导、防灾减灾宣传教育等，研究完善森林保险的承保理赔机制，共同开展防灾减损工作等，均有力助推了森林保险的发展。

在中央政策以及各试点省地方相关政策的共同扶持下，在各主要保险机构的积极助推下，中央政森林保险保补贴试点工作以每年增加 3 个省份的速度稳步推进。2009 年，福建、江西和湖南 3 省投保面积达到 2.03 亿亩，保费 1.2 亿元，保险金额达到 973.59 亿元，各级财政补贴 9475.27 万元。2010 年，中央财政森林保险保费补贴试点地区新增浙江、辽宁和云南 3 个省份，当年森林保险面积达到 5.58 亿亩，同比增长 174.89%；保费为 3.43 亿元，同比增长 185.83%；提供风险保障 2366.58 亿元，同比增长 143.08%；各级财政补贴为 2.77 亿元，同比增长 192.34%。2011 年，试点新增四川、广东和广西 3 省份，当年森林保险面积为 7.69 亿亩，保费为 6.6 亿元，平均每亩保费为 0.86 元；提供风险保障 3216.83 亿元，平均每亩保险金额 418.31 元；各级财政保费补贴为 5.4 亿元，补贴比例达到 81.82%；全年共完成理赔案件 1150 起，理赔金额共计 1.57 亿元，简单赔付率为 23.79%。

经过 2009—2011 年为期三年的试点，我国于 2012 年正式实施中央财政森林保险保费补贴工作，并快速向全国铺开，形成了较为成熟的组织体系。其中，国务院保险监督管理机构对森林保险业务实施监督管理，财政、林业、发展改革、税务、民政等有关部门按照各自职责，负责森林保险推进、管理的相关工作；省、自治区、直辖市人民政府确定适合本地区实际的森林保险经营模式，财政、保监、林业部门共同制订森林保险方案，完善森林保险制度，财政部门负责保费补贴资金管理，确保专款专用；县级以上地方人民政府统一领导、组织、协调本行政区域的森林保险工作，建立健全推进森林保险发展的工作机制，县级以上政府有关部门按照职责分工，负责森林保险推进、管理相关工作；乡镇林业站负责开展森林保险政策宣传、林业防灾减灾、指导植被恢复等工作，协助保险机构组织承保、查勘定损、联系理赔等工作内容；村民委员会负责推荐村级协保员协助推进所在区域森林保险业务。

2012年，财政部颁布《关于2012年度中央财政农业保险保费补贴工作有关事项的通知》（财金（2012）80号），提出中央财政农业保险保费补贴区域推广至全国，各地可本着自主自愿的原则开展。这标志着政策性森林保险试点阶段结束，步入正式实施时期。在此时期，有关政策文件对政策性森林保险理赔、条款和费率、大灾风险分散机制等内容进行了较为详细的规定，这有助于进一步完善森林保险制度，促进森林保险市场健康发展。值得说明的是，2013年中央1号文件和2015年3月，中共中央、国务院印发的《国有林区改革指导意见》（中发（2015）6号）明确指出，开展重点国有林区森林保险保费补贴试点，加大中央财政的森林保险支持力度，提高国有林区森林资源抵御自然灾害的能力。

在政策引擎的强力驱动下，到2016年中央财政森林保险保费补贴范围已经扩展到全国24个省（自治区、直辖市）、4个计划单列市、3家森工集团，共31个实施地区和单位。8年间，森林保险制度体系逐步建立，保障力度稳步增强，有效保护了森林资源，保障了林农收益，增强了林业融资能力，推动了林业现代化建设进程。截至2016年，承保森林面积20.44亿亩，保额11779.98亿元，保费29.45亿元，分别是2009年的10倍、12倍和24倍；政策性财政补贴26.74亿元，是2009年的27倍；全国平均每亩保额576.37元，其中公益林平均每亩保额564.53元，商品林每亩保额634.67元；保险费率多数处于2‰~4‰之间。

3.2 我国森林保险发展的现状分析

3.2.1 我国森林保险的承保面积增速趋缓

从年度变化上来看，2009—2013年我国森林保险承保面积迅速增加，4年平均增幅高达 83%，经过快速增长后，承保面积增速逐渐趋于稳定。2014 年较 2013 年增幅 7.46%，2015 年较 2014 年增幅 3.38%，2016 年首次出现负增长，较 2015 年下降 5.98%。

（1）从承保结构上来看。

公益林参保情况稳中向好。2012—2016 年，公益林保险面积从 7.71 亿亩增加到 16.99 亿亩，增加了 1.2 倍，年均增速 21.84%。随着森林保险工作的全面推开，公益林参保面积增长率逐渐下降，近两年趋于稳定，公益林保险总体呈现稳步发展态势。2016 年全国 31 个纳入中央财政森林保险保费补贴范围的实施地区和单位全部开展了公益林保险，参保面积占总承保面积的 83.12%。

商品林承保情况不容乐观。自 2012 年森林保险工作全面推开以来，商品林保险面积一直保持在 5.2 亿亩左右，波动不明显，但 2016 年有近六成参保单位商品林保险面积减少，全国承保商品林 3.45 亿亩，比 2015 年减少 1.85 亿亩，同比下降 34.91%，占总承保面积的 16.88%。

（2）从各地区和单位的情况来看。

2016 年，全国有 22 个地区和单位的公益林参保面积较上年增加，其中，贵州、山东、吉林森工、甘肃和河北 5 个地区和单位的公益林参保面积增幅较大。贵州通过对保险公司进行考核，加大宣传力度，2015 年投保面积减少后，2016 年大幅增长 66.73%。山东省的保险经办机构加大了业务推动力度，公益林参保面积同比增长 33.1%。吉林森工实现了公益林 100% 投保，公益林参保面积同比增长 31.02%。甘肃扩大了森林保险的实施范围，参保面积同比增长 27.54%。河北省的保险经办机构数量增加，保险服务能力增强，公益林参保面积同比增长 24.67%。此外，有少数参保单位的公益林参保面积减少，其中，江西、吉林两省和青岛市的公益林参保面积降幅较大。江西省调整了招标模式，将往年由人保财险江西省分公司独家统保的模式改为由各县自主招标选择保险公司，由于时间紧、任务重，导致统计期内没有公益林保险的签单面积产生。吉林省由于部分县财政困难，无力配套补贴资金，导致公益林参保面积同比下降 22.74%。青岛市的生态公益林面积调减，可保范围缩小，公益林参保面积同比减少 13.27%。

商品林方面，北京、山西、青岛、陕西和大兴安岭林业集团公司 5 个参保地区和单位延续上年政策，仍未开展商品林保险工作；云南和山东 2016 年没有承保商品林保险；内蒙古和大连 2 个参保地区在 2016 年首次开展了商品林保险；全年实际有 24 个参保地区和单位开展了商品林保险工作，数量与 2015 年持平。与 2015 年相比，有 15 个参保地区和单位的商品林保险面积下降，云南、山东、浙江、广东、贵州、吉林、江西等省降幅较大。商品林参保面积下降的原因集中在统保统赔模式的问题上，如云南省林业厅、财政厅印发《关于做好 2016 年森林火灾保险工作的通知》（云林联发（2016）7 号），对商品林保险的程序进行了严格规范，叫停了乡镇统保和政府代缴保费的做法，保险公司放弃承保全部商品林，导致 1.36 亿亩商品林未续保；浙江省部分县的商品林火灾险采取统保统赔模式，财政部驻浙江省财政监察专员办公室审核认定该做法不合规，中央财政收回商品林保险保费补贴资金 473.27 万元，商品林保险面积因此减少 1580 万亩；江西省参保面积的下降是全省商品林保险从政府统保模式转变为市场化运作的结果，也反映了中小林农参保意愿不足和保险产品不能满足市场需求的情况。此外，有四成参保地区和单位的商品林保险面积有所增加，吉林森工和青海省的商品林保险面积增幅较大。吉林森工在全面禁伐后，生态保护和建设任务加重，通过森林保险分散风险的意愿加强；同时，2016 年省级财政对吉林森工的保费补贴比例由原来的 25% 提高到 40%，商品林自缴保费比例由 45% 降低到 30%，仅此一项就节省保费 213.86 万元，极大地调动了吉林森工参保的积极性，商品林参保面积大幅增加 630 万亩，增幅达到 681.88%。青海省新出台了《枸杞经济林保险条款》，上调了枸杞经济林保险的费率和保额，同时将枸杞果实纳入保障范围，种植户参保积极性大为提高。

2012—2016 年森林保险业务开展情况如表 3-4 所示。

表 3-4　2012—2016 年森林保险业务开展情况

Tab.3-4　Development Situation of forest insurance business from 2012 to 2016

年份	总计		公益林		商品林	
	投保面积（亿亩）	增幅（%）	投保面积（亿亩）	占比（%）	投保面积（亿亩）	占比（%）
2012	12.89	67.62	7.71	59.81	5.18	40.19
2013	19.57	51.82	14.28	72.97	5.29	27.03
2014	21.03	7.46	15.88	75.51	5.15	24.49
2015	21.74	3.38	16.44	75.62	5.30	24.38
2016	20.44	–5.98	16.99	83.12	3.45	16.88

数据来源：国家林业局、中国保险监督管理委员会

3.2.2　我国森林保险的普及率低，覆盖面小

长期以来我国的森林灾害风险管理体制和管理手段相对滞后，严重影响了森林保险的发展，致使森林保险的发展一直处于较低的水平，普及率偏低，覆盖面也很小。1984 年至 2007 年的 24 年间，中国人保公司平均每年的森林保险保费收入规模只有 4000 万元左右，平均每年承保的林木只有 1300 万亩，仅占中国森林面积（1.75 亿公顷）的 0.5%，人工林面积（5325.7 万公顷）的 1.6%。[①] 虽然在政策支持下开展森林保险业务的省份在 2014 年达到 24 个，但从这之后直至 2016 年底除了增加一个森工集团外，并无新省份增加。从全国层面看，2016 年承保面积 20.44 亿亩，占到我国森林面积 2.08 亿公顷（第 8 次森林资源清查数据）的 66.7%，森林保险覆盖率不足 70%。

① 王新清，孔祥智，郭艳芹．制度创新与林业发展—福建省集体林权制度改革的经济分析 [M]. 北京：中国人民大学出版社，2008：38–69.

从地区层面看，2016 年仅有 7 个地区和单位的覆盖率高于 80%，分别是山西、厦门、宁波、吉林森工集团、湖南、内蒙古森工集团和贵州；湖北、江西、吉林 3 个地区的覆盖率低于 30%；其余地区和单位的森林保险覆盖率落入 50%~80% 区间段，且覆盖率落入这一区间段的地区和单位中，大部分仍低于 60%，具体分布如表 3–5 所示。可见各地区之间由于林业基础、财政状况、森林保险运作模式等各方面存在差异，导致森林保险业务开展情况存在显著不同，进而影响到整体的覆盖率水平。

表 3–5　2016 年森林保险覆盖率分布

Tab.3–5　Distribution of forest insurance coverage in 2016

覆盖率	<30%	30%~50%	50%~80%	>80%
地区	湖北、江西、吉林	云南、大连、河南、青海、海南、青岛、广东、山东	四川、福建、安徽、陕西、北京、重庆、辽宁、浙江、内蒙古、甘肃、大兴安岭林业集团公司、河北、广西	山西、厦门、宁波、吉林森工、湖南、内蒙古森工、贵州

数据来源：国家林业局、中国保险监督管理委员会

2016 年全年森林保险保费收入（29.45 亿元）占 2016 年我国农业保险保费收入（421.34 亿元）的 7%，而农业保险的保费收入占财产保险业务总保费的比例为 4.53%，无论是从森林保险业务与森林资源总体价值的匹配情况，还是保险公司对森林保险业务的重视程度来看，低覆盖率使得林业生产、森林管护相对于我国林业生态建设不断取得巨大成就而言仍处于保险保障不平衡、不充分的状态，暴露在各种风险之下。

3.2.3 保费规模扩大，公益林、商品林的保费与费率两极分化明显

总体上我国森林保险保费收入呈大幅上升趋势，得益于承保面积的极速扩大，2009—2013年保费增速均保持在50%以上。2014年起，随着大部分省份的森林保险业务步入稳定发展阶段，保费收入增长趋缓，变化幅度降至10%以内。2016年全国森林保险保费收入合计29.45亿元，相对上年度增幅并不大，但总量上已超2009年的24倍有余。亩均保费与费率密切相关，各省份根据自身实际情况动态调整单位面积保险金额和费率水平，由此导致亩均保费产生相应的变化。平均来看，2009—2016年亩均保额逐年上升，由最初的0.59元/亩增至2016年1.44元/亩，保险费率先由最初1.23‰逐年增加，至2013年达最高值2.82‰，然后稳定在2.5‰左右小幅波动。经过近十年的运作，森林保险业务全国范围内进入稳步发展阶段，保费总额、亩均保费、平均费率水平趋于平稳。其具体保费和费率如表3–6所示。

表3–6 2009—2016年森林保险业务保费与费率

Tab.3–6 Premium and rate of forest insurance business from 2009 to 2016

年份	保费总额		亩均保费		平均费率	
	金额（亿元）	变化（%）	金额（元/亩）	变化（%）	费率（‰）	变化（‰）
2009	1.20	–	0.59	–	1.23	–
2010	3.43	185.83	0.61	3.39	1.45	0.22
2011	6.60	92.42	0.86	40.98	2.05	0.60
2012	16.99	157.42	1.32	53.49	2.65	0.60
2013	25.59	50.62	1.31	–0.76	2.82	0.17
2014	27.27	6.57	1.30	–0.76	2.50	–0.32
2015	29.17	6.97	1.34	3.08	2.46	–0.04
2016	29.45	0.96	1.44	7.46	2.50	0.04

数据来源：国家林业局、中国保险监督管理委员会

公益林是森林生态效益得以发挥的主要载体，因此历年来都是培育和保护的重点，也是森林保险的主要保险标的。历年来中央和地方各级财政对生态公益林的保护力度都不断加大，促进了公益林保险保费的迅速增加：2009 年森林保险公益林保费仅有 3.55 亿元，而 2016 年已经达到 22.94 亿元，占森林保险总保费的绝大部分。平均费率经历了一个先增后减的过程，前期实施政策性森林保险的省份个数逐渐增加，由于缺乏经营经验，在抱有谨慎心理下费率水平呈上升状态，随着试点个数和经营经验的不断丰富，自 2014 年起费率水平又转为下行趋势。即使降幅不明显，但也表明森林保险中的公益林业务进入一个优化与调整的新阶段。其具体的保费与费率如表 3–7 所示。

表 3–7　2011—2016 年公益林保险业务保费与费率

Tab.3–7　Premium and rate of Public welfare forest insurance business from 2011 to 2016

年份	保费总额		亩均保费		平均费率	
	金额（亿元）	变化（%）	金额（元/亩）	变化（%）	费率（‰）	变化（‰）
2011	3.55	–	0.87	–	2.11	–
2012	9.29	161.69	1.20	37.93	2.47	0.36
2013	17.46	87.94	1.22	1.67	2.74	0.27
2014	19.95	14.26	1.26	3.28	2.52	–0.22
2015	21.46	7.57	1.30	3.17	2.43	–0.09
2016	22.94	6.90	1.35	3.85	2.39	–0.04

数据来源：国家林业局、中国保险监督管理委员会

森林保险中商品林业务已经出现明显的缩减迹象。2016 年，全国 24 个开展了商品林保险的地区和单位的保费总额达 6.51 亿元，占森林保险总保费的 22.11%，比 2015 年减少了 1.21 亿元，下降 15.67%。贵州、浙江、宁波、广东、海南 5 个地区商品林保费总额分别下降了 72.37%、48.10%、47.13%、43.88% 和 42.23%。少数地区和单位如吉林森工、湖北、广西的商品林保费总额分别增长了

681.86%、35.15% 和 35.12%。从亩均保费来看，近年来呈现出上升趋势，且变化幅度较大。2016 年，商品林亩均保费为 1.89 元，比公益林高 0.54 元，比 2015 年增加 0.43 元，增长 29.45%。保险费率为 2.98‰，比公益林高 0.59 个千分点，比 2015 年提高 0.44 个千分点。多数地区和单位的商品林亩均保费在 1.50 ~ 3.00 元之间；青海商品林亩均保费最高，为 7.19 元；其次是宁波，为 6.40 元；甘肃和四川的商品林亩均保费稍低，为 1.20 元。从各省的变化幅度来看，2016 年浙江商品林亩均保费增幅最大，从 1.44 元提高到 2.28 元，提高了 58.33%；广西亩均保费从 1.80 元提高到 2.80 元，提高了 55.56%。此外，下降幅度比较大的主要有海南和宁波，海南从 6.62 元降到 4.59 元，降幅达 30.66%；宁波从 8.07 元降到 6.40 元，降幅也达到 20.69%

从保险费率来看，2016 年，商品林平均费率同比提高 0.44 个千分点，多数地区和单位的商品林保险费率在 2‰ ~4‰之间。宁波的商品林保险费率最高，为 8‰；青海也在 7‰以上；四川的保险费率最低，为 1.6‰。从变化幅度来看，广西、浙江两地的商品林保险费率分别提高了 1.22 和 1.03 个千分点；宁波、海南、青海、湖南 4 个地区的商品林保险费率出现了较大幅度下降，分别下调了 1.03、0.85、0.70 和 0.65 个千分点。2011—2016 年商品林保险业务保费与费率如表 3–8 所示。

表 3–8　2011—2016 年商品林保险业务保费与费率

Tab.3–8　Premium and rate of Commodity forest insurance business from 2011 to 2016

年份	保费总额		亩均保费		平均费率	
	金额（亿元）	变化（%）	金额（元/亩）	变化（%）	费率（‰）	变化（‰）
2011	3.06	–	0.84	–	1.99	–
2012	7.70	151.63	1.49	77.38	2.89	0.90
2013	6.42	−16.62	1.21	−18.79	2.39	−0.50
2014	7.32	14.02	1.42	17.36	2.45	0.06
2015	7.71	5.46	1.46	2.82	2.54	0.09
2016	6.51	−15.67	1.89	29.45	2.98	0.44

数据来源：国家林业局、中国保险监督管理委员会

相对于公益林保险业务稳定发展的态势，商品林近年来的发展较为坎坷。业务规模已经出现萎缩迹象，且费率调整动作和幅度也比公益林更为频繁和剧烈，使得商品林和公益林成为森林保险发展过程中不平衡的两极。商品林作为森林生态系统的重要组成部分，在实现基本生态效益的同时，还发挥不可忽视的经济效益，因此重视和深耕商品林保险业务，是进一步实现森林保险平衡和持续发展所应当重视的问题。

3.2.4 亩均保额略微增加，地区间差异显著

2016 年，全国 31 个地区和单位的森林保险总保额为 11779.98 亿元，比 2015 年减少了 91.87 亿元，下降了 0.77%。其中，公益林和商品林分别占 81.42% 和 18.59%。2012—2016 年，森林保险总保额的增长速度逐渐趋缓，到 2016 年，由于参保面积减少而首次出现负增长。从各地区和单位的情况来看，与 2015 年相比，2016 年共有 20 个地区的总保险金额增加，增幅排名前 5 的分别是吉林森工、贵州、宁波、山东和甘肃，分别增长 115.38%、80.00%、71.99%、32.45% 和 31.41%；有 9 个地区的总保险金额减少，降幅较大的前 5 个地区是江西、云南、吉林、福建和青岛，分别下降了 59.81%、41.76%、37.05%、21.14% 和 13.27%。2011—2016 年森林保险金额如表 3–9 所示。

表 3–9　2011—2016 年森林保险金额

Tab.3–9　Insurance amount forest insurance business from 2011 to 2016

年份	森林种类	总保险金额		单位面积保险金额	
		数额（亿元）	增长率（%）	数额（元/亩）	增长率（%）
2011	合计	3216.83	–	418.36	–
	公益林	1681.90	–	414.50	–
	商品林	1534.93	–	422.67	–

续 表

年份	森林种类	总保险金额		单位面积保险金额	
		数额（亿元）	增长率（%）	数额（元/亩）	增长率（%）
2012	合计	6422.86	99.66	498.19	19.08
	公益林	3758.69	123.48	487.42	17.59
	商品林	2664.17	73.57	514.22	21.66
2013	合计	9059.93	41.06	462.89	-7.09
	公益林	6377.62	69.68	446.59	-8.38
	商品林	2682.3	0.68	506.82	-1.44
2014	合计	10889.29	20.19	517.75	11.85
	公益林	7901.30	23.89	497,47	11.39
	商品林	2987.99	11.40	580.32	14.50
2015	合计	11871.85	9.02	546.08	5.47
	公益林	8834.79	11.81	537.31	8.01
	商品林	3037.06	1.64	573.32	-1.21
2016	合计	11779.98	-0.77	576.37	5.55
	公益林	9590.54	8.55	564.53	5.07
	商品林	2189.44	-27.91	634.67	10.70

数据来源：国家林业局、中国保险监督管理委员会

2016年森林保险亩均保额为576.37元，比2015年增加30.29元，增长5.55%。从年度变化来看，森林保险亩均保额总体呈增长趋势，在经历2013年短暂下跌之后，近三年单位保额持续提高，从2012年的498.19元/亩提高到2016年的576.37元/亩，提高了15.69%，增幅也趋于平稳。从各地区和单位的情况来看，既有省份对公益林和商品林设置不同亩均保额，也有设置相同保额的做法，各地差异较大，从400元到1200元形成6个层次。

公益林方面，全国31个地区和单位的公益林总保险金额为9590.54亿元，比2015年增加了755.75亿元，增长了8.55%。5年来，公益林总保险金额持续

增加，从 2011 年的 1681.90 亿元增加到 2016 年的 9590.54 亿元，增长了 5.7 倍。从各地区和单位的情况来看，与 2015 年相比，2016 年共有 23 个地区的公益林总保险金额增加，增幅排名前 5 的分别是宁波、贵州、浙江、山东和甘肃，分别增长 122.87%、105.19%、64.15%、32.93% 和 31.84%；只有 6 个地区的公益林总保险金额减少，除了江西 2016 年存在特殊情况公益林没有投保，降幅达 100% 外，降幅较大的是吉林和青岛，分别下降了 36.33% 和 13.27%。公益林亩均保额为 564.53 元，比 2015 年增加 27.22 元，增长 5.07%；从年度变化来看，公益林保险亩均保额先减后增，近三年亩均保额持续提高，从 2011 年的 414.50 元提高到 2016 年的 564.53 元，提高了 36.20%，增幅经过了前期的较大波动后，近两年呈现平稳下降态势，但增长趋势仍旧保持不变。从各地区和单位的情况来看，公益林单位保额从 400 元 / 亩到 1200 元 / 亩不等，最高者为北京（1200 元 / 亩）；其次为贵州（1100 元 / 亩）；再次为内蒙古、山东、宁波、内蒙古森工（800 元 / 亩）；接下来是厦门、青海、山西、海南、河北、福建（600 元 / 亩）；然后是辽宁、重庆、大兴安岭、吉林森工、河南、湖北、广西、四川、山西、甘肃、广东、吉林、青岛（500 元 / 亩）；最后为浙江、安徽（450 元 / 亩）以及大连、湖南、云南（400 元 / 亩）。2016 年宁波、浙江、广西和贵州的公益林保险亩均保额提高幅度较大，其中，宁波公益林亩均保额由 400 元提高到 800 元，浙江公益林亩均保额由 300 元提高到 450 元，广西公益林亩均保额由 400 元提高到 500 元，贵州公益林亩均保额由 800 元提高到 1000 元。由此看出，公益林进入了一个降费提质的优化阶段。

商品林保险金额大幅下降，单位保额波动增长。2016 年，全国 24 个开展了商品林保险的地区和单位的商品林总保险金额为 2189.44 亿元，比 2015 年减少了 847.62 亿元，下降了 27.91%。商品林总保险金额在持续增加 3 年后，2016 年出现大幅下降，这主要是由于商品林保险面积大幅减少造成的。从各地区和单位的情况来看，与 2015 年相比，2016 年仅有 10 个地区和单位的商品林总保险金额增加，增幅较大的是吉林森工、湖北和青海，分别增长 681.86%、35.14% 和 31.42%；有 14 个地区和单位的商品林总保险金额减少，降幅较大的是贵州、浙江和广东，分别下降了69.3%、63.22%和43.88%。商品林亩均保额从2011年的422.67元提高到2016年的634.67元，比2015年多61.35元，增长10.70%。地区和单位的情况来看，商品林亩均保额从400元到1024.07元不等，相比公益林而言商品林亩均保额在区间段内均匀分布。江西、浙江、贵州、海南、宁波和内蒙古森工集团的商品林保险亩均保额有所调整，其中江西、浙江、贵州商品林亩均保额提高，海南、宁波、内蒙古森工集团商品林亩均保额降低。

3.2.5 地区间赔付率差异过大，经营稳定性差，可持续发展能力弱

我国是世界上自然灾害较为严重的国家之一，森林火灾、风灾、雪冻、洪水等灾害频繁发生，所造成的损失更是十分严重。无论是森林火灾，还是生物灾害每年给我国森林带来巨大的危害，造成的森林受灾面积年均在数万公顷以上。严重的自然灾害也直接造成了我国森林保险的赔付率过高，亏损严重。此外，由于信息不对称，森林保险中存在严重的逆向选择现象。林农基于以往的经验，相对保险公司来说，对自有林地上各类森林灾害的类型、发生概率、受灾率及损失程度更为了解。如此，受灾概率大、损失程度严重的林农就选择积极投保，而受灾概率小、损失程度较轻的林农就选择风险自留。因此在森林保险实施初期，带给承保公司的必然是森林保险的高赔付率。人保产险湖南分公司2000—2008年森林火灾保险承保理赔情况表如表3-10所示。

表3-10 人保产险湖南分公司2000—2008年森林火灾保险承保理赔情况表

Tab.3-10 Insuring and claiming Situation of forest fire insurance operated by PICC Property and Casualty Company Limited HuNan Branch in 2000—2008

年度	承保亩数	保额（万）	保费（万）	赔款（万）	赔付率（%）
2000	5826019	59905	373.5	355.2	95.1
2001	5283398	54419	414.4	396.2	95.6

续 表

年度	承保亩数	保额（万）	保费（万）	赔款（万）	赔付率（%）
2002	4759320	48815	301.6	285.4	94.6
2003	5267184	54252	377.3	374.4	99.2
2004	4468692	45841	530.9	604.8	113.9
2005	3178058	32734	322.5	383.4	118.9
2006	9856113	101210	534.6	519.0	97.1
2007	6325616	65056	459.1	626.7	136.5
2008	6579125	164478	973.8	1095.1	112.5
小计	51543525	626710	4287.8	4640.2	108.2

资料来源：2000—2008 年湖南省保监局的统计数据

有了一定的理赔经验积累之后，加上中央财政保费补贴的催动，森林保险理赔制度体系不断完善。从全国层面来看，简单赔付率控制良好，2016 年，全国森林保险完成灾害理赔 17911 起，总赔付金额达 10.62 亿元，比 2015 年增加 0.87 亿元，增长 8.92%；全国平均简单赔付率为 36.06%，比 2015 年增加 2.64 个百分点。2009—2016 年赔付率曲线呈“V”形，赔付率平稳上升，说明在森林灾害总体情况没有大波动的条件下，森林保险的赔付环节越发高效，其具体赔付情况如表 3-11 所示。

表 3-11　2009—2016 年森林保险赔付情况

Tab.3-11　Claiming situation of forest insurance from 2009 to 2016

年度	保费（亿元）	赔付金额（亿元）	赔付率（%）
2009	1.20	0.57	47.66
2010	3.43	1.18	34.4
2011	6.60	1.57	23.73
2012	16.99	2.53	14.90

续 表

年度	保费（亿元）	赔付金额（亿元）	赔付率（%）
2013	25.59	4.38	17.10
2014	27.27	5.68	20.82
2015	29.17	9.75	33.42
2016	29.45	10.62	36.06

数据来源：国家林业局、中国保险监督管理委员会

从各地区和单位情况来看，2016 年，全国平均赔付率为 36.06%，有 8 个地区和单位的赔付率高于全国平均赔付率，最高的是福建（170.44%），其次是江西（77.65%）和厦门（48.91%）。福建和厦门由于遭遇特大台风袭击，损失严重。厦门的理赔工作采用无人机技术，并邀请国家减灾委员会专家进行现场查勘定损和实验室分析相结合，工作量大，在统计期内赔付工作尚未结束，暂时确定的赔付率为 48.91%，但最终赔付率也会超过 100%。江西近三年的简单赔付率一直保持在 80% 左右，2014 年至今依次为 80.42%、72.18% 和 77.65%，在全国范围内处于高位。其他大部分地区和单位森林保险赔付率都不到 40%，有 9 个地区（单位）赔付率在 10%以下，从高到低依次为贵州、北京、陕西、吉林森工、吉林、大连、宁波、青岛和大兴安岭林业集团公司，其中，后四个单位没有产生赔付。

公益林方面，全国平均赔付率为 22.57%，有 7 个参保单位的赔付率超过了该数值，排在前四位的是福建、内蒙古、内蒙古森工和甘肃，均超过 30%，尤其是福建的赔付率为 86.45%，远高于其他地区和单位；有 13 个参保地区和单位的赔付率低于 10%，其中，大兴安岭林业集团公司、大连、宁波和青岛未产生赔付。商品林方面平均赔付率为 83.55%，高于平均值的参保单位共 6 个，其中，广东、福建、青海、河南和四川 5 个省都超过了 100%。广东省的赔付率高达 711%，主要是一部分 2015 年台风灾害造成的损失在 2016 年才完成赔付。河南省的商品林参保面积同比下降 31.6%，风险集中度明显提高，加之森林保险宣传力度不断

深入，林农索赔意识明显增强，赔付率随之提高。福建、青海、四川三省赔付率较高是由于在 2016 年分别遭遇了台风、雪灾、冻灾的袭击，损失非常严重。2016 年部分地区森林保险业务赔付情况如表 3–12 所示。

表 3–12　2016 年部分地区森林保险业务赔付情况

Tab.3–12　Claiming situation of forest insurance in some areas in 2016

地区	合计			公益林			商品林		
	保费	赔款	赔付率	保费	赔款	赔付率	保费	赔款	赔付率
北京	27.19	1.95	7.18	27.19	1.95	7.18	–	–	–
河北	97.80	23.54	24.07	60.57	10.86	17.93	37.23	12.68	34.06
山西	103.2	21.30	20.64	103.2	21.30	20.64	–	–	–
内蒙古	399.0	162.9	40.83	396.8	162.7	41.01	2.27	0.22	9.53
辽宁	76.86	22.91	29.80	65.03	15.43	23.72	11.82	7.48	63.26
吉林	26.33	0.39	1.50	21.34	0.37	1.71	5.00	0.03	0.56
浙江	36.93	10.51	28.47	19.39	1.23	6.32	17.53	9.29	52.97
安徽	84.10	27.21	32.35	34.59	7.25	20.95	49.52	19.96	40.32
福建	135.0	230.0	170.4	64.34	55.62	86.45	70.61	174.4	246.97
江西	–	–	–	–	–	–	–	–	–
山东	50.62	11.39	22.50	50.62	11.39	22.50	–	–	–
河南	25.18	5.17	20.54	23.81	2.89	12.12	1.37	2.29	166.59
湖北	32.54	6.96	21.38	28.45	5.56	19.53	4.09	1.40	34.26
湖南	20.51	62.80	306.2	116.7	32.64	27.97	88.82	30.17	33.97
广东	111.8	42.95	38.42	106.9	8.22	7.69	4.88	34.73	711.61
广西	198.6	73.79	37.17	107.7	3.31	3.07	90.80	70.48	77.62
海南	24.14	3.34	13.85	20.76	0.75	3.63	3.38	2.59	76.61
重庆	52.14	9.07	17.40	44.90	7.06	15.72	7.24	2.01	27.81
四川	216.7	102.7	47.39	143.7	18.62	12.95	72.99	84.09	115.2
贵州	248.5	21.43	8.63	241.3	15.00	6.22	7.20	6.44	89.43
云南	71.91	7.96	11.07	71.91	7.96	11.07	–	–	–

续 表

地区	合计			公益林			商品林		
	保费	赔款	赔付率	保费	赔款	赔付率	保费	赔款	赔付率
陕西	97.30	4.98	5.12	97.30	4.98	5.12	–	–	–
甘肃	66.01	22.34	33.84	65.69	22.34	34.01	0.32	0.00	0.00
青海	40.29	11.39	28.28	38.71	8.57	22.14	1.57	2.82	179.4

注：各指标单位分别为保费（百万元）、赔款（百万元）、赔付率（%）

数据来源：国家林业局、中国保险监督管理委员会

通过上表比较可以得出，商品林保险业务赔付水平普遍高于公益林，经营风险突出，往往导致保险机构亏损。这与承保面积小，风险无法很好的分散有很大关系，因此需要不断设计和调整商品林保险产品，加强费率厘定等精算工作，才有机会改善承保数量、质量双下降的局面。

3.2.6 政府对森林保险发展的扶持有待优化

政府的财政资助和补贴力度对森林保险的市场供给和需求都有显著地影响。由于森林保险的损失率和赔付率较高，经营成本大，相应地费率也比较高。高费率与低收入水平的森林保险的需求相矛盾。对供给方来说，费率越高，供给数量越大；反之则越低。但对需求方来说，则恰恰相反。解决这对矛盾的途径就是政府对森林保险的费率和经营费用进行资助和补贴。回顾我国森林保险的发展历程，可以看出，发展初期政府对森林保险的支持力度很小，这也是森林保险发展陷入困境的重要原因。

从 2008 年开始实施中央财政补贴政策以来，中央、省、市（县）三级财政对森林保险进行保费补贴的金额稳步增加，林业经营主体持续减负。从保费结构的变化上来看，各级财政的保费补贴比例逐渐提高，同时林业经营主体所承担的保费比例越来越低。2016 年，各级财政共补贴保费 26.74 亿元，占总保费的

90.8%，林业经营者平均承担保费的 9.2%，比 2015 年下降 1.35%。

2012—2016 年森林保险保费补贴比例如表 3-13 所示。

表 3-13　2012—2016 年森林保险保费补贴比例

Tab.3-13　Subsidy proportion of forest insurance premium from 2012 to 2016

年度	合计（%）			公益林（%）			商品林（%）		
	中央	省级	市县	中央	省级	市县	中央	省级	市县
2012	41.38	28.82	13.86	49.98	30.38	15.40	31.36	27.25	12.13
2013	46.70	30.22	12.21	52.13	32.14	11.84	30.90	25.42	11.23
2014	46.46	31.61	11.18	52.52	32.15	11.13	29.96	30.15	11.32
2015	46.35	30.74	12.36	52.55	31.85	11.37	29.18	27.63	15.04
2016	47.81	29.56	13.43	52.19	29.79	13.80	32.40	28.73	12.12

数据来源：国家林业局、中国保险监督管理委员会

公益林和商品林在保费补贴方面也形成了鲜明的对比。公益林保费补贴比例进一步提高，多数地区实行全额补贴。2016 年，中央、省、市（县）三级财政对公益林保险的保费补贴金额分别为 11.97 亿元、6.83 亿元、3.17 亿元，共计 21.97 亿元，比 2015 年增加 1.42 亿元，增长 6.91%，占总保费的 95.78%，林业经营者平均承担保费 4.22%。从各地区和单位的情况来看，除内蒙古森工集团由自身承担 18% 的保费、中央和省级财政共承担 82% 的保费之外，其余各地区和单位的财政补贴比例均达到 90% 以上。山西、内蒙古等 17 个地区和单位对公益林保险采取三级财政全额承担保费的政策，林业经营主体不需要交纳任何费用。北京、海南和青岛 3 个地区由中央和省（或市）两级财政各承担 50% 的保费。从各级财政来看，中央财政对中央直属企业大兴安岭林业集团公司补贴 90% 的保费，对全国其他地区和单位的保费补贴均为 50%。省级财政公益林保费补贴比例最高的分别是北京和海南，补贴比例为 50%；其次是安徽、河南、湖北、广西和吉林森工，补贴比例为 40%；其余各地区和单位基本上都在 25%~35% 之间；

市县财政公益林保费补贴比例最高的是青岛和宁波，为 50%，其次是浙江、厦门和广东，补贴比例为 25%，其余各地区和单位在 10%~20% 之间。

商品林保险的三级财政保费补贴金额共计 4.77 亿元，比 2015 年减少 0.77 亿元，下降 13.93%。商品林保费补贴占全部保费补贴的 17.84%，比 2015 年降低 3.39 个百分点。中央、省、市县三级财政保费补贴分别为 2.11 亿元、1.87 亿元、0.79 亿元，分别占商品林总保费的 32.40%、28.73% 和 12.12%。各级财政补贴占总保费的 73.25%，比公益林低 22.54 个百分点，林业生产经营者平均承担保费 26.75%，比 2015 年降低 1.40 个百分点。从各地区和单位的情况来看，补贴比例最高的厦门市为 100%，原因在于厦门市将林业生产经营主体承担的 40% 保费列入“为民办实事”项目，由市财政统一支付。此外，河北等 7 个地区和单位的商品林保费补贴比例超过 80%，补贴比例相对较高。从各级财政来看，中央财政商品林保费补贴比例大多为 30%；省级财政补贴比例最高的是广西和吉林森工，为 40%，其次为甘肃、大连、内蒙古森工、内蒙古和辽宁，均超过 30%，其余各地区和单位均在 25%~30% 之间；市县财政补贴比例较高的依次是：宁波 45%、厦门 40%，贵州、河北和安徽各为 25%，吉林和四川为 20%，其余各地区和单位大多在 10%~15% 之间。

由此可见，各级财政对森林保险的补贴是保费的主要来源，其补贴比例对森林保险发展的影响至关重要，因此需要更多的政策扶持。虽然最近几年的中央一号文件中多次提出了要加快政策性森林保险的发展，并不断扩大中央财政补贴的试点，但截至 2016 年对开展政策性森林保险业务的保险机构也仅仅是保费补贴一项扶持政策，欠缺灵活性和多样性，再加上部分地区以招标形式遴选承保机构，使得该业务的竞争转变为低价格竞争，不利于稳定经营。各地在政策性森林保险试点过程中采取的措施不尽相同，若实行统一的支撑体系，便欠缺针对性，政策的效力将受到制约，甚至难以持续。其次，财政补贴的目的是为了帮助林农解决保费支出的困难，提高参保率，扩大森林保险市场的需求，然而能否起到大幅度提高森林保险覆盖率的目的，不仅取决于财政补贴在保费中所占的比例，还取决于林农的实际收入水平。对于尚处于解决温饱阶段的经营公益林的林农来说，即使只承担小部分的保费，也可能成为其沉重的经济负担。森林经营周期长、见效慢，创造的生态效益、经济效益、社会效益十分显著，中央的财政补贴理应高于其他产品，但在现有较少政府补贴下，林业生产经营者缺乏投保积极性，很难进一步提高森林保险覆盖率，2016 年森林保险承保面积的下降便是很好的例证。再者，政府对森林保险宣传力度不够。由于森林保险一直由商业保险公司经营，政府参与较少，宣传不够，造成林农保险意识差，对森林保险的必要性、迫切性认识不足，甚至认为保险是摊派费用，加重了经济负担，增加了经营成本，并最终影响了森林保险的需求。所以，政府优化补贴的形式和比例，能更好地发挥协调与引导作用，促进森林保险进一步发展。

3.2.7　市场主体数量增加，保险供给能力提高

自 2009 年开展首批中央财政森林保险保费补贴试点以来，我国森林保险业务实现了跨越式发展。但随着森林保险深度和密度的不断延伸，传统森林保险产品已无法有效适应广大林农的多元化风险保障需求。现有森林保险市场存在产品结构单一、理赔困难、市场机制不健全等问题，目前亟须提高准入门槛，建立完善的偿付体系，将产品设计融入林农权利保障与多元化需求之中，努力建设精细化与规范化的森林保险体系。特别是我国经济发展进入新常态后，森林保险在新一期林权改革中面临更大的变化与挑战，随着林业产业优化升级和森林保险市场改革深化，森林保险逐渐从基础的风险保障、经济补偿功能向防灾减损、社会管理、小区域治理、担保增信、辅助金融市场、规范信贷市场、调控资源等功能拓展。在这样的大背景下，各保险公司不断加大产品创新力度，开发新产品、完善产品体系、引入新技术、提高服务质量，在产品、技术、服务等领域不断创新。与此同时，再保险市场繁荣发展，大灾风险分散机制在探索中不断推进，这些制度创新充分激发了森林保险的市场活力，为森林保险市场持续发展提供制度支持。下

面分别从承保主体、市场结构、产品创新几个方面介绍我国森林保险市场现状。

3.2.7.1 承保主体

森林保险经营机构必须具备经营一般农业保险业务的资质。我国《农业保险条例》规定：具备完善的基层服务网络、有专门的农业保险经营部门并配备相应的专业人员、有完善的农业保险内控制度、有稳健的农业再保险和大灾风险安排以及风险应对预案、偿付能力符合国务院保险监督管理机构的规定和国务院保险监督管理机构规定的其他条件的保险机构才具备农业保险经营资格。随着保险市场的不断繁荣发展，各家保险机构也创造了适合开展农业保险的物质条件，进而丰富了森林保险市场的承保主体。

2016 年，我国有人保财险、中华财险、中航安盟、平安财险、太平洋产险、国寿财险、安华保险、国元农险、北部湾财险、阳光财险、永安财险、大地财险、安诚财险、锦泰财险、泰山财险、安邦财险、太平财险、阳光相互保险、中原农险、都邦财险、天安保险、华安财险、紫金财险、安信农险、浙商财险、中煤财险 26 家保险机构通过独立经营或者参与共保体方式开展森林保险业务。与 2015 年相比，新增了阳光相互保险、中原农险、中煤财险 3 家保险机构，减少了华农财险、诚泰财险 2 家保险机构。

3.2.7.2 市场结构

我国森林保险市场上前五大经营机构的承保面积占整个森林保险承保规模的 88.51%，前十大经营机构的承保面积比重达到 97.89%。其中，人保财险占据半壁市场份额，中华财险和中航安盟的份额也相对较高。

从承保面积来看，2016 年，我国森林保险承保面积排名前十位的经营机构分别是人保财险（51.48%）、中华财险（15.58%）、中航安盟（9.46%）、平安财险（6.58%）、国寿财险（5.31%）、太平洋产险（3.24%）、国元农险（1.99%）、北部湾财险（1.73%）、安华保险（1.58%）和阳光财险（0.84%），与 2015 相比，2016 年主要保险公司的承保面积排名基本未变，人保财险、中华财险和中航安盟仍然占据排名的前 3 位；平安财险超越国寿财险，从第 5 名上升至第 4 名；阳光财险超过永安财险，从第 11 名上升至第 10 名。根据森林保险经营机构的区域分布以及在各地区和单位的市场优势情况，可以将各森林保险经营机构的市场分布分成以下四种类型。

第一种，业务分布区域广，集中度高，且部分主体占据优势地位或者重要地位。这种类型的典型代表为人保财险，其保险业务覆盖 29 个地区和单位，在北京、福建、厦门、江西、青岛、青海、内蒙古森工集团 7 个地区和单位占据 100% 的市场份额，具有绝对优势；在河北、山西、内蒙古、大连、浙江、宁波、湖北、海南、重庆和云南 10 个地区的市场份额均高于 50%，占据相对优势地位；在辽宁、湖南、广东、广西、贵州、陕西和甘肃 7 个地区的市场份额均高于 30%，具有重要地位。

第二种，业务分布较广，集中度较高，但是多数主体承保市场份额不高，仅在少数地区占据优势地位。这种类型的代表为中华财险，其保险业务覆盖 16 个地区和单位，在广东、甘肃的市场份额高于 50%，占据相对优势地位；在内蒙古、辽宁、河南、湖南 4 个地区的市场份额高于 30%，具有重要地位。

第三种，业务分布集中在特定区域，区域集中度较高。这种类型的有平安财险、安华保险、国元农险、中航安盟。其中，平安财险分布在大兴安岭林业集团公司、贵州、河南等 11 个单位和地区，且占据大兴安岭林业集团公司 100% 市场份额，占据绝对优势地位，占据贵州 42.78% 市场份额，具有重要地位；国元农险仅在安徽开展业务，但是占据其 91.23% 的市场份额；安华保险仅分布在吉林、辽宁、大连、山东、四川和吉林森工 6 个地区和单位，但是占据吉林森工 100% 市场份额，占据吉林 81.13% 市场份额；中航安盟集中在四川、吉林、辽宁和陕西 4 个地区，在四川占据 60.65% 市场份额，具有相对优势地位。

第四种，业务分布区域窄且优势不明显。多数森林保险经营机构属于这种类型，包括太平洋产险、北部湾财险、国寿财险、永安财险、阳光财险等其他森林保险经营机构。其中，国寿财险在山西和云南具有重要地位；北部湾财险在广西具有重要地位。2015—2016 年森林保险市场结构如表 3-14 所示。

表 3-14 2015—2016 年森林保险市场结构

Tab.3-14 Market structure of forest insurance in 2015—2016

保险公司	承保面积（万亩）		市场份额（%）		排名	
	2015	2016	2015	2016	2015	2016
人保财险	116125.86	105208.50	55.54	51.48	1	1
中华财险	31882.22	31842.49	15.25	15.58	2	2
中航安盟	18207.97	19341.28	8.71	9.46	3	3
平安财险	7790.07	13645.04	3.73	6.68	5	4
国寿财险	14316.78	10846.77	6.85	5.31	4	5
太平洋产险	4939.68	6626.46	2.36	3.24	6	6
国元农险	4197.45	4056.7	2.01	1.99	7	7
北部湾财险	3562.27	3529.34	1.70	1.73	8	8
安华保险	2586.65	3233.92	1.24	1.58	9	9
阳光财险	1583.26	1720.99	0.75	0.84	11	10

数据来源：国家林业局、中国保险监督管理委员会

从各地区和单位来看，2016 年森林保险市场结构可以分成以下几类：第一类，由一家保险机构独家经营。这种类型的地区和单位有北京、福建、厦门、江西、青岛、青海、内蒙古森工集团、大兴安岭林业集团公司、吉林森工集团 9 个地区和单位。其中，北京、福建、厦门、江西、青岛、青海、内蒙古森工集团 7 个地区和单位由人保财险独家经营；大兴安岭林业集团公司由平安财险独家经营；吉林森工集团由安华保险独家经营。第二类，多家保险机构共存，一家保险机构占据市场绝对优势，第二名与之存在较大差距。这种类型的地区有河北、大连、吉林、浙江、安徽、湖北、重庆、宁波、海南、四川 10 个地区。第三类，多家保险机构共存，由两家势均力敌的企业占据市场主要份额。这种类型的地区有山西、内蒙古、辽宁、湖南、广东、贵州、云南、甘肃 8 个地区。第四类，市场有多家保险机构，各保险机构之间的市场份额差距较小。这种类型的地区有山东、河南、陕西和广西 4

个地区。与2015年相比较，大部分省份的市场结构保持稳定。只有安徽、大连、海南和湖北4个地区的市场结构发生了改变，除安徽是新承保机构进入市场打破原机构垄断地位以外，其余地区均由各承保机构份额变化所致。

我国森林保险市场呈现集中度高，潜在竞争程度大的特点。仅从市场集中度来看，全国有9个地区和单位处于垄断状态，其余地区也都属于寡占型市场。根据产业经济学基本理论，集中度较高的市场竞争程度相对较低，但我国森林保险市场的竞争状况除了市场集中度之外，还需要考虑两个要素：一是共保体经营，二是招标采购森林保险服务，因此市场竞争激烈程度应当分别看待。首先是共保体，浙江、宁波、海南和云南4个地区由多家保险经营机构组建共保体提供保险服务，虽然表面上由多家企业参与竞争，但是实质上由共保体统一经营，或者共保体按照地区划片给各成员，如果考虑到共保体，我国森林保险市场集中程度应比以公司计算的数值更高，并且竞争程度更低。其次是我国多个地区采用招投标方式采购森林保险服务，比如大兴安岭林业集团公司采用招投标方式选择平安财险承担集团的森林保险业务，广东省森林保险按照地级市采用招投标选择服务单位。在招投标采购方式下，虽然表面上市场集中程度较高，但实质上保险机构会在招投标阶段开展激烈的价格竞争，如果考虑到这点，部分地区的森林保险竞争程度是被低估了。

3.2.7.3　*产品创新*

政策性森林保险基于林木的再植成本确定的保险金额，虽然有利于森林保险业务的推动，但并没有与森林资源的实际价值相吻合，这是现行森林保险的主要缺陷，也是需要攻克的难题之一。另外，随着林业产业规模不断发展和壮大，经济林和林下经济作物尚未纳入政策性保险范畴，也是森林保险发展过程中产生的新需求。保险公司开展森林保险产品创新，可以弥补现行中央财政保费补贴型森林保险保林木再植成本、广覆盖、普惠制的不足，同时也能为国家体系的森林保险保费补贴政策提供可吸收、可借鉴的实践经验，拓宽思路。具有代表性的创新主要有多年期的森林保险产品、特色经济林保险产品以及指数型保险产品。

森林生长的长周期性决定了森林保险与农产品保险的基本价格形成机制不尽相同。基于此，人保财通过评估多年期活立木价值以及火灾纯风险损失率，构建了多年期森林保险产品。该产品针对不同树种、树龄的保险标的建立了差异化的保险金额及费率体系，并确定了森林保险多年期保费趸缴折扣的方法，具有“保额价值化、期限多年化、费率差异化”等特点。多年期森林保险产品主要满足了以下几个方面的保险需求：一是多元化保障需求。多年期森林保险产品根据树种、林龄等因素对保险金额与保险费率做出了差别化设定，合理体现了标的与风险水平的差异性。二是高水平保障需求。传统森林保险产品参照林木再植成本确定的保障水平相对较低，多年期森林保险产品根据林木价值随时间变化的特征和规律，确定不同树种具体到某一林龄或龄组的货币价值作为保额，在一定程度上提高了林业生产经营者参与森林保险的积极性。三是多年化保险期限。多年期保险产品与林业生产的长周期特点相匹配，既适应了林木的生长特点，又满足了林农申请长期林权抵押贷款的需求。2016 年，多年期森林保险产品在云南、江西等地试点开办，共计为 35 户农户提供风险保障 7.24 亿元，保费收入 100 余万元。各地针对当地林木品种和生长特点设计了不同的保障标准、保险费率，以及保费趸缴折扣率，一方面，保险期限与承保期限相对应，在提高投保农户资信水平的同时，节约了保险支出成本；另一方面，补充了政策性森林保险保障程度不足的现状，取得了较好的社会效益。该试点的成功为各地优化森林保险业务模式提供了新思路。

经济林保险产品创新成为另一大特色。广义上，经济林属于商品林的一种，以生产除木材以外的果品、食用油料、工业原料和药材等经济作物，相比生态公益林，经济林更关乎林农的切身利益，其保险需求更为突出。保险机构通过反复调研，设计出了经济林产量保险、果树种植保险等具有高保额的保险产品，保险责任包括了经济作物种植面临的突出风险，切实满足了当地林农的实际需求。

指数保险产品创新是近年的热点。天气指数保险是基于客观天气指数的变动而进行赔付的创新型保险产品。相对于传统农业保险，天气指数保险整体风险可控，承保理赔操作便捷，能有效规避道德风险，是对我国现有传统农业保险的有力补充与升级。人保财险与国寿财险在指数保险产品研发中取得较大进展，针对某些特定森林保险标的开发了相应的险种。有代表性的是海南省橡胶树风灾指数保险和宁波市林木种植风灾指数保险。

海南省橡胶树种植面积高达800多万亩，年产干胶30多万吨，是我国最大的天然橡胶生产、加工基地。但因地处“台风走廊”，海南省橡胶树生产常年遭受风灾危害，给广大胶农的生产和生活造成巨大影响，胶农“多年积富，一灾返贫”的现象时有发生，国家战略资源的供应也常出现较大波动。人保财险利用橡胶树损失与风速相关性较大的特点，建立了损失程度与气象数据的指数化对应关系，灾害发生时只需测算受灾地区风力级数即可定损，既提升了理赔速度，又做到了科学理赔。同时，费率厘定根据历史年度台风灾害时空分布规律科学确定，确保该产品持续、稳定、健康发展。宁波地区，风灾同样是林木种植的主要灾害之一。传统的林木综合保险，在风灾发生后，往往因为种植区域范围广、损失数量多，查勘定损需消耗大量人力、物力、财力，且赔款的时效性较差无法迅速提供理赔资金。国寿财险探索试点林木风灾指数保险，提供便捷、周到的承保理赔服务受到了宁波市林木种植户的欢迎和青睐。宁波市林木风灾指数保险产品主要采用当地约定气象站的风速数据，利用指数保险精算定价方法，科学设计保险方案，其核心内容包括气象指数与历史损失数据的相关性分析、赔付触发点确定、赔付方案设计以及费率厘定。保险金额参照其实际种植成本或市场价值，由投保人与保险人协商确定，并在保险单中载明，并设置七个赔付档次，当投保地理区域内约定气象站的日最大风速对应的风级达到或超过约定的最低起赔风级，定义为一次风灾事件。最终赔偿金额仅根据保险期间最大的一次风灾事件以及约定的赔款计算方式进行确定。该方案于2016年首年试点开办，主要以商业性保险方式运营，实施以来，共实现保费收入110.67万元，承保面积6149亩，为当地大型林业企业提供高达1229.7万元的风险保障。

综上所述，市场主体逐渐丰富的条件下，森林保险供给和服务有了很大的进步。近年来的产品创新、服务和技术创新以及制度创新也极大地推动了森林保险市场的建设，使森林保险在发挥林业发展稳定器、助推器作用，促进林业惠农、林业支农、林业安农等方面起到了更加重要的作用。但目前仍旧有近三分之一的森林资源没有被纳入保险保障范围，森林保险市场还存在较大的开发空间。这就需要承保机构深入分析，进一步提高森林保险产品的适用性，填补市场空白。

3.2.8 保险公司经营森林保险业务的能力增强

3.2.8.1 利用科技提高森林保险承保理赔效率

由于森林保险的标的分散，情况千差万别，森林灾害类型繁多，突发性强，灾后损失的测定专业技术性强，要求保险公司在森林保险的险种开发、市场孕育、产品推出、承保理赔、风险管控及售后服务等方面具有较高的保险技术水平。具体表现为：首先，森林保险的保险金额难以确定。保险金额通常以保险标的的实际价值来确定，森林资源价值（涉及林龄、林种、森林面积、蓄积量、投入成本、当地市场价格等因素）随着森林生长阶段的变化，其价值也会随之波动，这就给保险金额的合理确定带来很大难度。其次，森林保险费率难于厘定。保险费率厘定的主要依据是损失率，而森林灾害除发生极不规则外，还往往具有伴发性，且灾害资料少又不完整、危险难以测定，加大了合理制定保险费率的难度。最后，森林灾害损失难以判定。对损失大小、程度的评估是做出补偿的前提和关键所在，由于区域间地理位置、气候条件的差异，森林的分布呈现出较大的差异性，再加上投保人森林经营管理措施的不同，使区域间森林生产水平差异很大，而我国目前没有统一的森林灾害损失评估标准，不同部门评估灾害损失结果差异较大，这些都给灾害损失的结果计算带来麻烦，也给森林保险的承保理赔工作增添了许多的困难。随着科技的进步和成熟，越来越多的科技产品被运用到保险领域。保险机构通过技术创新，将互联网、“3S”技术、无人机等先进技术和设备科学应用到森林保险的各个环节，可以有效降低查勘成本，提高定损效率，确保及时精确理赔，使广大林农的利益得到有效保障。

人保财险积极引入空间信息技术，以遥感技术为核心，以地理信息系统为平台，以全球定位系统为辅助，打造卫星遥感、无人机遥感和地面查勘一体化的农业保险立体服务体系，推动农业保险承保理赔管理向空间信息化转变，促进保险经营模式转型升级。在承保阶段，该服务体系可以为承保标的信息化管理、风险评估和费率厘定提供数据和平台支撑，解决信息不对称问题，提升农业保险业务的空间风险分析和管控能力。在理赔阶段，不仅可以进行灾情总体评估，从宏观上了解灾害的总体损失情况及空间分布，解决因信息不对称而造成的报损偏差，还可以根据遥感影像反映的灾害损失情况，按情况严重程度进行分类，科学合理地配置查勘定损力量，降低运营成本，提高理赔效率。除此以外，还能够为政府部门和客户提供规避和减轻灾害风险的建议。基于遥感影像进行灾害损失评估，及时科学地向政府和客户汇报和介绍灾害损失情况，说服力强，有利于政府和客户及时采取防灾防损和恢复措施，从而减少损失，达到共赢的结果。同时，也可以防止因政府和客户缺乏有效、准确信息而造成灾情被夸大（或缩小），解决双方对灾情认识的不统一问题。

太平洋产险“e农险”是以“互联网+”为核心的集农险承保、理赔、业务运营、防灾防损、客户管理为一体的新型农险经营管理体系。“e农险”利用移动终端、无人机、互联网，实现了承保、理赔数据现场与后台实时连接、传送；采用“3S”、空间图形采集等技术，以数字影像资料和地理信息采集为基础功能模块，辅以无人机航拍及耳标识别技术，有机结合到承保理赔业务流程之中，开发了一系列承保理赔辅助功能，“e农险”的应用操作较为简单，依靠3G网络，在智能手机上即可实现移动办公，初步达成了“方便操作、提高效率、降低成本、管控风险和信息互通”目标，解决了业务操作管理中最为紧迫的需求，为开展森林保险业务提供了诸多方便。

安华农业保险、中华财险、平安财险等公司也分别与中农阳光数据有限公司、国家农业信息化工程技术研究中心、大疆无人机展开合作，发力精准勘测与评估，开发了各自的精准监测与评估技术，并取得良好成效。

3.2.8.2 深化合作提升服务品质

森林保险的标的多分布在边远乡村，需要与千家万户签订保险合同，需要到千家万户收缴保险费用。保险公司受自身规模和人员的限制，往往需要支付代理手续费才能开展业务，在这种经营方式下，保险公司掌控风险的能力被大大削弱，从而加大了保险公司的经营成本和亏损风险。林权制度改革后，林业生产经营越加分散，小规模林农拥有的森林资产规模有限，单独参保对保险公司来说既增加了工作量和承保成本，又增加了降低保险费率、改善承保条件的难度。此外森林保险的宣传、承保签约、收缴保费、定损理赔等工作强度大，手续繁杂，还需要保险人员纯熟专业的知识和长期的经验积累，在专业人才匮乏的情况下，这些加大了保险公司的人力成本，使得森林保险的营业费用和业务成本必然要高于其他险种。即使林农愿意投保，但面对居住分散、收入低、规模小，且缺乏统一组织的现状，森林保险必然存在保费的收取困难和收取时间不同步的问题。就是说，在没有有效统一组织的前提下，由于每个家庭的收入差异和对保费承受能力的不同，林农难以在同一时间把保费交到保险公司，而当森林灾害发生大面积的损失的时候，就会存在是否理赔、理赔的先后顺序等问题，同时收来的保费也难以偿付大面积灾害损失，森林保险将发挥不了最大限度的保障作用。此外，森林保险面广量大，对林业技术依赖性强，承保、理赔、防灾等工作都离不开基层政府和林业部门的支持。

针对以上问题，部分地区主动寻找方法，积极寻求合作，通过与第三方组织合作进行服务创新，疏通了森林保险业务开展中的种种障碍。烟台市安华农业保险公司依托新型农村合作组织开展森林保险，为各地森林保险承保机构提供了经验。安华农业保险公司自 2013 年开始在烟台地区开办苹果种植保险。由于果农居住较为分散，保险公司难以全部进行上门服务，加之苹果险性质为商业险，果农自交保费积极性不高，苹果险开办后果农认识程度不高、保险需求不足、保险覆盖率较低。近几年来，烟台地区果品专业合作社得到了较快发展，如何有效抵御和转移自然灾害对苹果生产的损害，是专业合作社发展壮大中时刻面对的重大问题，而对社员的果园实行统一保险则是妥善解决以上问题的较好出路。在保险公司现实的展业需要和专业合作社现实的投保需求下，安华农业保险公司积极进行服务创新，主动接洽一些专业合作社开办苹果保险，寻找到了彼此的互补性和业务发展的支撑点。由合作社组织社员向安华农业保险公司投保苹果种植保险，果农入社前承担的自交保费由合作社统一出资支付，在帮助会员解决实际损失的同时，降低了散户集中承保的组织宣传难度，还可以借助合作社专业技术人员开展报案受理、查物定损、理赔清算等工作，提升了保险服务能力。

3.2.9 林农投保意识欠缺，对森林保险的有效需求降低

国家林业局开展的集体林权制度改革监测结果显示，农户有一定的风险防范意识，有通过参加森林保险实现防灾减损的需求，但这种需求并没有完全转化为有效需求。2010 年，55.79% 的农户有参保需求，2011 年提高到 63.51%，但该比例自 2012 年起逐年下降，到 2014 年降至 51.61%，实际上仅有 35.89% 的农户参保。放弃参保的农户主要是因为对森林保险了解不够，存有种种疑惑。

3.2.9.1 森林保险的费率高，保障水平低，林农的参保积极性不高

首先，由于林区经济发展水平较低，林农的收入水平有限，尚处于解决温饱的阶段，支付能力较弱，对森林保险的需求不强烈，投保缺少积极性。其次，林农承担商品林的保费比例偏高。目前中央财政补贴的 24 个试点省份中，对于公益林的保费，中央和地方各级财政承担绝大部分，林农负担极小。但对于商品林，林农承担保费比例偏高，从思想上、能力上都难以接受。最后，目前进行的政策性森林保险试点以“保成本”为基本原则，每亩保额只有几百元，相对于日渐增值的林木的市场价值，调动不了林农和林业生产经营者的投保积极，这也是森林保险展业难、收费难的重要原因。

3.2.9.2 森林分布分散，保险手续烦琐，理赔难

森林分布点多面广，加大了森林保险核保理赔的难度。由于分布分散，可能

会造成森林灾害损失发生后无法对所有案情进行及时的损失勘测与核实，加之保险赔付的手续繁杂，赔付不及时的现象时有发生，造成保险合同双方对保险赔付处理的歧义增多，影响林农下一年度的投保积极性。林业生产经营的长周期性也使经营者普遍感到林业生产的预期收益低，多年投保费用大，赔款并不能弥补全部损失。

3.2.9.3 森林保险险种单一，不能满足林农的需求

森林保险的险种少、范围窄。虽然现行政策性森林保险已将易发的森林火灾、水灾、旱灾、冻灾和病虫鼠害等主要风险灾害全部纳入了保险责任范畴，但还有涉及盗伐、滥伐林木、自然灾害造成的林农和护林人员的人身及其他财产的损失情况，以及更高层次的价格保险、收益保证保险等尚未纳入保险责任，保险保障能力较差，还不能满足林农的需求。

3.2.9.4 林农保险意识缺乏，需求有限

影响林农对森林保险需求的因素包括费率考虑、自保力度和保险意识等几个因素。由于我国林业经济发展相对滞后，林农的收入偏低、保险意识较薄弱。调查发现林业大户对费率不敏感，保险意识相对较强，比较愿意缴费投保，而普通小规模林户需求偏低。另外，林权制度改革之后，广大林农以及村镇集体对森林灾害的自保力度比以前大大增强，这使得森林保险的需求进一步下降。与此同时，林区多为经济欠发达地区，林农收入水平低，保费支出意愿低。此外，林业多被作为家庭副业经营，林农对风险存在侥幸心理，投保森林保险积极性不高。受其综合影响，我国森林保险的参保比例低，覆盖面窄、规模小，而这又进一步制约了森林保险效应的发挥。

3.2.9.5 林农参保满意度低，影响承保规模

参保满意度方面，农户对森林保险的评价逐年提升，但总体仍然不高，近半数农户对森林保险服务效果评价持保留态度。2014 年，38.58% 的农户对当前森林保险政策表示满意，不太满意和不清楚的比例接近六成；从对公司的评价来看，满意的农户占比约为 42%，不满意的农户占比为 7%，近一半的农户未做出明确

的评价。由此可见，农户参与森林保险的程度较低，没听说过、不了解、不知道如何投保成为制约森林保险覆盖率提高的主要因素。如果服务宣传到位，辅以贴合农户生产实际需要的保险产品，参保比重会有进一步提高。

3.2.10 森林保险尚缺乏有效的立法保障和法律约束

从性质上来看，森林保险作为一种民事法律关系，其各种利益关系需要专门的法律规范来调整；森林保险同时还是一种带有公益性的经济活动，其经营目标、性质、基本原则、经营组织形式、国家对森林保险的扶持方式、监督管理、对风险基金的管理等都需要专门的法律法规予以规范。加强森林保险立法可为各种保险活动开展提供法律依据，使之有法可依，有章可循，提高保险效率，防止不必要的纠纷。世界上森林保险开展较早的国家如瑞典、芬兰等，都针对森林保险的地位、性质、具体的开展运营及操作规程以专门的立法形式做出了特别规定。而有关森林保险的制度供给在我国目前几乎是空白，森林保险缺乏应有的法律规范。比如对森林保险的性质没有做出明确的规定，以致森林保险都按照商业保险的规范来实施，忽视了森林保险的特殊性，造成了森林保险的经营运作困难。此外，具体到森林保险的经营范围、险种开办、费率厘定、业务开展、赔付标准、损失认定、基金管理及风险分散等经营层面的许多问题，既缺乏法律规范，又缺乏操作依据，实践中往往表现出适用的随意性和盲目性，最终造成森林保险在我国的经营举步维艰。

4 我国森林保险发展的区域差异分析

森林保险的需求和供给决定了森林保险市场的形成与发展。这一市场中涉及森林保险的消费者、森林保险的供给者和政府三大主体。森林保险消费者需求的差异、保险产品供给者供给能力的差异以及政府对森林保险发展支持力度的不同，客观上也必然决定了森林保险市场规模和发育程度的不同。

4.1 我国森林灾害的区域分布差异

森林灾害风险是产生森林保险需求的前提，森林灾害的地区分布差异必然带来森林保险需求的区域差异。由于历史和自然地理条件等方面的原因，我国森林资源分布非常不平衡。森林资源的分布主要集中在东北林区（包括大兴安岭北部、小兴安岭和长白山广义林区）和西南林区，其林地面积和蓄积量分别占全国总数的 50% 和 72%。此外还有南方林区（包括长江以南 10 省区）、西北及华北山地零散林区等。东北、西南和东南各地森林资源较多，华北、中原和西北各地的森林资源分布少，差异极大。这种森林资源分布的差异也决定了我国森林灾害风险呈现出巨大的区域差异。

4.1.1 森林火灾区域分布差异

就最常见的森林灾害火灾而言，森林火灾的分布又与气候变化是紧密相关的。我国北方受西风带的影响，气旋与反气旋的活动较有规律，火灾周期性较明显，而南方受副热带高压、热带和高原天气系统的影响，天气变化复杂，各地表现出来的火灾特点也有很大差异。

从统计数据上看，如表 4–1 所示，在 1949 到 2016 年期间，16 个北方省份森林火灾发生次数共计 89784 次，森林火灾的受灾面积达 1908 万公顷；南方的 15 个省市，森林火灾发生次数共计为 591908 次，造成 1505 万公顷的森林受灾。南方的森林火灾次数较多，占全国的 86.8%，而烧林面积少，只占全国火灾受灾面积的 43.8% 左右。北方林区火灾次数虽少，仅为 13.2%，但由于气候干燥，森林和草地毗连，容易形成较大的火灾，森林火灾受害面积占全国受灾面积的 55.6% 左右。特别是黑龙江省和内蒙古自治区，两者火灾次数之和仅为全国的 1.8%，而受灾面积却占全国受灾总面积的 50% 以上，直接影响到北方森林火灾受灾面积的平均水平。

分地区看，火灾发生次数前 10 名的排名依次是云南、湖南、广西、贵州、福建、广东、四川、浙江、江西、湖北，以上 10 省（区）均属于南方，发生火灾的次数占全国发生森林火灾次数的 85.34%；火灾受害面积前 10 名的排名依次是黑龙江、内蒙古、云南、广西、广东、福建、贵州、湖南、湖北、江西，以上 10 省（区）中，黑龙江、内蒙古属于北方，其余省（区）属于南方，受灾森林面积合计占全国受灾森林面积的 92.03%。由此看出，中国森林火灾受害森林面积已呈现出明显的区域特点，多集中在东北、南方和西南林区，且东北林区受害面积最大。

表 4-1　1949—2016 年各省（区）森林火灾总次数和总受灾面积

Tab.4-1　Total number and disaster area of forest fire in each province from 1949 to 2016

地区	北方			地区	南方		
	火灾总次数（次）	火灾总面积（khm^2）	单次火灾面积（khm^2/次）		火灾总次数（次）	火灾总面积（khm^2）	单次火灾面积（khm^2/次）
北京	801	2.5819	0.0032	上海	6	0.0000	0.0000
天津	203	0.1988	0.0010	江苏	3608	19.7780	0.0055
河北	3868	44.8508	0.0116	浙江	40499	289.5672	0.0071
山西	4114	85.0522	0.0207	福建	59503	1297.9115	0.0218
内蒙古	4164	5226.982	1.2553	江西	36572	789.7757	0.0216
辽宁	7160	69.2956	0.0097	湖北	30389	814.0976	0.0268
吉林	7056	453.3162	0.0642	湖南	78598	990.3516	0.0126
黑龙江	7770	12162.182	1.5653	广东	49938	1760.0665	0.0352
安徽	15673	365.5955	0.0233	广西	68602	2309.6453	0.0337
山东	4970	30.459	0.0061	海南	3528	7.8978	0.0022
河南	13207	297.151	0.0225	重庆	2318	3.8569	0.0017
陕西	14663	244.194	0.0167	四川	41811	686.9471	0.0164
甘肃	3813	34.8188	0.0091	贵州	65678	1116.0645	0.0170
青海	500	16.1604	0.0323	云南	110184	4936.4056	0.0448
宁夏	284	0.4315	0.0015	西藏	674	25.0448	0.0372
新疆	1538	43.1966	0.0281				
合计	89784	19076.468	0.2125	合计	591908	15047.410	0.0254

数据来源：全国林业统计资料 1949—1997、中国林业统计年鉴 1998—2016

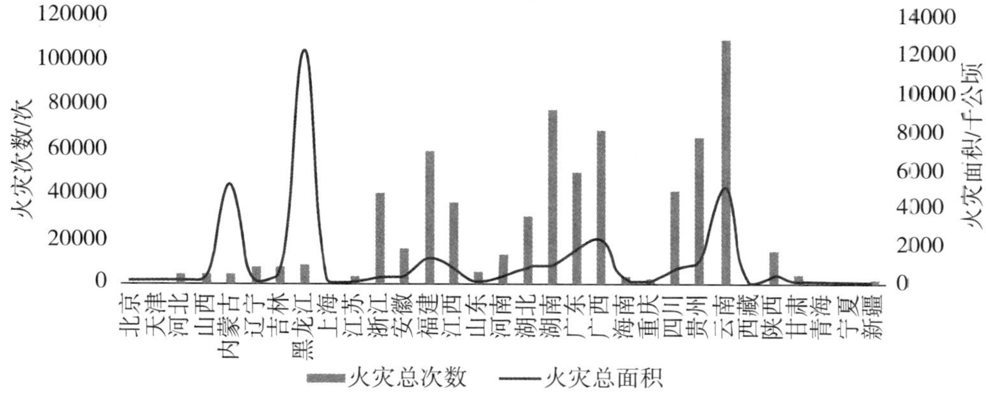

图4-1　1949—2016年各省（区）森林火灾总次数和总受灾面积

Fig.4-1　Total number and disaster area of forest fire in each province from 1949 to 2016

图 4-1 清晰地展示了各省（区）森林火灾次数与森林火灾受害面积之间的区域差异。从单次火灾面积这项指标看，前十位由高至低依次为黑龙江、内蒙古、吉林、云南、西藏、广东、广西、青海、新疆、湖北，南方省区和北方省区各占一半。黑龙江、内蒙古、吉林三省与其余省份之间拉开了较大差距，表明东北林区因火灾导致的损失远高于全国其他地区；云南、西藏、广东、广西分列四、五、六、七位，说明我国西南林区和南方林区受灾情况较为集中且高于全国平均水平；青海、新疆在火灾次数排名中居于末尾，但单次火灾面积位列第八、第九名，体现了森林火灾风险在西北地区具有低频高损失的显著特点，应当引起足够高的重视。

4.1.2　森林病害区域分布差异

森林病害是森林系统中的一类生物风险。我国是世界上受森林病害危害较严重的国家之一，平均每年的森林病害发生面积在 130 万公顷左右，占年均造林面积的 25% 左右。由于全球气候变化的影响，森林病害暴发成灾周期缩短，危害加剧，并且仍有进一步发展的趋势。此外随着全球经济和贸易一体化，使外来有害生物入侵问题也越来越突出，造成了巨大的经济损失和不可估量的生态效应损失。

1990 年以前，我国森林病害发生面积大，防治面积小，防治率并不高，但随着防治手段进步和技术运用逐渐成熟，防治效果有了很大提高，病害发生面积不断下降。然而进入 21 世纪后，森林病害发生面积又呈现出波动上升的趋势，且防治率也起伏不定，说明我国森林资源面临着新一轮病害威胁。如图 4–2 所示。

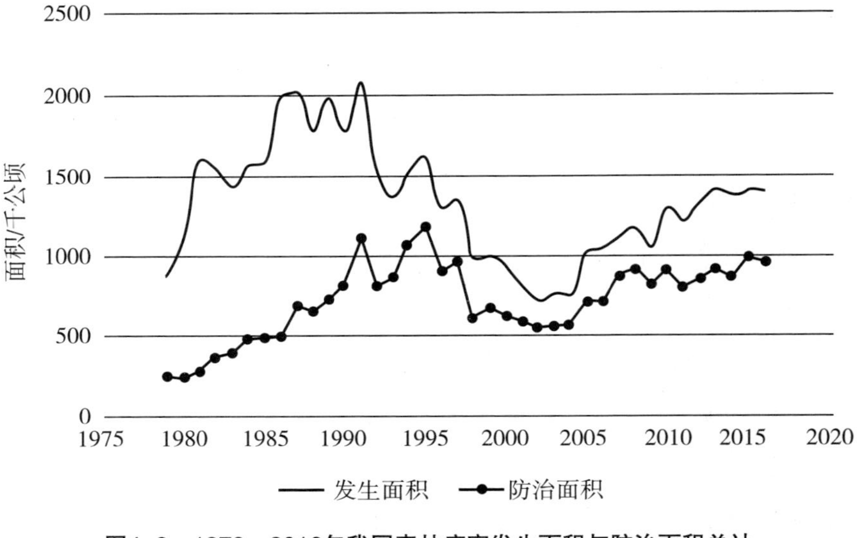

图4–2　1979—2016年我国森林病害发生面积与防治面积总计

Fig.4–2　Total occurrence and control area of forest disease from 1979 to 2016

如图 4–3 所示，1979—2016 年我国各省（区）森林病害发生面积排名前十位分别为山东、河南、四川、甘肃、黑龙江、内蒙古、辽宁、吉林、安徽、新疆，除四川位于南方外，其余均为北方省区，可见森林病害的区域分布差异更加明显。统计期内全国共发生森林病害 5052 万公顷，前十位省区合计占到全国总发生面积的 63%。其中，山东、河南森林病害发生面积最大，与其余省份拉开很大差距，两者均超过 400 万公顷；四川、甘肃、黑龙江、内蒙古、辽宁次之，发生面积在 300 万公顷左右；吉林、安徽、新疆三省区属第三梯队，发生面积约为 200 万公顷。

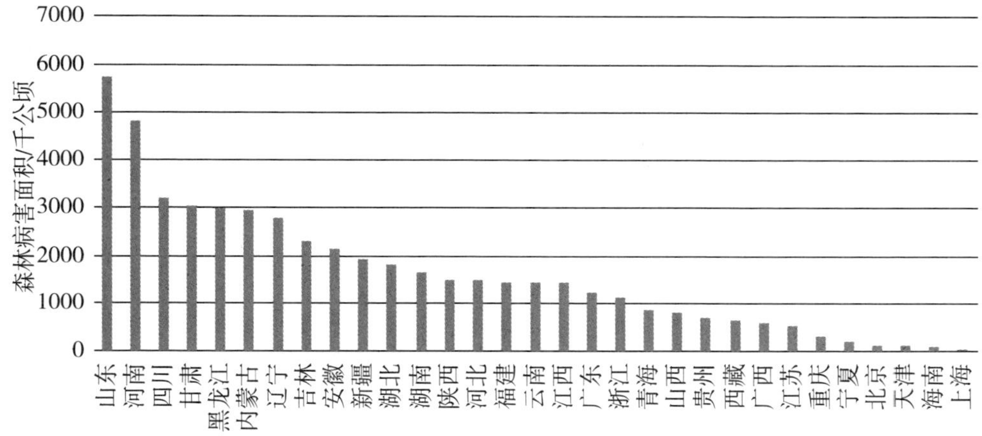

图4–3 1979—2016年我国各省（区）森林病害发生面积总计

Fig.4–3 Total occurrence area of forest disease in each province from 1979 to 2016

如表 4–2 所示，从省（区）视角看，各地历年来森林病害发生面积的波动程度不一，具有不同的离散程度。变异系数可以用来比较不同数据离散程度的大小，通常用某组数据的标准差与均值的比表示，变异系数越大，则该组数据的离散程度越大。通过计算各省（区）在统计期间内发生森林病害面积的变异系数，发现北方省（区）变异系数普遍较小，而南方省（区）变异系数则普遍较大。排名前十位的省（区）依次为海南、湖北、上海、西藏、宁夏、湖南、重庆、山西、福建、新疆，其中只有宁夏、山西、新疆属北方省（区），其余七省均处于南方。由此可得出两点结论：一是我国南方地区森林病害情况稳定性差，虽然发生面积较小，但容易出现异常灾情，导致严重后果；二是北方省（区）中森林病害发生面积规模靠后的地区，其灾害发生的不稳定性非常明显。这种不稳定性无论是对于营林生产，还是对于森林保险经营，都会产生不利影响，均需要给予充分的考量。

表 4–2　1979—2016 年各省（区）森林病害发生面积的变异系数

Tab.4–2　C.V(Coefficient of Variance) of disease area in each province from 1979 to 2016

地区	北方			地区	南方		
	病害总面积（khm^2）	均值（khm^2）	变异系数		病害总面积（khm^2）	均值（khm^2）	变异系数
宁夏	199.57	6.05	1.26	海南	92.95	2.58	2.77
山西	785.18	21.81	1.10	湖北	1831.20	48.19	1.57
新疆	1916.63	50.44	1.05	上海	41.91	1.13	1.46
北京	126.96	3.43	0.98	西藏	655.63	26.23	1.46
天津	116.15	3.06	0.96	湖南	1641.55	43.20	1.24
吉林	2310.22	60.80	0.89	重庆	319.75	9.69	1.10
内蒙古	2957.34	77.82	0.85	福建	1471.20	38.72	1.08
黑龙江	3004.50	79.07	0.76	云南	1431.73	37.68	1.01
青海	875.21	23.03	0.67	广西	584.59	15.38	0.99
山东	5734.96	150.92	0.66	江苏	544.04	14.70	0.77
河北	1474.43	38.80	0.66	贵州	704.76	19.05	0.66
辽宁	2751.84	72.42	0.65	浙江	1126.61	29.65	0.58
河南	4807.52	126.51	0.62	广东	1194.86	31.44	0.54
陕西	1500.42	39.48	0.57	江西	1417.83	37.31	0.52
甘肃	3035.96	79.89	0.55	四川	3210.39	86.77	0.37
安徽	2129.16	56.03	0.44				

数据来源：全国林业统计资料 1979—1997、中国林业统计年鉴 1998—2016

4.1.3　森林虫害区域分布差异

森林虫害是森林资源面临的主要生物风险，远大于森林病害的发生面积。我国平均每年的森林病虫害发生面积都在 700 余万公顷，超过年均造林面积 30% 以上。自 1995 年以来，森林虫害发生面积持续增长，在 2007 年达到最高值

887.7 万公顷后，一直稳定于 850 万公顷上下。防治率从 1986 年起不断提高，现已保持在 70% 左右的水平。如图 4–4 所示。

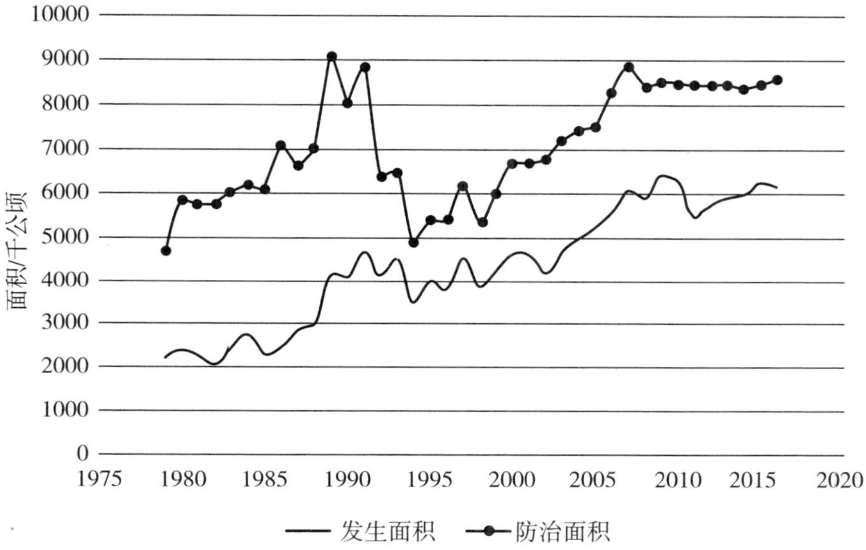

图4–4　1979—2016年我国森林虫害发生面积与防治面积总计

Fig.4–4　Total occurrence and control area of forest insect from 1979 to 2016

分地区看，北方省（区）是森林虫害发生的重灾区。如表 4–3 所示，1979—2016 年我国各省（区）森林虫害发生面积排名前十位分别为内蒙古、辽宁、河南、广东、山东、四川、河北、新疆、湖南、安徽。除广东、四川、湖南位于南方外，其余均为北方省区，可见森林虫害的区域分布同样有非常明显的南北差异。统计期内全国累计发生森林虫害 26456 万公顷，前十位省（区）合计占到全国总发生面积的 60.53%。其中，内蒙古灾情最为严重，累计发生面积超过 2200 万公顷；其次是辽宁、河南、山东，虫害发生面积均超过 1600 万公顷；广东、四川是南方省（区）中虫害较为严重的地域，紧随其后的是湖南，也超过了 1100 万公顷。

表 4–3 列示了历年各省（区）森林虫害的发生总面积、均值以及变异系数，并分南北省（区）按变异系数数值进行排序。可以看出，北方省（区）变异系数

普遍较小，而南方省（区）变异系数则普遍较大。排名前十位的省（区）依次为海南、西藏、新疆、贵州、上海、重庆、浙江、河南、宁夏、河北，其中北方省（区）除了新疆排名处于第三位，其余排名均靠后，南方省（区）中西南地区森林虫害发生面积波动明显。与森林病害相比，大部分省（区）虫害的变异系数较小，然而考虑到二者发生面积存在绝对差距，较小的波动也会带来不可忽视的损失。尤其是近年来我国森林虫害面积居高不下，这对森林生态资源健康生长、持续发挥生态效益非常不利，因此应当不同程度地加强虫害风险的管理和防范。

表 4-3　1979—2016 年各省（区）森林虫害发生面积的变异系数

Tab.4-3　C.V(Coefficient of Variance) of insect area in each province from 1979 to 2016

地区	北方			地区	南方		
	虫害总面积（khm^2）	均值（khm^2）	变异系数		虫害总面积（khm^2）	均值（khm^2）	变异系数
新疆	12936.11	340.42	1.01	海南	587.72	15.47	2.68
河南	17875.14	470.40	0.69	西藏	1170.23	37.75	1.57
宁夏	2700.71	71.07	0.61	贵州	3554.14	96.06	0.99
河北	13244.12	348.53	0.57	上海	170.98	4.62	0.99
吉林	6116.01	160.95	0.55	重庆	3032.46	91.89	0.92
黑龙江	10148.60	267.07	0.51	浙江	5886.90	154.92	0.87
天津	854.01	22.47	0.48	江西	7387.94	194.42	0.57
北京	1060.90	27.92	0.42	广东	17379.03	457.34	0.55
内蒙古	22986.88	604.92	0.39	广西	8147.04	214.40	0.51
山西	8639.75	227.36	0.39	江苏	1928.84	52.13	0.51
陕西	9407.58	247.57	0.38	福建	5968.83	157.07	0.47
山东	16885.27	444.35	0.37	四川	79570.69	453.91	0.43
甘肃	6843.35	180.09	0.37	湖北	9332.27	245.59	0.39
青海	3145.49	82.78	0.35	湖南	11747.75	309.15	0.37
安徽	10854.95	285.66	0.27	云南	8333.45	219.30	0.36
辽宁	19437.60	511.52	0.25				

数据来源：全国林业统计资料 1979—1997、中国林业统计年鉴 1998—2016

4.1.4　森林鼠害区域分布差异

我国自1989年开始统计森林鼠害相关损失数据，发生面积与防治面积如图4-5所示。近30年来，森林鼠害发生面积持续快速增加，直至2006年状况有所好转，在此之后发生面积无大范围的上升，而是在200万公顷左右小幅波动。平均来看，森林鼠害的发生面积增长了近三倍有余，但防治面积仅增长两倍，表明鼠害这一林业风险具有繁衍速度快，顽固难除等特点，防治难度较大。

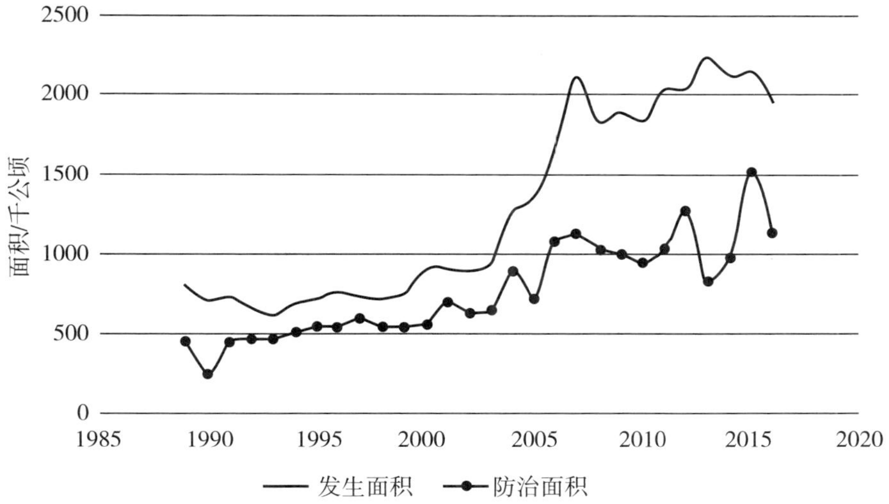

图4-5　1989—2016年我国森林鼠害发生面积与防治面积总计

Fig.4-5　Total occurrence and control area of forest rat from 1989 to 2016

分地区看，超过90%的森林鼠害发生在北方省（区），其分布相比森林火灾、病害和虫害更为集中。如图4-6所示，1989—2016年我国各省（区）森林鼠害发生面积排名前十位分别为新疆、黑龙江、内蒙古、陕西、宁夏、青海、甘肃、山西、重庆、四川，该排名很好地体现了灾害发生的区域特点，以内蒙古、黑龙江、吉林为代表的东北林区、以陕西、宁夏、甘肃、青海、新疆为代表的西北林区、以重庆、四川为代表的西南林区是森林鼠害发生的重灾区。其余省（区）鼠害面积并不突出，部分南方省（区）以及东南沿海省（区）几乎没有发生过严重的森林鼠害。

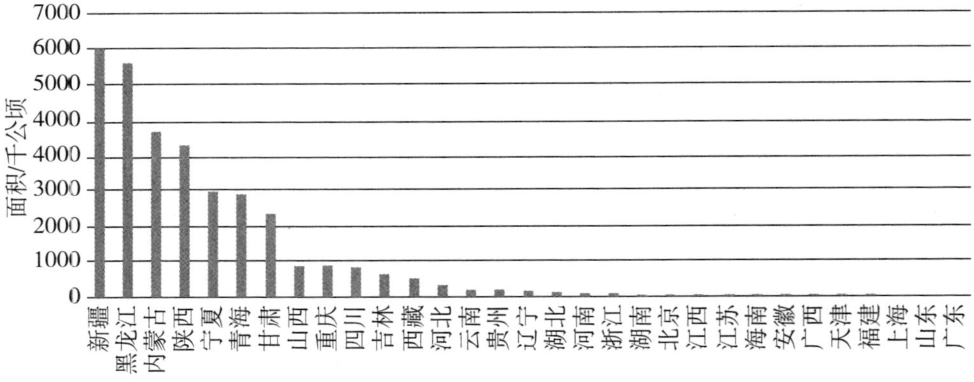

图4-6 1989—2016年我国各省（区）森林鼠害发生面积总计

Fig.4-6 Total occurrence area of forest rat in each province from 1989 to 2016

变异系数同样呈现南高北低的特点，如表 4-4 所示。由于南方省（区）历年平均鼠害面积基数小，标准偏差相对较大，所以变异系数值较高；北方省（区）本身鼠害面积已经达到一定规模，所以波动程度并不明显。需要特别关注的是陕西和新疆两地，发生面积和变异系数值均较高，表明该地森林鼠害具有较高的风险程度。

表 4-4 1989—2016 年各省（区）森林鼠害发生面积的变异系数

Tab.4-4 C.V(Coefficient of Variance) of forest rat area in each province from 1989 to 2016

地区	北方			地区	南方		
	鼠害总面积（khm^2）	均值（khm^2）	变异系数		鼠害总面积（khm^2）	均值（khm^2）	变异系数
北京	9.64	0.34	3.00	福建	0.04	0.0022	4.36
陕西	4270.89	152.53	2.33	江苏	5.20	0.26	3.61
河南	101.88	3.64	2.16	浙江	37.93	1.58	3.53

续　表

地区	北方			地区	南方		
	鼠害总面积（khm^2）	均值（khm^2）	变异系数		鼠害总面积（khm^2）	均值（khm^2）	变异系数
安徽	0.67	0.04	1.97	江西	6.15	0.29	3.35
天津	0.45	0.02	1.92	广西	0.57	0.03	2.52
新疆	6964.72	257.95	1.24	广西	0.57	0.03	2.52
河北	318.31	11.37	0.93	海南	1.60	0.07	2.08
吉林	666.50	23.80	0.86	湖南	14.52	0.69	1.96
宁夏	2980.88	106.46	0.80	贵州	196.26	7.27	1.21
内蒙古	4687.15	167.40	0.74	西藏	528.71	27.83	1.03
辽宁	154.68	5.52	0.63	云南	204.12	7.29	0.98
山西	871.04	31.11	0.52	重庆	859.19	40.91	0.89
青海	2883.17	102.97	0.46	湖北	145.43	5.19	0.60
甘肃	2321.44	82.91	0.27	四川	817.26	30.27	0.35
黑龙江	6603.71	235.85	0.24				

数据来源：全国林业统计资料 1989—1997、中国林业统计年鉴 1998—2016

4.1.5　自然风险区域分布差异

从其他自然风险来看，各地因干旱受灾的面积最大，平均为 44 万公顷；其次是洪涝、山体滑坡、泥石流、台风，平均 34 万公顷；再次是因风雹受灾，平均 9.4 万公顷；最后是低温冻灾以及雪灾，平均为 9.1 万公顷。东北地区（辽宁、吉林、黑龙江）、黄河中游地区（河南、山西、陕西、内蒙古）以干旱为主；北部沿海地区（北京、天津、山东、河北）、西南地区（广西、重庆、四川、贵州、云南）以干旱、洪涝和地质灾害为主，并随着纬度降低，西南地区的干旱越发严重；东部、南部沿海地区（江苏、浙江、上海、广东、福建、海南）主要的致灾因素是台风、洪涝、泥石流、山体滑坡，风雹和冻、雪灾害方面，不同省区之间差异较大；长江中游地区（安徽、江西、湖南、湖北）以洪涝、泥石流、山体滑坡、台风为主；西北地区（甘肃、青海、宁夏、新疆、西藏）甘肃、宁夏等地旱情严重，新疆风雹灾频繁，西藏受灾情况相对最轻微。因此，各地区间自然灾害的发生类型、发生频次及所造成的损失大小各不相同，必然会形成与本区域灾害风险相适应的保险产品的需求与供给。

2010—2016 年各省（区）自然灾害平均受灾面积如表 4–5 所示。

表 4–5　2010—2016 年各省（区）自然灾害平均受灾面积

Tab.4–5　Average damage area of nature disaster in each province from 2010 to 2016

地区	自然灾害受灾面积（khm^2）			
	干旱	地质灾害、台风	风雹	低温冻灾、雪灾
北京	9.43	20.75	16.00	1.35
天津	2.80	36.23	7.22	33.30
河北	641.31	354.74	287.73	148.77
山西	633.16	176.40	124.53	173.61
内蒙古	1408.19	377.04	355.27	155.51
辽宁	615.02	273.40	43.53	49.60
吉林	449.62	188.76	106.10	41.50
黑龙江	1069.32	871.99	210.41	69.76
上海	0.00	13.72	0.10	0.00
江苏	291.67	255.23	92.36	25.45
浙江	213.73	356.44	2.26	82.63
安徽	495.42	672.47	50.57	129.49
福建	30.77	194.74	11.14	55.57
江西	376.60	615.07	47.30	139.20
山东	649.10	652.00	140.50	118.32
河南	817.17	307.60	113.59	68.78
湖北	757.71	1007.20	62.60	196.44

续 表

地区	自然灾害受灾面积（khm^2）			
	干旱	地质灾害、台风	风雹	低温冻灾、雪灾
湖南	907.58	1014.57	99.11	192.54
广东	97.13	632.29	9.10	43.78
广西	260.76	548.10	21.16	103.50
海南	23.70	247.34	6.23	31.50
重庆	164.95	198.80	22.61	50.74
四川	445.10	566.51	61.14	95.69
贵州	633.76	238.83	99.63	98.74
云南	994.63	221.57	126.97	193.16
西藏	11.63	7.60	5.29	1.16
陕西	363.61	214.53	124.39	62.57
甘肃	714.17	162.80	168.29	217.23
青海	70.64	19.84	53.24	40.30
宁夏	194.21	22.67	46.00	49.86
新疆	257.30	119.17	407.23	165.50

数据来源：全国林业统计资料 1989—1997、中国林业统计年鉴 1998—2016

4.2 我国农村居民收入水平的区域差异

经济学中的需求是在一定的时期，在每个价格水平下，消费者愿意并且能够购买的商品数量，可见需求与支付能力密切相关。因此森林保险的有效需求同样受到支付能力的影响。一般而言，森林灾害风险的高低通常决定了森林保险的自然需求，森林灾害风险越高，则森林保险的自然需求越大，然而，自然需求向有效需求的转变中的关键点便是支付能力。森林保险购买能力较强的地区，其森林保险的有效需求也必然强烈；森林保险支付能力较差的地区，即使森林灾害风险再大，如果缺乏外来力量的扶持，客观上也不会形成森林保险的有效需求。现阶段，我国政策性森林保险补贴比例虽然逐步提高，但依旧需要农户承担小部分的保险费。对于经济条件差，同时营林面积大的农户来说，森林保险保费支出仍会对生活增添不小的负担。由于各省（区）经济发展差异较大，各地区之间农村居民的收入水平差异很大，从而导致了森林保险需求的区域性差异。

为了更好地反映这种地区差异，下面采用离均差和标准差的方法对各省（区）农户收入状况进行分析。离均差也称离差、差量，指单项数值与平均值之差，所有的样本都通过与平均值做比较而显出自己与平均水平的差距。标准差为方差的算术平方根，表示的是样本数据的离散程度，标准差越大，表示各样本数据距离均值越远，各数据之间的差异越大，平均数的代表性越低。反之，标准差越小，表示各样本数据距离均值较近，变量值之间的差异越小，平均数的代表性越高。

2016 年各地区农村居民人均可支配收入基本情况的离均差和标准差分析如表 4-6 所示。

表 4-6　2016 年各地区农村居民人均可支配收入基本情况的离均差和标准差分析

Tab.4-6　Deviation from average and standard deviation analysis on per capita　disposable income of rural residents in 2016

地区	农村人均可支配收入	农村人均可支配收入离均差	经营净收入	经营净收入离均差	经营净收入占人均可支配收入的比	农村居民恩格尔系数
北京	22309.5	9431.8	2061.9	−2551.6	9.24%	0.27
天津	20075.6	7197.9	5309.4	695.9	26.45%	0.31
河北	11919.4	−958.3	3970.0	−643.5	33.31%	0.28
山西	10082.5	−2795.2	2729.9	−1883.6	27.08%	0.28
内蒙古	11609	−1268.7	6215.7	1602.2	53.54%	0.29
辽宁	12880.7	3.0	5635.5	1022.0	43.75%	0.27

续 表

地区	农村人均可支配收入	农村人均可支配收入离均差	经营净收入	经营净收入离均差	经营净收入占人均可支配收入的比	农村居民恩格尔系数
吉林	12122.9	–754.8	7558.9	2945.4	62.35%	0.29
黑龙江	11831.9	–1045.8	6425.9	1812.4	54.31%	0.28
上海	25520.4	12642.7	1387.9	–3225.6	5.44%	0.34
江苏	17605.6	4727.9	5283.1	669.6	30.01%	0.29
浙江	22866.1	9988.4	5621.9	1008.4	24.59%	0.32
安徽	11720.5	–1157.2	4596.1	–17.4	39.21%	0.34
福建	14999.2	2121.5	5821.5	1208.0	38.81%	0.37
江西	12137.7	–740.0	4692.3	78.8	38.66%	0.35
山东	13954.1	1076.4	6266.6	1653.1	44.91%	0.30
河南	11696.7	–1181.0	4643.2	29.7	39.70%	0.29
湖北	12725	–152.7	5534.0	920.5	43.49%	0.30
湖南	11930.4	–947.3	4138.6	–474.9	34.69%	0.32
广东	14512.2	1634.5	3883.6	–729.9	26.76%	0.40
广西	10359.5	–2518.2	4759.2	145.7	45.94%	0.34
海南	11842.9	–1034.8	5315.7	702.2	44.89%	0.43
重庆	11548.8	–1328.9	4150.1	–463.4	35.94%	0.39
四川	11203.1	–1674.6	4525.2	–88.3	40.39%	0.38
贵州	8090.3	–4787.4	3115.8	–1497.7	38.51%	0.31
云南	9019.8	–3857.9	5043.7	430.2	55.92%	0.35
西藏	9093.8	–3783.9	5237.9	624.4	57.60%	0.52
陕西	9396.4	–3481.3	3057.9	–1555.6	32.54%	0.27
甘肃	7456.9	–5420.8	3261.4	–1352.1	43.74%	0.31
青海	8664.4	–4213.3	3197.0	–1416.5	36.90%	0.29
宁夏	9851.6	–3026.1	3937.5	–676.0	39.97%	0.26
新疆	10183.2	–2694.5	5642.0	1028.5	55.40%	0.32
均值	12877.7		4613.5		38.84%	0.33
标准差	4423.6		1360.5		12.83%	0.06

数据来源：2017 年中国统计年鉴数据整理而得

2016年，我国农村居民人均可支配收入全国平均为12877.7元，比2015年的11421.7元增加了1456元。但各地区之间的差距仍然很大，这个问题可以从标准差上直观看出。农村居民人均可支配收入的标准差达到了4423.6，其中全国最高的上海市的农村居民人均可支配收入为25520.4元，是全国平均水平的1.98倍，是全国最低（甘肃省：7456.9元）的3.42倍。整体来看，北部沿海、东部沿海、南部沿海地区的农村居民人均可支配收入居于全国前列，中部内陆省份处于全国平均值左右，西北、西南等省（区）排名靠后。从离均差上来看，仅有9个省（区）的农村居民人均可支配收入超过全国平均水平，分别是上海、浙江、北京、天津、江苏、福建、广东、山东、辽宁；有5个省（区）的农村人均可支配收入离均差小于0，大于负一千元，分别是湖北、江西、吉林、湖南、河北；剩余省（区）的农村居民人均可支配收入与全国平均水平差距较大，且越是西北、西南地区，该差距越发明显。

经营净收入代表了农村居民从事农、林、牧、副、渔生产所获得的收入，经营净收入占人均可支配收入的比在一定程度上反映了农村居民对农业、林业等相关生产活动的依赖性。该比值越大，说明农村居民对农林生产的经营所得依赖性越大，那么风险对收入的影响也越大，转移风险的保险需求会很强烈；该比值越小，则农林经营风险对可支配收入的影响也越轻微，保险需求也相对较弱。通过数据可以看出，吉林、黑龙江、内蒙古、新疆、西藏、云南的农村居民人均可支配收入中经营净收入占比超过50%，因此应当注重和引导这些省（区）的保险需求，深层次推进森林保险的实施。

另外，不同省（区）的恩格尔系数也可以反映森林保险有效需求的差异。按照消费原理，消费总是收入的函数，收入的高低决定了消费支出能力的高低。恩格尔系数是反应消费水平高低的代表性指标，其计算方式为食品支出占总消费支出的比。该比值越大，则用于食品支出的比例越大，用于其他支出的比例越小，森林保险保费支付能力越小；该比值越小，则用于食品支出的比例越小，用于其他支出的比例越大，森林保险保费支付能力越大。我国各省（区）农村居民的恩格尔系数差异相对较大，并且呈现“南高北低”的特点。南方省（区）恩格尔系数普遍高于北方省（区）。西藏、海南、广东、重庆、四川明显高于全国平均水平，其中最高的是西藏，为0.52，高出全国平均值0.2；北京、陕西、辽宁、宁夏明显低于全国平均水平，最低的是宁夏，为0.26，比全国平均值低0.06；其余省区与全国水平接近。消费水平的地区差异必然带来森林保险需求的地区差异。

4.3　森林保险市场供给的区域差异

按照市场供求理论，需求是制约供给的基本要素。区域森林保险需求的差异必然会形成区域森林保险供给的差异。保险业的发展水平、森林保险产品的供给能力会直接对区域森林保险供给产生重要影响。

4.3.1　财险业发展水平的区域差异分析

由于森林保险属于财产保险的业务范畴，故主要针对财产保险业的发展水平进行比较分析。从总保费收入来看，保费规模与地区经济发展有高度的协同关系，形成了由东至西的区域梯度特点。保费收入排名前十的省（区），大部分为东部以及东南沿海省（区），且均超过1000亿元，与其他省（区）有着巨大的绝对量差距。西南、西北各省（区）的总保费规模大多小于500亿元，且差异程度更为明显，与东部各省（区）形成鲜明的对比。财产险的保费规模同样呈由东至西越来越小的趋势。从财产险保险密度上来看，600元之上的十一个省（区）中，宁夏、内蒙古、新疆榜上有名，这与该省（区）的总人口数较少有较大关系，东部、东南沿海省（区）依旧处于领先位。从财产保险的保险深度来看，有半数以上的省（区）超过1%，辽宁、新疆、云南、浙江四地达1.5%以上（含），一些中部、中西部省（区）排名靠前，说明财产保险在内陆省份的经济中占比相对较高，也反映出受内陆省份经济总量的制约，财产保险未来的发展潜力相对不足。具体分析如表4-7所示。

表4-7　2016年中国各省市财产保险业发展主要指标的均值和标准差分析

Tab.4-7　Average and standard deviation analysis on the main index of property insurance development in 2016

地区	总保费收入（百万）	财产保险保费收入（百万）	财产保险保险密度（元）	财产保险保险深度（%）	财产保险机构总数（家）
北京	183427.63	36927.88	1699.47	1.48	53
天津	52948.69	12755.94	816.58	0.71	30
河北	149526.7	44213.1	593.67	1.39	35
山西	70007.55	17386.53	472.25	1.33	25
内蒙古	48687.44	16273.3	645.73	0.87	28
辽宁	97943.71	35772.16	955.36	2.17	27
吉林	55711.84	13322.76	503.6	0.89	22
黑龙江	68552.38	14890.48	408.68	0.94	26
上海	152925.81	37115.07	1533.87	1.35	56
江苏	269024.16	73343	916.95	0.96	46
浙江	152731.81	56934.69	1185.52	1.5	41
安徽	87251.58	31170.85	503.11	1.32	28
福建	75499.6	21112.56	606.33	0.85	29
江西	60870.9	18364.65	399.9	1	25
山东	196628.76	52032.61	576.78	0.91	36
河南	155514.71	37295.35	391.26	0.93	38

续 表

地区	总保费收入（百万）	财产保险保费收入（百万）	财产保险保险密度（元）	财产保险保险深度（%）	财产保险机构总数（家）
湖北	104450.27	26018.99	433.47	0.77	30
湖南	88646.07	27304.74	400.24	0.87	25
广东	298576.68	70822.55	722.08	1.33	47
广西	46917.38	16571.34	342.52	0.91	22
海南	13320.7	4759.95	519	1.18	15
重庆	59995.5	16998.32	576.61	0.97	25
四川	168415.1	45475.41	550.42	1.31	36
贵州	32064.37	15306.78	430.53	1.18	18
云南	52936.74	22442.72	470.45	1.51	29
西藏	2224.89	1390.34	420.63	1.21	7
陕西	71430.43	19119.98	501.49	1	25
甘肃	30765.65	10061.5	385.51	1.41	17
青海	6872.81	2964.18	499.47	1.15	10
宁夏	13389.43	4608.84	686.46	1.46	11
新疆	43989.86	15338.06	639.6	1.59	21
均值	93911.26	26390.15	638.31	1.18	28
标准差	73786.42	18755.76	322.53	0.31	12

资料来源：2017 年中国保险年鉴数据整理

从财产保险的市场供给主体来看，发达省（区）、欠发达省（区）、偏远省（区）之间仍呈现三梯度的特征，尽管各地区的保险机构数量在继续增加，但是区域数量差异仍较大。东部的上海、北京、江苏、浙江等地财产保险保险公司不仅数量多，且新机构增加也较多，竞争程度和市场供给能力均较为充分，而广大西部地区机构数量不及全国平均数，业务大多被3~5家保险公司承保，市场集中度高，竞争程度低。总体来看，我国财产保险市场的垄断性仍较强，保险公司数量分布的地区不平衡也加大了保险市场的供给不平衡。

4.3.2 森林保险产品供给能力的区域差异分析

在中央财政的大力支持下，2016年已有26家保险机构参与到森林保险业务当中，为24个省份、4个计划单列市、3个森工集团提供森林保险服务。由于各省（区）开展森林保险的先后顺序不一、拥有符合条件的供给主体个数不一，所以形成了各具特色的森林保险方案。

市场主体方面，多数省（区）有3~5家财险公司参与森林保险的供给，超过7家财险公司的省（区）寥寥无几，可见能够满足森林保险经营资质、参与到森林保险市场供给中去的保险机构数量极少。普遍来讲，即使大部分省（区）存在3~5家供给主体，但森林保险业务仍然会被前两位保险机构争取到很大的比例，或存在由几家公司共同承保的情形，导致市场份额高度集中，服务质量较差，缺乏降低经营成本和进行产品创新的动力，进而阻碍森林保险供给能力的不断提升。

2016年中国各省（区）森林保险供给主体如表4-8所示。

表4-8　2016年中国各省（区）森林保险供给主体

Tab.4-8　Forest insurance provider of each province in 2016

地区	保险机构	个数	险种	免赔
北京	人保财险	1	综合	无
河北	人保财险、中华财险、太平洋产险、国寿财险	4	综合	有
山西	人保财险、国寿财险	2	综合	无
内蒙古	人保财险、中华财险、太平洋产险、大地财险	4	综合	有
辽宁	人保财险、中华财险、中航安盟、安华保险	4	综合	无

续　表

地区	保险机构	个数	险种	免赔
吉林	安华保险、中航安盟、人保财险、中华财险	4	综合	有
浙江	人保财险、中华财险、平安产险、太平洋产险、永安财险、大地财险、安信农险、浙商财险、太平财险	9	火灾	有
安徽	国元农险、人保财险	2	综合	有
福建	人保财险	1	综合	有
江西	人保财险	1	综合	有
山东	人保财险、中华财险、太平洋产险、国寿财险	4	综合	无
河南	中华财险、人保财险、平安财险	3	综合	无
湖北	人保财险、中华财险、太平洋产险、平安产险	4	综合	有
湖南	人保财险、中华财险、太平洋产险、平安产险、国寿财险	5	综合	有
广东	中华财险、人保财险、阳光相互保险	3	综合	有
广西	人保财险、北部湾财险、太平洋产险	3	综合	有
海南	人保财险、太平洋产险、平安产险、安邦财险	4	综合	有
重庆	人保财险、阳光财险、中华财险、安诚财险、阳光相互保险	5	综合	有
四川	中航安盟、人保财险、中华财险、国寿财险、平安产险、安华保险、锦泰财险	7	综合	有
贵州	人保财险、平安产险、太平洋产险	3	火灾	无
云南	人保财险、国寿财险	2	火灾	无
陕西	人保财险、中华财险、中航安盟、平安产险、阳光财险、永安财险	6	综合	无
甘肃	中华财险、人保财险	2	综合	无
青海	人保财险	1	综合	有

资料来源：2017 年中国森林保险发展报告、各省财政厅、各省林业厅

2009年，财政部、国家林业局和保监会等部门联合下发文件明确规定森林保险责任主要包括火灾、暴雨、暴风、洪水、泥石流、冰雹、霜冻、台风、暴雪、雨淞、虫灾等11种人力无法抗拒的自然灾害，各试点省（区）可以依据当地气象环境特点进行组合，也可以根据当地灾害特点和实际情况不断补充和拓宽责任范围。随着补贴范国的扩大，某些地区逐渐将干旱、滑坡、雨雪冰冻、热带气旋、雷击、沙尘暴等12种自然灾害明确为保险责任，并将虫灾扩展为包含病、虫、鼠、兔等在内的林业有害生物灾害。在以上23种自然灾害中，火灾、洪水、暴雨、泥石流、暴风、霜冻、冰雹、暴雪和林业有害生物等9种自然灾害发生频率高、分布范围广，成为各地区森林保险责任的主要覆盖对象，针对这几种灾害，各地主要是开展综合险。其中，森林火灾是林业最主要的灾害，是所有地区的防范重点，并且部分地区为此还专门开展了林木火灾险。除上述9种自然灾害外，各地区的具体保险责任范围选择又有一定的差异。例如，东部沿海区域易受台风影响，因此强调台风灾害的保险责任；内蒙古和辽宁等处于季风性气候带、容易形成季节性旱灾的地区强调干旱灾害的保险责任；山体众多、山势复杂且降雨较多的地区强调滑坡灾害的保险责任；受雨雪冰冻灾害影响比较严重的地区强调冰冻灾害的保险责任；海南省、甘肃省地理位置特殊，分别强调热带气旋、沙尘暴的保险责任，青海于2015年新增加了地震和干热风的保险责任。

关于免赔的规定是森林保险中常见的条款。2015年，中国保监会、财政部、农业部规定："种植业保险及能繁母猪、生猪、奶牛等按头（只）保险的大牲畜保险条款中不得设置绝对免赔"，但对于森林保险的绝对免赔并未作出规定，因此各省（区）的主要做法也不尽相同。现阶段，北京、山西、大连、山东、河南、贵州、陕西、甘肃、辽宁相继取消了绝对免赔规定，但其余省（区）仍然采用"绝对免赔+起赔点"或"绝对免赔率和绝对免赔面积二择一"的免赔方式。

承保方面，大多数省（区）分别针对公益林和商品林采用不同的承保方式，公益林由林业部门组织统一参保，而商品林则由林权所有者单独投保或以村、县为单位组织参保。保险责任范围内灾害发生后，投保人、被保险人及时拨打承保公司客服电话报案，承办机构将报案情况详细登记，上报理赔管理部门，由理赔管理部门聘请有资质的技术人员或评估机构开展查勘定损工作，完成查勘定损后，承保公司将赔偿资金拨付到保险人账户，并由林业部门安排或指导相关的恢复造林工作。各级财政对参加森林保险的单位给予保费补贴，对公益林提供的保费补贴比例要高于商品林，部分省（区）也在收取森林保险费的基础上，安排风险补偿方案。部分省（区）的森林保险制度设计如表 4–9 所示。

表 4–9 中央财政补贴的政策性森林保险试点省份的森林保险制度设计

Tab.4–9 System design of policy forest insurance supported by financial subsidies of central government on experiment provinces

省份	承保方式	补贴比例	风险补偿
江西	公益林采取全省统保的方式。火灾赔款专项用于公益林受灾林地的造林和抚育。商品林采取“政府引导、政策扶持、市场运作、林农自愿”的原则	国家和省级公益林：中央财政 50%、省财政 50% 商品林：中央财政 30%、省财政 25%、市县财政 5%，其余由投保人负担	保费收入盈余，按相应比例扣除服务费后，剩余部分全部转为生态公益林巨灾风险准备金，逐年滚存。当保险赔款超过年收保费的 85% 时，可申请动用三灾风险准备金
湖南	实行“省统筹”的公益林森林保险模式。推广乡镇或者村统一投保、统一交纳保费的模式，遵照“谁交钱，谁受益”的原则	公益林：中央财政 50%、省财政 30%、市县财政 10%、林权权利人承担 10% 商品林：中央财政 30%、省级财政 25%，鼓励市县财政给予保费补贴	保险承保公司按保费收入的 25% 计提取灾害风险准备金，当综合赔付率超过 60% 或出现严重灾情需采取紧急措施时，可申请动用巨灾风险准备金

续 表

省份	承保方式	补贴比例	风险补偿
福建	尊重投保人参保意愿。省级以上的生态公益林以县为单位统一参保。商品林投保既可单独参保，也可以村或乡为单位统一参保	公益林：中央财政 50%、省级财政 25%、县级财政 15%、林权所有者承担 10% 商品林（10000 亩以下）：中央财政 30%、省级财政 30%、县级财政 15%、林权所有者承担 25%；商品林（10000 亩以上）：中央财政 30%、省级财政 30%、林权所有者承担 40%	省级财政建立 2000 万元的森林综合保险风险补偿金。当年全省森林综合保险赔付率超过 90%时，由保险公司与风险补偿金按 1:1 比例承担
浙江	重点公益林火灾险实行政府统一投保，保险费由财政全额承担	公益林：中央财政 50%、省财政 25%、市县财政 25% 商品林：中央财政 30%、省财政25%、市县财政承担部分，其余由投保人负担	尚未建立
云南	公益林由财政统一全额投保，商品由林木经营者自主选择	公益林：中央 50%、省 25%、州县 25%（部分地区省 40%、州县 10%） 商品林：中央 30%、省 32.5%、州县 22.5%（部分地区省 37.5%、州县 17.5%）	尚未建立
辽宁	坚持政府引导、市场运作、自主自愿原则	公益林：中央补贴 50%、省补贴 25%、市县补贴 20%、经营主体承担 5% 商品林：中央补贴 30%、省补贴 25%、市县补贴 20%、经营主体承担 25%	尚未建立

森林保险产品的供给及其创新能力取决于区域森林保险业的发展。从目前森林保险试点省份的供给主体数量来看，森林覆盖率较高、保险业发展水平较高的省份，林业产业所占比重相对较大，是森林保险发展的重点区域，森林保险的供给主体数量较多。而经济欠发达地区，林业基础薄弱，保险业发展水平较低，这

也决定了森林保险的发展必须依托国家的区域发展战略，给予更多的政策扶持。从总体上看，目前我国经营森林保险业务的机构数量依旧不足，森林风险区域性强的特点决定了各保险公司之间的竞争机制也不充分。由于缺乏竞争，保险公司开办森林保险的意愿低，很容易造成一个地区内的森林保险产品供给不足，服务质量较差，缺乏降低经营成本和进行产品创新的动力。另外，从试点情况看，浙江省和辽宁省森林保险业务由几家保险公司来共同承保，但由于彼此之间不是市场竞争的关系，所以也很难对当地森林保险市场的发展有大的推动。

由以上分析可以看出，目前我国森林保险市场的供给主体具有保险机构数量少、缺乏业务开展经验、基层保险从业人员数量少、承担的经营风险巨大、森林风险分布区域性强、供给主体间竞争不充分等特征。因此，政府对森林保险市场供给主体进行必要的扶持，并以此增加对森林保险的市场供给，规范供给行为，对森林保险的健康可持续发展而言至关重要。

4.4 影响森林保险供求的财政支持区域差异

政府对森林保险的保费补贴能够在一定程度上解决林农的保费负担高、有效需求不足，保险公司的森林保险赔付率高、有效供给不足等问题，从而促进森林保险市场的供需均衡。但采取何种方式进行保费的财政补贴，补贴力度的大小，补贴险种、区域的选择等，则由政府财政支出能力来决定。各地区间政府财政支出能力的差异必然会影响到对森林保险保费补贴力度的大小，也必然会形成区域间森林保险市场的供需差异。

从一般意义上讲，财政支出对地区经济增长起最直接的推动作用。而对森林保险这种准公共商品来说，由于其能够带来较大的正外部性效益，更需要政府财政补贴的大力支持。从地区财政实力的角度而言，东部地区因财政实力较强，未来对森林保险补贴的潜力较大，而西部地区因财政实力较弱，则对森林保险补贴的潜力相对较小。这种情况下，就需要加大中央财政对实力较弱省份的支持力度。

从表 4-10 中可以看出，各地区间的财政收入差距依然较大。财政收入排名前三的广东、江苏、上海的总和是后三名宁夏、青海、西藏的近 32 倍，占到了全国财政收入的 28.5%。在本级财政收入超过 3000 亿元的 9 个省份中，有 6 个来自南部地区，剩余三个是山东、北京、河南。因地区间财政实力的差异造成了财政支出的不同，也使得其对农林业的支持和补贴水平也呈现出较大差异性。从农林水事务支出来看，传统的农业大省江苏、四川、山东、河南、黑龙江、河北均在 800 亿元以上，远远高于其他地区，而西藏、宁夏、青海、天津、海南的支出均在 300 亿以下。排名前十位中有 6 个省（区）来自北方地区，可见北方省（区）的农林生产更需要财政的支持。就农林水务支出占预算支出的比重而言，17 个省（区）处于全国平均水平之上，最高的是黑龙江，接近 19%，最低为天津，约为 4.4%，该指标的标准差相对较小，仅为 3.58%，这也反映出各地区对农林业的财政扶持占总预算支出的比例普遍较低。

综上所述，我国各个地区之间由于森林灾害分布、居民收入水平、保险业发展、地方财政支持力度、经济发达程度等方面的差异，在各地区间形成了森林保险需求和供给的客观差异。这是区域森林保险产生的基础，也是进一步开展区域森林保险业务的依据和方向。各区域应基于本区域内森林保险供需的客观实际，因地制宜地制定并实施与当地森林灾害风险类型相适应的、具有区域特色的差异化的森林保险发展战略。

表 4-10　2016 年各地区一般预算收入和支出概况的离均差和标准差分析

Tab.4-10　Deviation from average and standard deviation analysis on general budget revenue and expenditure of each region in 2016

地区	一般预算收入（亿元）	一般预算支出（亿元）	农林水事务支出（亿元）	农林水务支出占预算支出比重
北京	5081.26	6406.77	443.55	6.92%

续 表

地区	一般预算收入（亿元）	一般预算支出（亿元）	农林水事务支出（亿元）	农林水务支出占预算支出比重
天津	2723.5	3699.43	161.02	4.35%
河北	2849.87	6049.53	800.79	13.24%
山西	1557	3428.86	432.02	12.60%
内蒙古	2016.43	4512.71	729.02	16.15%
辽宁	2200.49	4577.47	480.73	10.50%
吉林	1263.78	3586.09	550.5	15.35%
黑龙江	1148.41	4227.34	801.77	18.97%
上海	6406.13	6918.94	327.41	4.73%
江苏	8121.23	9981.96	985.62	9.87%
浙江	5301.98	6974.26	722.41	10.36%
安徽	2672.79	5522.95	624.83	11.31%
福建	2654.83	4275.4	410.58	9.60%
江西	2151.47	4617.4	580.9	12.58%
山东	5860.18	8755.21	943.44	10.78%
河南	3153.47	7453.74	807.06	10.83%
湖北	3102.06	6422.98	704.59	10.97%
湖南	2697.88	6339.16	729.75	11.51%
广东	10390.35	13446.09	715.44	5.32%
广西	1556.27	4441.7	573.48	12.91%
海南	637.51	1376.48	179.04	13.01%
重庆	2227.91	4001.81	347.99	8.70%
四川	3388.85	8008.89	988.71	12.35%
贵州	1561.34	4262.36	629.38	14.77%

续 表

地区	一般预算收入（亿元）	一般预算支出（亿元）	农林水事务支出（亿元）	农林水务支出占预算支出比重
云南	1812.29	5018.86	712.92	14.20%
西藏	155.99	1587.98	243.28	15.32%
陕西	1833.99	4389.37	543.3	12.38%
甘肃	786.97	3150.03	488.1	15.50%
青海	238.51	1524.8	232.35	15.24%
宁夏	387.66	1254.54	201.29	16.04%
新疆	1298.95	4138.25	717.02	17.33%
均值	2814.17	5172.62	574.46	12.05%
标准差	2338.60	2609.42	236.17	3.58%

数据来源：2009 年中国统计年鉴数据整理而得

5 我国森林保险的风险区划

森林保险风险区划是基于保险标的的损失情况及所处区域的自然禀赋、经济活动和风险特点，将一定地域范围内的保险标的按所面临的风险划分为不同的等级区域，是开展森林保险的重要前提，也是森林保险合理定价和健康发展的坚实基础。鉴于我国森林保险的发展尚处于起步阶段，缺少关于保险标的损失情况的全国性的综合统计资料，因此本部分内容主要针对我国主要森林灾害进行风险评估和区划，形成省一级的森林灾害风险等级分区，为下一步进行森林保险的风险区划提供科学依据。

5.1 我国主要森林灾害发生概况

森林灾害是指对森林资源的正常生长、存在构成危害的自然现象及活动，具体包括火灾、病虫鼠害、水灾、旱灾、冻灾、其他气象灾害以及人为活动引起的灾害等。森林灾害的发生通常具有突发性、偶然性和伴生性，以及发生规模大、灾害破坏性强、灾后影响程度强等特点，严重危害林业生产经营的稳定和森林生态环境安全。从表 5-1 可以看出，我国各类森林灾害的发生类型、发生频率、损失程度都相当严重，1953—2016 年间年均森林火灾受灾面积和年均病虫鼠害发生面积之和占到了我国森林面积的近 6%，对我国森林资源的保护和发展造成了巨大危害，也对我国森林资源的保护与管理工作提出了更高的要求。

表 5-1　1953—2016 年我国森林灾害的发生概况

Tab.5-1　General occurring situation of forest calamity in China from 1953 to 2016

年份	火灾受灾面积（khm^2）	病虫鼠害发生面积（khm^2）	年份	火灾受灾面积（khm^2）	病虫鼠害发生面积（khm^2）	年份	火灾受灾面积（khm^2）	病虫鼠害发生面积（khm^2）
1953	726.93	351.60	1975	940.87	4378.53	1997	9.65	8230.90
1954	1400.27	657.80	1976	1943.33	4496.53	1998	27.42	7013.91
1955	2483.47	407.07	1977	2579.07	4066.60	1999	43.69	7661.06
1956	2798.27	1595.33	1978	493.00	4223.40	2000	88.39	8518.58
1957	911.40	1525.67	1979	998.40	5547.07	2001	46.18	8390.27
1958	335.93	1693.13	1980	396.53	6955.20	2002	47.63	8412.50
1959	811.33	1439.80	1981	409.67	7303.47	2003	451.02	8887.36
1960	1004.33	1117.93	1982	336.80	7296.33	2004	142.24	9448.37
1961	1529.33	997.20	1983	174.33	7444.27	2005	73.70	9844.20
1962	1867.73	868.07	1984	141.80	7725.53	2006	408.26	11006.67
1963	1071.13	1435.87	1985	139.53	7685.53	2007	29.29	12096.83
1964	192.20	2223.93	1986	279.53	9049.67	2008	52.54	11418.38
1965	546.00	2622.73	1987	1152.67	8577.20	2009	46.16	11419.71
1966	578.53	1223.27	1988	62.81	8775.80	2010	45.80	11642.43

续 表

年份	火灾受灾面积（khm^2）	病虫鼠害发生面积（khm^2）	年份	火灾受灾面积（khm^2）	病虫鼠害发生面积（khm^2）	年份	火灾受灾面积（khm^2）	病虫鼠害发生面积（khm^2）
1967	302.33	1307.53	1989	28.65	11846.53	2011	26.95	11681.42
1968	184.67	1146.33	1990	13.59	10526.67	2012	13.95	11768.99
1969	614.27	1483.33	1991	19.44	11686.13	2013	13.72	12230.45
1970	761.53	1635.27	1992	31.73	8533.20	2014	19.11	12064.47
1971	830.13	2432.00	1993	19.04	8463.00	2015	12.94	12183.50
1972	1846.47	2388.40	1994	3.97	7061.70	2016	6.22	7685.53
1973	1008.80	3265.27	1995	20.97	7680.10			
1974	538.87	4093.00	1996	72.28	7373.80			

资料来源：《全国林业统计资料》《中国林业年鉴》《中国林业统计年鉴》

5.1.1 森林火灾

从总体上来看，我国的森林火灾频发，造成损失后果严重。高频率、高破坏性森林火灾的发生不仅造成了大量的直接经济损失，而且对人民生命财产安全构成了严重威胁，对生态环境的破坏及各种间接经济损失更是难以估量。下面依据我国历年《中国林业统计年鉴》《中国林业年鉴》《全国林业统计资料》中有关森林火灾的相关统计数据进行具体分析，如图 5-1 所示。

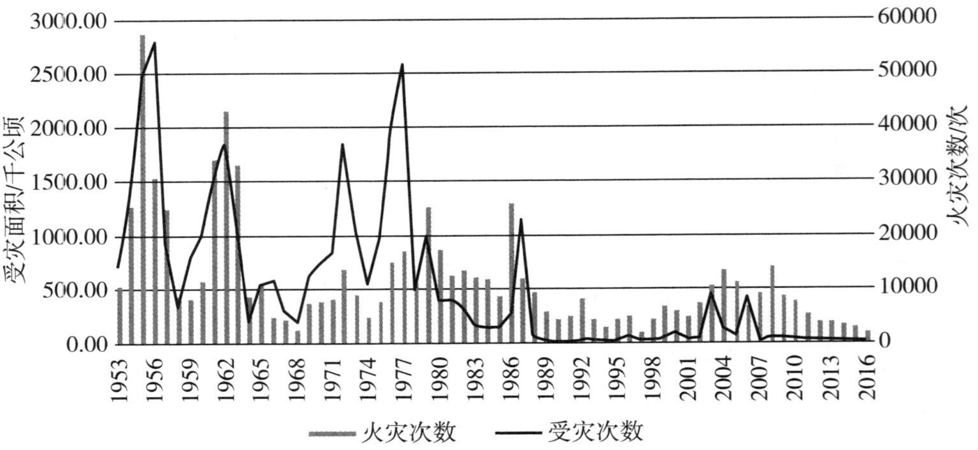

图5-1　1953—2016年我国森林火灾发生次数及受灾面积时间序列曲线

Fig.5-1　Total number and disaster area of forest fire in China from 1953 to 2016

（1）我国森林火灾发生次数较频繁。

由于我国森林资源的分布地域辽阔，引起火灾发生的诱因多，森林火灾的发生较为频繁（如图 5-1 所示）。1953 年至 2016 年期间，我国共计发生森林火灾 748474 次，年平均火灾次数为 11695 次。建国初期森林火灾发生次数最高达到 5 万余次，波动极为剧烈，随后幅度越来越小，说明我国对火情的防控能力有了很大提高，但每年仍会有 4000 余次林火发生，威胁森林生态安全。

（2）我国森林火灾形成的受灾面积广。

我国森林火灾有一个较为明显的特点，即所造成的森林受灾面积广。1953 年至 2016 年，森林火灾的发生所形成受灾面积累计已达 34206 千公顷。平均每年森林受灾面积几乎占到了新造林面积的 19%，带来极为严重的损失。森林火灾受灾面积在 1980 年后相对较为平稳，但 1987 年、2003 年、2006 年前后发生了严重的火情，受灾面积激增，均超过了 400 千公顷，呈现出较大的起伏。

（3）我国森林火灾造成的损失大。

森林火灾所带来的最直接的危害就是烧死或烧伤林木。这会使森林蓄积下降，严重影响森林生长，灾后恢复周期长。森林火灾还会烧毁林下植物资源或改变其生存环境，使其数量显著减少。森林火灾还能引起水土流失，火灾过后，森林涵养水源，保持水土的作用将显著减弱，不仅造成水土流失，还可能会引发山洪、泥石流等自然灾害。森林火灾还会引起空气污染、水质的下降，甚至严重威胁到人民生命财产安全。2000 年至 2016 年，我国森林火灾已造成了上千人的伤亡，其中死亡人数更是达到一半以上，造成的直接经济损失超过数千亿元，具体损失情况统计如表 5-2 所示。

表 5-2 2000—2016 年中国森林火灾损失情况统计

Tab.5-2 Statistics of loss situation on forest fire in China from 2000 to 2016

年份	火灾次数（次）	受灾面积(公顷)	蓄积损失（m^3）	伤亡人数（人）	死亡人数（人）	扑火经费（万元）	其他损失折款（万元）
2000	5934	88390	708656	178	81	24930	3069
2001	4933	46181	331762	58	20	6598.9	7409
2002	7527	47631	349492	98	48	18407	3610
2003	10463	451019	2370416	142	72	38463.9	36999
2004	13466	142238	1535457	252	131	13278.49	20213
2005	11542	73701	1244403	152	92	13412.14	15029
2006	8170	408549	10019700	102	41	24049.48	5375
2007	9260	29286	571938	94	61	10890.56	12415
2008	14144	52539	1207898	174	97	9184.26	12594
2009	8859	46156	1125075	110	39	10633.14	14511.45
2010	7723	45800	740099	108	65	16091.63	11610.68
2011	5550	26950	633601	91	45	13529.34	20173.42
2012	3966	13948	283827	21	13	34177.74	10801.54
2013	3929	13724	312490	55	38	9128.94	6061.63
2014	3703	19110	354655	112	53	9897.54	42512.79
2015	2936	12940	228786	26	23	4793.44	6371.45
2016	2034	6224	60846	36	20	12017.39	4136
合计	124139	1524386	22079101	1809	939	269483.89	232892

资料来源：根据 1998—2016 年《中国林业统计年鉴》整理而得

5.1.2 森林病虫鼠害

5.1.2.1 总体概况

森林病虫鼠害是森林的又一大灾害，我国是世界上受森林病虫鼠害危害最严重的国家之一。森林病虫鼠害发生面积自1968年起逐渐增加，尤其是在1998年后不断攀升，并始终处于高位。2006年之后，每年森林病虫鼠害发生面积均超过1000万公顷，尤其以2007年最为严重，超过了1200万公顷，可见我国森林资源面临的有害生物灾害越发突出。如图5-2所示。

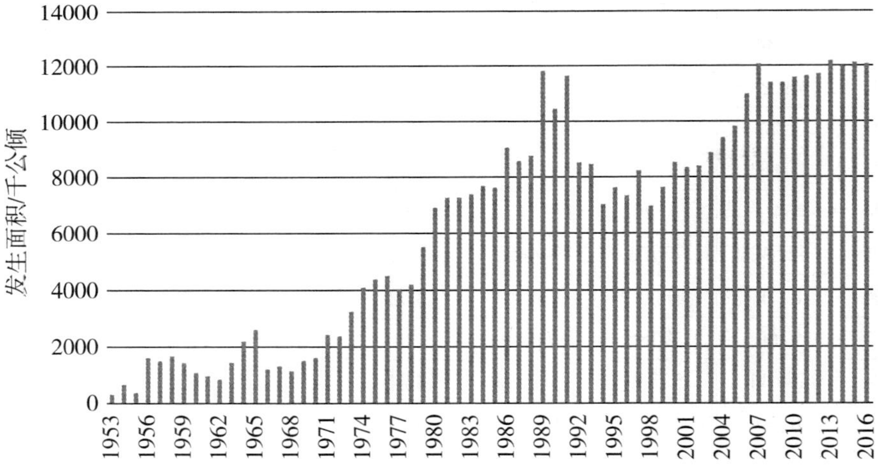

图5-2 1953—2016年我国森林病虫鼠害发生总体情况

Fig.5-2 General situation of occurrence area of forest disease, insect and rat pest in China

《中国林业统计年鉴》中详细记录了1979年以来森林病害、森林虫害的发生及防治面积，以及1998年以来森林鼠害的发生与防治面积。在三种林业有害生物中，森林虫害平均占到有害生物发生面积的76%，发生面积最大、影响范围最广，给森林生态造成的破坏也最深远。虽然该比例有下降趋势，但近年来仍旧维持在 70% 以上，其增长态势也大致决定了各年度森林灾害的总趋势。森林病害每年发生面积占比基本上维持在 10% 上下，变动幅度并不大，而森林鼠害却有波动上升的态势，从 1998 年的 10.26% 升至 2016 年的 16.14%。

5.1.2.2 森林病害

森林病害可引起树木生长不良，蓄积量产出、林分质量下降，严重时甚至导致林木死亡。因气候变化和化学农药的滥用，近年我国森林病害的发生种类增多，成灾周期缩短，危害加重（如图 5-3 所示）。1979—2016 年间我国森林病害年均发生面积为 1329 千公顷，年均防治面积 711.37 千公顷，年均防治率为 53.5%。随着化学、生物等防治手段的成熟和运用，我国森林病害防治率有了明显改善，从初始的 20% 左右提高到 70% 以上，病害发生面积也有所下降。然而 2002 年以后，病害面积重新显现出上升趋势，年均受灾面积超过 1000 千公顷，且防治率也有一定程度的降低。

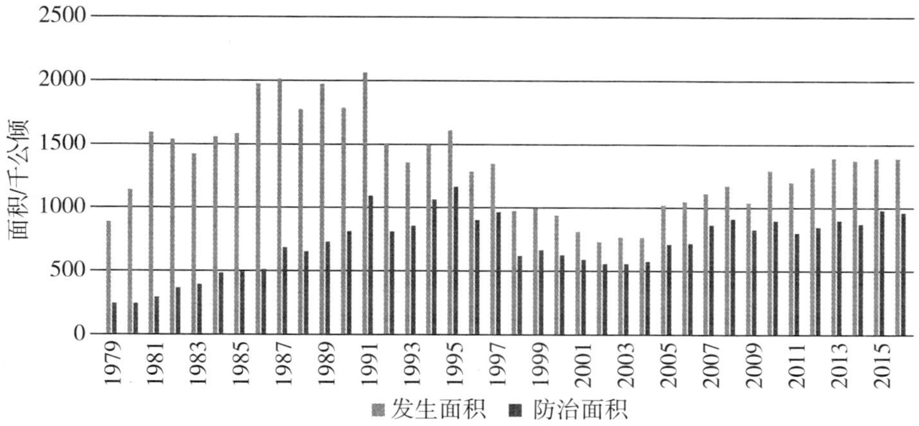

图5-3 1979—2016年我国森林病害发生及防治情况

Fig.5-3 General situation of occurrence and prevention area of forest disease in China from 1979 to 2016

5.1.2.3 森林虫害

我国每年都有大面积的森林因遭虫害而停止生长或死亡，森林虫害种类已达5000多种，主要有松毛虫、杨树食叶虫、杨树蛀干虫等。随着树种的改变、人工林、经济林的增加，虫害的发生频率和危害速度也在加剧。1979—2016年间我国森林虫害发生面积始终呈现波动上升的趋势，年均发生面积为7067千公顷；虫害防治方面取得了良好的成绩，防治面积和防治率均有大幅提升，年均防治率达到70%左右（如图5-4所示）。但1998年以来，森林虫害体现出新一轮增长态势，防治率也开始出现不稳定波动，可见随着发生面积和发生种类的增加，虫害的防治任务日趋艰巨。

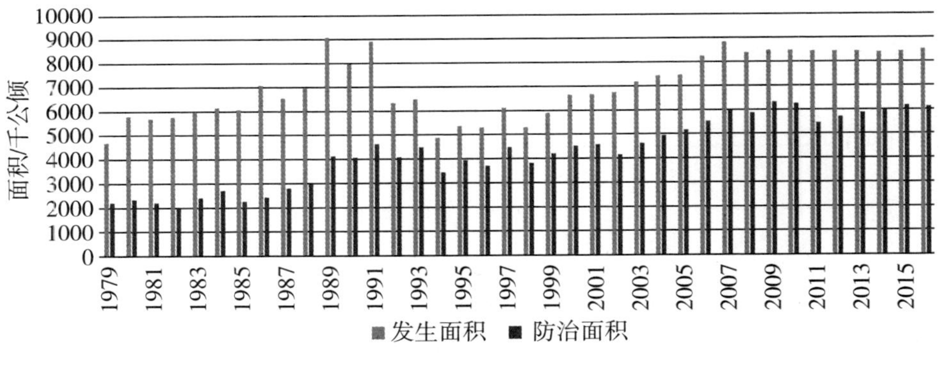

图5-4 1979—2016年我国森林虫害发生及防治情况

Fig.5-4 General situation of occurrence and prevention area of forest insect in China from 1979 to 2016

5.1.2.4 森林鼠害

鼠害也是森林常年遭受的一大灾害，因根、枝、叶、果实等被啃食，常引起树木的死亡，死亡率往往高达20%~40%，有时甚至更为严重。从图5-5可看出，森林鼠害自2002年起对我国所造成的危害程度越来越严峻，2005—2007年间每年的发生面积年均增加20%以上，而防治率却从2004年的70.4%下降到2008

年的 56.8%，2008 年后发生面积与防治面积的波动更为明显。另外，我国森林鼠害多发生在西北部生态环境较差的地区，由于鼠害的频繁活动导致形成大量次生裸地，森林生产力进一步降低，生态环境持续恶化。

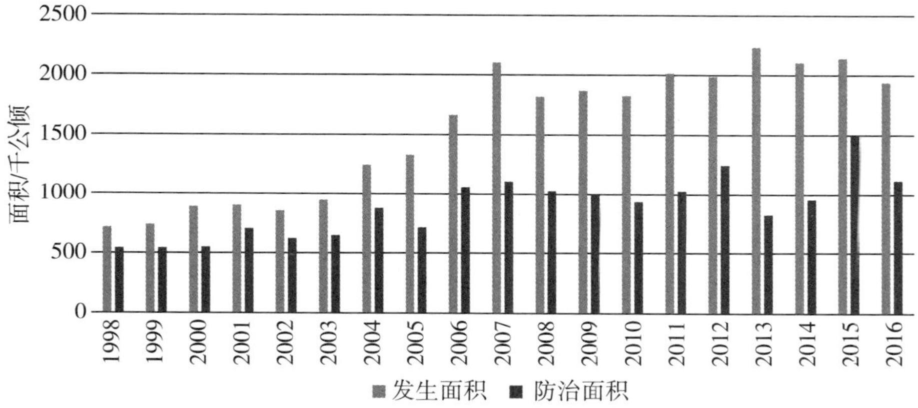

图5–5 1998—2016年我国森林鼠害发生及防治情况

Fig.5–5 General situation of occurrence and prevention area of forest rat pest in China from 1998 to 2016

5.1.3 我国森林灾害发生的原因分析

（1）气候变化加剧了森林灾害的发生。

近年来，随着“全球变暖”进程的加快，海平面上升，降雨重新分布，气候格局也随之改变，极端天气气候事件如干旱、洪涝、雷暴、冰雹、风暴、高温天气和沙尘暴等的出现频率与强度增加，成为各类森林灾害持续大规模发生的重要诱因，给森林的正常生长带来严重危害。此外，温度的变化还直接影响到水循环，使某些地区出现旱灾或洪灾，干旱不仅能直接导致树木死亡，还会使林木的抗灾性下降，易损性增加。另外，干旱和温度升高，使森林火灾的险情保持在较高水平，增加发生森林火灾的可能性。

（2）生态环境恶化导致了森林灾害大面积发生。

目前我国的生态环境质量并没有像人们预期的那样随着森林数量和覆盖率的增加而有大幅改善，生态环境恶化和生态破坏程度在加剧。由于森林的乱砍滥伐和过量采伐会破坏森林的完整性，破坏森林的自然调节控制作用，使得我国森林资源的总体质量下降，森林的生态功能严重退化，水土流失和荒漠化面积持续扩大。原始森林采伐后，营造的人工林树种单一，林分质量差，森林生物群落结构遭到破坏，森林自身对灾害的免疫能力下降，为森林灾害的发生提供了客观条件。

（3）森林灾害防治体系不健全。

森林灾害防治体系的完善是一项长期的系统工程，目前我国的森林灾害防治意识和防治能力都比较弱，往往不能及时有效地控制森林灾害的发生，是造成森林灾害发生面积大，灾害损失后果严重的重要因素之一。这种灾害防治体系的不健全主要表现在以下三个方面。一是森林灾害预防管理机制不健全。森林灾害预防作为一项关系到全社会生态安全的公益事业，必须要有动员政府部门、林业部门及社会有关方面的多方参与及协调运作。但由于缺乏有效地协调机制，造成防治责任落实困难，预防措施实施困难，仅限于被动救灾，使森林灾害无法得到有效控制，灾害程度越来越大。二是森林灾害防治投入不足，防治能力弱。森林灾害的基础设施差，设备落后，甚至有些地区的森林防灾建设基本空白，有效防治体系的缺乏严重制约了我国森林灾害防治工作的进行。三是森林灾害预防体系不完善，缺乏森林防治的综合监测平台。只有在贯彻实施“预防为主，综合防治”的策略下，才能科学地开展我国森林灾害的防治工作。

5.1.4 我国森林灾害对经济社会的影响分析

（1）对生态环境的影响。

我国每年大约有上千万公顷的森林遭受火灾、病虫鼠害及各类气象灾害的侵袭，而且这种危害仍然有愈演愈烈的态势。森林灾害的频繁发生产生的最直接后果就是局部生态环境的进一步恶化。森林作为陆地生态系统的主体，发挥着不可替代的生态、经济、社会等多重效益和多种服务功能。而灾害的发生会延缓森林的生长，折损树木，甚至出现局部范围内的全部毁损，由于森林生长周期长，对生态环境造成的破坏短期内难以恢复，形成持久的影响，导致森林生态系统脆弱，从而诱发更大的自然灾害。我国近年来森林面积在逐年增长，但全国的生态与环境质量并没有出现根本性的好转的一个重要原因就在于天然林退化严重，人工林树种单一，森林生态系统的整体功能削弱。

（2）对林业经济的影响。

森林灾害的频繁发生严重影响了我国森林资源保持稳定增长及可持续开发利用目标的实现。首先，一旦发生大范围的森林灾害，其所造成的直接后果就是立木产量的减少，森林的毁损，林分密度、森林蓄积量及林地生产力的大幅度降低，森林总体功能失调。我国每年因森林灾害所造成的林木的损失与营林基本建设投资总额大体相一致，再加上灾害的扑救费用、防治费用，消耗了大量的人力、物力和财力。其次，森林灾害的发生会造成受灾林区内的木材生产、加工、林产品经销及其他部门减少或停止林业生产经营活动，并由此而带来营业收入、林业产值的损失，进而可能造成林产品有效供给的减少，进一步加剧供需矛盾。最后，森林灾害的发生还会造成林下经济产业、农牧业及野生动植物资源等大量资产的损失。频繁的灾害发生及巨大损失的形成对林业产业的投资收益产生重大负面影响，不利于引导各项生产要素资源向林业产业的流动和合理配置，从而制约林业经济的发展。

（3）对林农收入的影响。

大量森林灾害的发生，造成林木折损、材质变差，致经济林果减产甚至绝收，次生灾害频发，林农经济收益严重受损。而林农受收入水平的制约，自身抵御森林灾害风险的能力较差，一次严重的灾害可能会让林农的生产停滞，生活返贫。再加上森林的再植恢复慢、生产经营周期长，如毛竹恢复需要 5 年时间，松木、杉木需要 10 年，阔叶林、乔木林等林种的恢复需要 20 年，灾害所造成的影响往往会持续很长一段时间。森林的毁损减少反过来又引起生态环境的进一步恶化、大气污染的加重及干旱、风沙等其他自然灾害，危及农田和村庄的安全，给人类的正常生产生活带来长远而深刻的影响。

5.2 森林灾害风险区划的指标体系

5.2.1 指标的选取原则

森林灾害风险区划指标体系的建立应以经济学理论和保险基本理论为基础，应用统计学中的一般统计指标理论，同时还要结合林业统计的特点以及森林灾害的具体情况综合考虑。因此所建立的森林灾害风险指标体系必须达到以下要求：

（1）能较准确地反映具体区域森林灾害的发生及损失情况，森林资源变化情况，以及带来的危害风险的大小；

（2）能在一定的假设条件下敏感地反映出诱发或加剧森林灾害发生及所造成后果严重程度的各种因素；

（3）能与森林灾害的多样性、复杂性、连续性和长期性特点相一致；

（4）能够对各指标进行量化，各指标值应尽量能够从现有统计资料中获得或间接换算而得到，尤其是一些主要指标值应尽可能利用现代数学或统计手段，较为准确地测算出来；

（5）概念清晰，指标含义界定明确，注重各指标间的内在联系，既要科学严谨，又要保持体系的完整。

基于以上界定和要求，分别从森林火灾、病害、虫害和鼠害四个角度来构建我国森林灾害的风险指标体系，继而对全国各省（市区）的森林灾害进行风险区划。

5.2.2 指标的选取

5.2.2.1 森林火灾风险指标体系

这类指标包括森林火灾损失指标、森林火灾危险指标、森林易损指数、森林规模指数、森林效率指数以及森林火灾防灾能力指数。这一系列指标可以较为全面地反映森林火灾的整体情况。

（1）森林火灾损失指标。

森林火灾损失指标是对具体区域森林火灾历史发生情况及损失情况的客观反映，只有在评估分析历史真实记载数据的基础上，才能对未来灾害的发生及损失程度进行预测。具体包括以下内容。

①火灾次数。

火灾次数的多少反映特定区域范围内森林火灾出现的频繁程度。

②火灾面积损失率。

该指标是反映森林火灾损失范围的相对指标，它是特定区域范围内森林因火灾而受损的面积与森林面积总量之比，值越高，反映森林火灾波及的范围越广。其计算公式为：

$$\text{森林火灾面积损失率}=\frac{\text{森林火灾受灾面积}}{\text{各省森林总面积}}$$

③火灾蓄积量损失率。

该指标是反映森林火灾损失程度的相对指标，单位面积蓄积量的大小标志着林地生产力的高低及经营措施的效果，值越高，反映火灾的破坏力度越强。其计算公式为：

$$\text{森林火灾蓄积量损失率}=\frac{\text{森林火灾蓄积量损失}}{\text{各省森林蓄积总量}}$$

④其他直接经济损失额。

其他直接经济损失，是指火灾中除森林资源以外的其他消耗，这里包括其他损失折款和扑火经费。

（2）森林火灾危险指标。

森林火灾危险指标是指导致森林火灾发生的可能性，只有存在灾害发生的危险性，才能出现灾害和灾情。火灾危险性指标的确定主要依据森林火灾形成的基本要素和具体区域的植被类型、自然环境、地理条件、气候分布等因素，分析该区域未来可能发生森林火灾的情况。

①林地类型。

不同类型林地上的植被分布不同，不同的植被分布其发生火灾的可燃性又不相同。[①] 其中有林地是指连续面积大于 0.067 公顷、郁闭度 0.2 以上、附着有森林植被的林地。有林地面积的大小决定的了林地质量的高低和森林覆盖率的多少，同时也和森林火灾的发生概率及危害程度密切相关。有林地占林地面积比重越高，森林火灾的危险性越高，所造成的损失程度越严重。

②平均海拔。

随着海拔高度的增加，气温下降，相对湿度变大，森林火灾发生和蔓延的可能性越低；另外，随海拔高度的增加，人类的活动相对减少，人为引发火灾的因素减少；同时，在高海拔地区，林内可燃物数量相对较少，引燃的概率降低。

③平均气温。

温度越低，森林火灾发生的可能性越低，在高温的作用下，会大大降低林木及林下可燃物的含水率，加之空气干燥，林区内燃点低，极易引发森林火灾。

④平均相对湿度。

相对湿度与森林火灾易发和蔓延速度成线性负相关。相对湿度达 80% 以上时，发生森林火灾的概率基本为 0，相对湿度越低，森林植被的含水率越低，火灾发生的频率越高，因此该指标为逆指标。

---

① 因本文仅在省级区域范围内对森林保险进行了风险区划，植被类型在各区域间可比性差，指标量化困难，故选取林地类型分布，具体细化为有林地占林地面积的比重，来反映该指标对森林火灾发生的影响程度。

⑤平均风力。

风力是决定森林火灾危险程度的主要气候因子之一，与森林火灾的始发和蔓延速度成线性正相关，风力越大，火灾不仅易发，而且扑救的难度加大，易造成人员伤亡和财产损失。

（3）各地区森林易损指数$=\dfrac{\text{各省森林蓄积量 / 各省森林面积}}{\text{全国森林蓄积量 / 全国森林面积}}$。

森林蓄积量指一定森林面积上存在着的林木树干部分的总材积。它是反映一个国家或地区森林资源总规模和水平的基本指标之一，也是反映森林资源的丰富程度、衡量森林生态环境优劣的重要依据。单位面积森林的蓄积量越高，受灾害影响的程度越大，损失越严重。

（4）各地区森林规模指数$=\dfrac{\text{各省森林覆盖率}}{\text{全国森林覆盖率}}$。

森林面积的大小，反映一个地区森林的规模和专业化程度，它是市场需求、种植制度等因素相互作用的结果。在一定程度上反映了同一地区森林易受灾损的程度，森林覆盖率越高的省市受自然灾害影响的程度相对较大，因为不同省市森林面积大小不同，所以选择这一相对指标作为森林规模的代表指标。

（5）各地区森林效率指数$=\dfrac{\text{各省林业总产值 / 各省森林面积}}{\text{全国林业总产值 / 全国森林面积}}$。

效率指数值大于1，表明与全国平均水平相比，该省单位面积森林的林业产出具有效率优势。效率指数值越大，生产效率优势越明显。在一般情况下，产出水平越高，效率指数也就越高，灾害造成的损失风险也越大。

（6）各地区森林火灾防灾能力指数$=\dfrac{\text{各省营林基本建设中森林防火投资额}}{\text{各省营林基本建设投资额}}$。

防灾能力是指预防灾害突发事件发生和减少灾害破坏的各种准备措施的充分性。作为量化指标，选取森林防火投资额占营林基本建设投资额的比例，反映各地区在森林火灾防灾上的投入水平。该防治指标为逆指标，即指标数值越大，表示防治能力越强，灾害风险就越小。

综上所述，构建森林火灾的风险指标体系如表 5–3 所示。

表 5–3 森林火灾的风险指标体系

Tab.5–3 Risk index system of forest fire

	符号	森林火灾的风险指标	单位
1. 火灾损失指标	H11	1.1 火灾次数	次
	H12	1.2 火灾面积损失率	%
	H13	1.3 火灾蓄积量损失率	%
	H14	1.4 其他直接经济损失额	万元
2. 火灾危险指标	H21	2.1 林地类型	%
	H22	2.2 平均海拔	m
	H23	2.3 平均气温	℃
	H24	2.4 平均相对湿度	%
	H25	2.5 平均风力	m/s
3. 森林易损指数	H3		
4. 森林规模指数	H4		
5. 森林效率指数	H5		
6. 火灾防灾能力指数	H6		

5.2.2.2 森林病、虫、鼠害风险指标体系

由于病害、虫害、鼠害三类灾害种类繁多，千差万别，在建立指标体系时有一定的困难。为解决问题的方便，设置森林病虫鼠害风险的一般指标，具体各类型的灾害可进一步根据实际情况做相应的调整设置。设置反应病虫鼠害风险的指标主要有：森林病虫鼠害损失指标，森林病虫鼠害防治率，森林易损指数，森林规模指数，森林效率指数以及森林病虫鼠害防灾能力指数等。

（1）森林病虫鼠害损失指标。

①发生面积。

以森林病虫鼠害的发生面积为指标，表示森林病虫鼠害发生面积的绝对大小。一般地，发生面积越大，森林病虫鼠灾害或潜在的危害就越重。

②成灾面积。

成灾面积是指中度和重度发生面积之和，表示森林病虫鼠害成灾面积的绝对大小。成灾面积越大，说明森林病虫鼠害的危害就越大。

③发生率。

发生率是指森林病虫鼠害发生面积占森林总面积的比例，即

$$发生率=\frac{发生面积}{森林面积}$$

④成灾率。

成灾率是指森林病虫鼠害中度以上发生面积占发生面积的比例，即

$$成灾率=\frac{中度发生面积+重度发生面积}{发生面积}$$

成灾率越大，森林病虫鼠害的发生就越严重，成灾的几率也就越大。

（2）各地区森林病虫害鼠害防治率$=\frac{防治面积}{发生面积}$。

（3）各地区森林易损指数$=\frac{各省森林蓄积量/各省森林面积}{全国森林蓄积量/全国森林面积}$。

（4）各地区森林规模指数$=\frac{各省森林覆盖率}{全国森林覆盖率}$。

（5）各地区森林效率指数$=\frac{各省森林业总产值/各省森林面积}{全国森林业总产值/全国森林面积}$。

（6）各地区森林病虫害防灾能力指数$=\frac{各省营林基建中病虫鼠害防灾投资额}{各省营林基本建设投资额}$。

以上各森林病虫鼠害的风险指标汇总如表 5–4 所示。

表 5–4 森林病虫鼠害的风险指标体系

Tab.5–4 Risk index system of forest disease, insect and rat pest

病虫鼠害的风险指标	
病虫鼠害损失指标	发生面积
	成灾面积
	发生率
	成灾率
防治率	
森林易损指数	
森林规模指数	
森林效率指数	
病虫鼠害防灾能力指数	

5.2.3 指标的量化

5.2.3.1 森林灾害风险通用指标的量化

从所选取的森林火灾和森林病虫鼠害保险的风险指标中可看出，有三个一级指标为四类森林灾害风险的通用指标，分别为森林易损指数 H3、森林规模指数 H4 以及森林效率指数 H5，这三个指数依据全国森林资源普查和中国林业统计年鉴上的数据进行计算（我国于 1973 年开始全国森林资源清查，但本次研究所需的完整统计数据仅能从第五、六、七、八次清查数据中获得，因此数据起始年份为 1994 年；由于第九次清查结果尚未完全公布，故 2014、2015、2016 三年度森林资源数据沿用第八次森林资源清查数据进行估算），量化后各指标具体数值如表 5–5 所示。

表 5–5　森林灾害风险通用指标的量化

Tab.5–5　Quantization for general risk index of forest disaster

地区	易损指数	规模指数	效率指数	地区	易损指数	规模指数	效率指数
北京	0.3075	1.4175	2.6339	湖北	0.4821	1.6108	1.1070
天津	0.3291	0.4420	1.4290	湖南	0.4382	2.2421	1.0843
河北	0.2937	1.0631	2.1444	广东	0.4738	2.5089	1.9301
山西	0.4568	0.7533	0.9010	广西	0.5141	2.4173	0.8795
内蒙古	0.7802	0.9302	0.1402	海南	0.6362	2.5486	1.2771
辽宁	0.5576	1.7902	1.1629	重庆	0.6253	1.5480	0.7467
吉林	1.6186	2.0119	0.7743	四川	1.4135	1.6028	0.5373
黑龙江	1.1238	2.1273	0.3466	贵州	0.5997	1.4918	0.4277
上海	0.2703	0.3591	23.2394	云南	1.2664	2.2403	0.3466
江苏	0.4389	0.5152	10.0591	西藏	2.6486	0.4984	0.0127
浙江	0.3928	2.8797	2.9500	陕西	0.6548	1.8300	0.4039
安徽	0.5207	1.3093	1.7649	甘肃	0.7507	0.4356	0.5388
福建	0.8869	3.2808	1.9548	青海	0.4470	0.1975	0.1098
江西	0.5037	2.9556	0.8281	宁夏	0.2331	0.3977	1.1497
山东	0.3158	0.7732	7.2366	新疆	0.9845	0.1604	0.5647
河南	0.5183	0.9187	2.3823				

（注：各地历年详细数据见附表）

5.2.3.2　森林火灾风险指标的量化

森林火灾损失指标 H1 下的四个二级指标，火灾次数 H11、火灾面积损失率 H12、火灾蓄积量损失率 H13、其他直接经济损失额 H14，以及森林火灾防灾能力指数 H6 均采用林业统计年鉴上森林火灾的相关统计数据直接或间接计算得出。受历史年份统计资料详细程度不一的限制，各指标数据年份有所不同，其中：火灾次数取 1953—2016 年平均值；火灾面积损失率取 1994—2016 年平均值；火灾蓄积损失率取 1998—2016 年平均值；其他经济损失额取 2000—2016 年平均值。

森林火灾危险指标 H2 下有五个二级指标：林地类型 H21、平均海拔 H22、平均气温 H23、平均相对湿度 H24 以及平均风力 H25。其中，林地类型 H21 稍显复杂，为了简化问题同时不影响结果的准确性，这里根据《全国森林资源清查》统计出森林面积占林业用地面积的比重作为该指标的值；各省区平均海拔 H22 数据不易获得，我们选用各省区省会城市海拔高度作为代替，具有一定的参考价值；平均气温 H23、平均相对湿度 H24 取自《中国统计年鉴（1999—2017）》；平均风力 H25 以中国气象科学数据共享服务网上《中国各省区市气候标准值》的记载为准。

表 5-6 列出了以上森林火灾风险的各指标量化结果。

表 5-6 森林火灾风险指标的量化

Tab.5-6 Quantization for risk index of forest fire

地区	H1 火灾损失指标				H2 火灾危险指标					
	火灾次数	火灾面积损失率	火灾蓄积量损失率	其他直接经济损失	林地类型	平均海拔	平均气温	平均相对湿度	平均风力	火灾防灾能力指数
	次	‰	‰	万元	%	m	℃	%	m/s	
北京	14.05	0.0392	0.0088	18.14	0.4768	43.1	13.25	52.72	2.5	0.0259
天津	3.56	0.0649	0.0061	9.23	0.6825	1.2	13.12	59.99	2.4	0.0147
河北	67.86	0.0298	0.0067	296.00	0.5720	80.5	14.38	57.14	1.1	0.0110
山西	72.18	0.2995	0.2745	1435.41	0.3165	777.9	11.06	55.44	2	0.0095
内蒙古	73.05	0.6555	0.0685	3217.73	0.5158	1063	7.83	48.01	1.9	0.0167
辽宁	125.61	0.0442	0.0038	93.44	0.7815	41.9	8.53	63.59	2.8	0.0159
吉林	123.79	0.0150	0.0036	226.19	0.8785	236.8	6.42	60.25	3.9	0.0157
黑龙江	136.32	1.8669	0.3330	7222.15	0.8734	171.7	5.23	63.96	3.6	0.0341
上海	0.11	0.0000	0.0000	20.60	0.8664	2.2	17.30	72.26	3.2	0.0059

续 表

地区	H1 火灾损失指标				H2 火灾危险指标					
	火灾次数	火灾面积损失率	火灾蓄积量损失率	其他直接经济损失	林地类型	平均海拔	平均气温	平均相对湿度	平均风力	火灾防灾能力指数
	次	‰	‰	万元	%	m	℃	%	m/s	
江苏	63.30	0.3130	0.0323	133.95	0.8353	8.4	16.46	71.68	2.5	0.0286
浙江	710.51	0.4518	0.4257	408.13	0.8664	42.6	17.58	72.43	2.3	0.0425
安徽	274.96	0.1117	0.0562	214.57	0.8164	28.7	16.69	74.13	2.4	0.0131
福建	1043.91	0.5354	0.2176	3206.60	0.8433	84	20.64	72.60	2.6	0.0430
江西	641.61	0.2635	0.1086	1020.44	0.9053	46.7	18.54	73.42	2.5	0.0239
山东	87.19	0.0592	0.0095	781.52	0.7431	51.6	14.80	57.10	3	0.0242
河南	231.70	0.1047	0.0064	226.41	0.6418	110.4	15.52	60.46	2.4	0.0078
湖北	533.14	0.1496	0.0716	791.02	0.7238	23.3	17.49	74.41	1.8	0.0123
湖南	1378.91	0.5125	0.3515	1728.85	0.7603	44.9	17.99	75.57	2.2	0.0222
广东	876.11	0.1811	0.0818	515.92	0.8126	6.3	22.45	74.82	1.7	0.0508
广西	1203.54	0.1865	0.1387	1109.46	0.7842	72.2	21.70	78.91	1.3	0.0087
海南	61.89	0.1248	0.0252	103.17	0.8470	13.8	24.63	81.10	2.4	0.0191
重庆	40.67	0.0755	0.0609	361.46	0.6441	259.1	18.84	77.29	1.3	0.0116
四川	733.53	0.0433	0.0241	1821.45	0.6589	505.9	16.64	77.45	0.8	0.0069
贵州	1152.25	0.3857	0.1719	920.10	0.6453	1071.2	14.79	78.73	2	0.0099
云南	1933.05	0.1093	0.0622	2489.64	0.6360	1891.4	16.12	67.85	2.1	0.0307
西藏	11.82	0.0090	0.0028	268.06	0.7587	3658	9.22	38.15	1.9	0.0211
陕西	257.25	0.0488	0.0068	87.74	0.5815	396.9	15.00	62.67	1.6	0.0066
甘肃	66.89	0.0155	0.0412	329.95	0.3832	1520	9.38	53.77	0.8	0.0104
青海	8.77	0.0289	0.0000	36.95	0.4436	2261.2	6.01	56.59	1.5	0.0083
宁夏	4.98	0.0145	0.0001	42.97	0.3388	1111.5	10.25	50.71	2	0.0099
新疆	26.98	0.0368	0.0044	381.04	0.6755	917.9	7.90	56.42	2.3	0.0091

（注：森林火灾各年度详细风险指标的量化值见附表 1）

5.2.3.3 森林病虫鼠害风险指标的量化

按照上述森林病害、虫害、鼠害风险的一般指标体系，我们分别计算三类灾害的指标量化值。森林病虫鼠害损失指标下有四个二级指标：发生面积、成灾面积以及分别表示相对大小的发生率、成灾率。其中森林病害和虫害的指标数据选自 1979—2016 年《中国林业统计年鉴》；森林鼠害的指标数据选自 1998—2016 年《中国林业统计年鉴》。

森林病虫鼠害防治率指标需分别计算三类灾害，得出三组数据。而森林病虫鼠害防灾能力指数为营林基建中病虫鼠害总投资额占营林基建总投资额的比重，三类灾害使用同一组数据，无须分别计算。需要说明的是，该防治指标为逆指标，即指标数值越大，表示防治能力越强，灾害风险就越小。病虫鼠害风险指标量化结果如表 5–7、5–8、5–9 所示。

表 5–7 森林病害风险指标的量化

Tab.5–7 Quantization for risk index of forest disease

地区	损失指标				防治率（%）	病虫鼠害防灾能力指数
	发生面积（公顷）	成灾面积（公顷）	发生率（%）	成灾率（%）		
北京	3431.27	280.14	0.5162	13.0419	90.96%	0.0117
天津	3056.45	655.09	3.8984	22.0387	93.56%	0.0320
河北	38800.82	5439.86	0.7212	24.5138	76.10%	0.0070
山西	21810.51	951.79	0.1381	23.7227	65.55%	0.0067
内蒙古	77824.62	39343.81	0.2972	45.6512	62.48%	0.0042
辽宁	72416.92	21166.03	0.8538	45.2639	77.88%	0.0115
吉林	60795.34	8105.26	0.3780	27.1731	92.41%	0.0062
黑龙江	79065.91	29008.68	0.2553	59.8557	77.81%	0.0053
上海	1132.58	211.51	5.1876	17.1817	86.43%	0.0137

续 表

地区	损失指标				防治率（%）	病虫鼠害防灾能力指数
	发生面积（公顷）	成灾面积（公顷）	发生率（%）	成灾率（%）		
江苏	14703.82	10334.38	1.9916	55.1585	77.32%	0.0190
浙江	29647.74	8425.10	0.4325	25.8274	85.24%	0.0367
安徽	56030.57	12788.17	1.3143	26.5921	76.62%	0.0208
福建	38715.75	5183.28	0.4001	17.4055	82.83%	0.0164
江西	37311.25	5959.23	0.4867	12.4796	57.69%	0.0107
山东	150920.08	23430.79	4.6581	20.7238	81.14%	0.0398
河南	126513.75	26385.35	2.9897	28.0940	83.70%	0.0045
湖北	48189.35	9469.18	0.4838	31.9310	67.88%	0.0049
湖南	43198.57	818.00	0.1721	9.8558	76.80%	0.0091
广东	31443.76	5427.82	0.2816	20.6567	95.24%	0.0204
广西	15384.00	9588.78	0.2196	36.7187	18.73%	0.0034
海南	2582.06	2459.47	0.2777	29.7601	43.86%	0.0123
重庆	9689.33	6870.98	0.5901	42.6163	75.26%	0.0124
四川	86767.41	28445.26	0.4722	38.9935	66.99%	0.0026
贵州	19047.44	3226.54	0.2611	25.4303	77.48%	0.0071
云南	37677.12	14721.39	0.2308	40.0266	84.00%	0.0046
西藏	26225.28	19175.79	0.2289	40.9275	35.14%	0.0078
陕西	39484.75	15105.93	0.4313	39.8370	55.78%	0.0023
甘肃	79893.68	27462.75	1.4262	46.7673	75.05%	0.0054
青海	23031.91	8794.08	0.8570	39.7386	40.14%	0.0068
宁夏	6047.70	3223.39	0.8193	91.9039	45.96%	0.0163
新疆	50437.71	22060.30	1.0116	31.5714	66.94%	0.0134

（注：森林病害各年度详细风险各指标的量化值见附表 2）

表 5-8 森林虫害风险指标的量化

Tab.5-8 Quantization for risk index of forest insect

地区	损失指标				防治率（%）	病虫鼠害防灾能力指数
	发生面积（公顷）	成灾面积（公顷）	发生率（%）	成灾率（%）		
北京	27918.52	4667.5263	6.03	18.42	95.69%	0.0117
天津	22474.04	7659.7895	35.97	30.88	96.12%	0.0320
河北	348529.43	120049.05	9.50	30.37	81.28%	0.0070
山西	227361.72	108590.74	6.28	37.69	50.45%	0.0067
内蒙古	604917.90	327751.68	2.80	54.98	56.47%	0.0042
辽宁	511515.80	217031.58	9.61	43.76	86.11%	0.0115
吉林	160947.74	85731.053	2.06	45.95	69.98%	0.0062
黑龙江	267068.55	164681.84	0.87	64.16	82.02%	0.0053
上海	4499.36	2798.7368	10.13	19.01	97.00%	0.0137
江苏	50758.94	16072.053	6.05	26.64	86.42%	0.0190
浙江	154918.43	19774.526	2.09	20.54	92.11%	0.0367
安徽	285656.53	90457.263	12.05	46.59	79.24%	0.0208
福建	157074.57	50957.579	2.35	25.26	66.64%	0.0164
江西	194419.58	66495.316	1.72	28.18	66.15%	0.0107
山东	444349.19	87992.316	14.69	18.37	86.12%	0.0398
河南	470398.36	123577.26	13.29	26.62	77.88%	0.0045
湖北	245585.98	93096.895	4.70	38.13	69.95%	0.0049
湖南	309151.32	83654.158	3.00	29.02	68.12%	0.0091
广东	457342.85	129181.21	2.83	35.87	29.94%	0.0204
广西	214395.77	55300.737	2.52	17.62	40.30%	0.0034
海南	15466.23	31323.737	0.54	40.52	65.16%	0.0123

续 表

地区	损失指标				防治率（%）	病虫鼠害防灾能力指数
	发生面积（公顷）	成灾面积（公顷）	发生率（%）	成灾率（%）		
重庆	79801.55	64056.737	6.70	37.03	78.48%	0.0124
四川	441965.82	231347.68	3.27	42.69	81.66%	0.0026
贵州	93530.04	43821.105	2.84	23.81	77.50%	0.0071
云南	219301.30	117379.16	1.87	47.53	84.31%	0.0046
西藏	30795.48	35574.158	1.05	43.10	64.17%	0.0078
陕西	247567.85	124114.95	3.44	42.11	62.94%	0.0023
甘肃	180088.28	56668.421	3.07	41.99	66.63%	0.0054
青海	82776.18	42690.105	2.64	42.13	46.51%	0.0068
宁夏	71071.37	35688.053	13.13	35.29	50.36%	0.0163
新疆	340423.93	158262.26	15.07	43.15	77.90%	0.0134

（注：森林虫害各年度详细风险各指标的量化值见附表 3）

表 5-9 森林鼠害风险指标的量化

Tab.5-9 Quantization for risk index of forest rat

地区	损失指标				防治率（%）	病虫鼠害防灾能力指数
	发生面积（公顷）	成灾面积（公顷）	发生率（%）	成灾率（%）		
北京	45.79	15.26	0.01	26.39	13.46	0.0117
天津	4.21	2.11	0.00	50.00	0.00	0.0320
河北	13003.79	6291.67	0.31	52.10	77.01	0.0070
山西	34617.82	11986.46	1.41	39.72	49.09	0.0067

续 表

地区	损失指标				防治率（%）	病虫鼠害防灾能力指数
	发生面积（公顷）	成灾面积（公顷）	发生率（%）	成灾率（%）		
内蒙古	221588.49	118932.47	0.93	59.77	60.47	0.0042
辽宁	5805.84	2110.93	0.11	36.40	77.35	0.0115
吉林	25987.56	6245.58	0.35	21.48	77.16	0.0062
黑龙江	216298.95	201107.52	1.15	91.99	100.00	0.0053
上海	0.00	0.00	0.00	0.00	0.00	0.0137
江苏	0.00	0.00	0.00	0.00	0.00	0.0190
浙江	6.84	0.00	0.00	0.00	97.20	0.0367
安徽	35.35	4.89	0.00	9.77	66.91	0.0208
福建	2.21	0.00	0.00	0.00	100.00	0.0164
江西	44.58	35.11	0.00	78.75	0.00	0.0107
山东	0.00	0.00	0.00	0.00	0.00	0.0398
河南	526.84	105.79	0.02	20.71	49.32	0.0045
湖北	5308.35	1451.49	0.09	26.97	48.15	0.0049
湖南	759.00	249.00	0.01	24.24	38.76	0.0091
广东	0.00	0.00	0.00	0.00	0.00	0.0204
广西	30.22	6.33	0.00	65.16	74.87	0.0034
海南	68.42	12.79	0.00	17.94	59.59	0.0123
重庆	44852.21	6905.91	1.50	21.81	66.62	0.0124
四川	34174.89	14638.47	0.21	43.84	73.81	0.0026
贵州	9948.54	2255.91	0.17	25.79	65.91	0.0071
云南	5900.79	2913.39	0.04	41.79	90.40	0.0046

续 表

地区	损失指标				防治率（%）	病虫鼠害防灾能力指数
	发生面积（公顷）	成灾面积（公顷）	发生率（%）	成灾率（%）		
西藏	27827.05	11498.72	0.19	48.66	27.06	0.0078
陕西	213357.47	47273.09	2.77	40.45	58.15	0.0023
甘肃	84117.95	35124.88	2.01	47.56	71.21	0.0054
青海	127593.00	54351.54	4.67	45.07	55.18	0.0068
宁夏	144568.95	55188.32	27.46	43.82	67.55	0.0163
新疆	361948.16	122903.22	5.30	50.74	54.50	0.0134

（注：森林鼠害各年度详细风险各指标的量化值见附表 4）

5.3 我国森林灾害风险区划的结果

5.3.1 分析方法

在根据风险指标进行风险区划的过程中，各指标的权重起着非常重要的作用，因为它关系到综合评估结果的可靠性和正确性。对于权重的确定，数学统计上提出如下几类不同的方法。

一是基于决策者直接给出属性的权重的主观赋权法。如德尔菲（Delphi）法、最小平方和法和特征向量法等。

二是基于决策矩阵信息的客观赋权法。如主成分分析和因子分析法、熵值法和多目标最优化方法、线性规划法等。

三是基于第一类和第二类的主客观集成赋权法。如层次分析法（AHP）、折中系数综合权重法、基于模糊判断矩阵的专家法等。

基于所构建的指标体系，综合考虑多种因素，这里采用因子分析法进行加权综合来进行森林火灾的风险评估。

5.3.1.1　因子分析

因子分析是由主成分分析发展推广出的一种多变量统计分析方法，主要研究变量间的相关性、样品间的相似性、两者成因联系、探索它们之间产生相关（相似）关系的内因。因子分析主要利用降维的思想，由研究原始变量相关矩阵内部的依赖关系出发，把一些具有错综复杂关系的变量归结为少数几个综合因子。随着计算机应用程序的高速发展，因子分析被广泛应用于心理学、医学、气象、地质、经济学等各个领域，相关的理论和方法更加丰富。

因子分析主要研究如何以最少的信息丢失，将众多原始变量浓缩成少数几个因子变量，以及如何使因子变量具有较强的可解释性的一种方法。其基本做法是将变量按照相关性大小分组，同组内的变量之间相关性较高，不同组的变量之间相关性较低。每组变量代表一个基本结构，这个基本结构称为公共因子。对于所研究的问题就可试图用最少个数的不可测的所谓公共因子的线性函数与特殊因子之和来描述原来观测的每一分量。因此，因子分析可在许多变量中找出隐藏的具有代表性的因子。将相同本质的变量归入一个因子，可减少变量的数目，还可检验变量间关系的假设。

5.3.1.2　聚类分析

在实践中，人们通常需要对某些指标进行分类，光凭以往的经验和理论分析常常不能精确地把握，因而需要将定性和定量分析结合起来进行。于是，数学工具被引进多元分析用以实现专业的分类。

聚类分析（Cluster Analysis）能将个体或对象分类，使得同一类中的对象之间的相似性比与其他类的对象的相似性更强，其目的就在于使类间对象的同质性最大化和类与类间对象的异质性最大化。常用的聚类方法有系统聚类法、模糊聚类法和 K- 均值法等。本文选择系统聚类法，采用 SPSS 25.0 软件默认的组间类平均法（Between-Groups Average Linkage），距离计算选择欧氏距离。

5.3.2 我国森林火灾的风险区划

首先使用 SPSS 25.0 软件对火灾风险指标值做标准化处理，这样做的目的是消除数据的量纲影响，然后进行因子分析。

（1）KMO 和 Bartlett's 球形检验。

KMO(Kaiser-Meyer-Olkin Measure of Sampling Adequacy) 检验是检测观测变量数据是否适用因子分析的一个基本检验，它通过比较观测变量之间简单相关系数和偏相关系数的大小，从而判断对观测变量进行因子分析的合理性，其取值范围为 0 到 1。当所有变量之间的偏相关系数的平方和远远小于简单相关系数的平方和时，KMO 值接近于 1，表明观测变量适合做因子分析；反之，KMO 值接近 0 时，表明观测变量不适合做因子分析。

Bartlett's 球形检验的原假设是总体变量不相关，即总体相关矩阵是单位矩阵，如果接受原假设，则表明因子分析可能不适合。

对森林火灾风险的 13 个指标进行检验得出表 5-10 所示的结果，KMO 和 Bartlett's 球形检验结果均表明适合对森林火灾风险指标进行因子分析，能够保证因子解释指标的大部分信息。

表 5-10 KMO and Bartlett's 球形检验

Tab.5-10 KMO and Bartlett's Test

Kaiser-Meyer-Olkin Measure of Sampling Adequacy		0.557654
Bartlett's Test of Sphericity	Approx. Chi-Square	267.169018
	df	78
	Sig	0.000000

（2）因子的确定和命名。

使用 SPSS 25.0 软件，当满足累计贡献率大于 85% 的条件时，采用方差最大正交旋转法对因子旋转后得到的载荷矩阵和方差贡献率如表 5–11 所示。

表 5–11　旋转后的因子载荷矩阵和方差贡献率

Tab.5–11　Factor loading matrix and variance contribution by varimax rotation

	Component					
	1	2	3	4	5	6
H11	0.7498	0.2661	–0.2135	0.2480	0.2444	–0.0720
H12	–0.0312	0.9460	0.2151	–0.0395	0.0506	–0.0561
H13	0.2741	0.7500	–0.0719	–0.1333	0.4052	–0.0302
H14	0.0266	0.9164	0.1192	0.1799	–0.0275	–0.1096
H21	0.4958	0.0805	0.7790	0.1007	0.1454	0.1181
H22	–0.3610	–0.0642	–0.4341	0.7687	0.0366	0.0274
H23	0.8590	–0.2070	0.0002	–0.2495	0.1570	0.0947
H24	0.8935	0.1042	0.1601	–0.2659	–0.1245	0.0563
H25	–0.2166	0.2214	0.8281	–0.0657	0.1461	0.1973
H3	–0.0098	0.0788	0.2042	0.9097	–0.0767	–0.2027
H4	0.6568	0.2802	0.3170	0.0212	0.3601	–0.4129
H5	0.0458	–0.1270	0.2584	–0.1680	–0.0551	0.9214
H6	0.1431	0.1297	0.1985	–0.0385	0.9283	–0.0579
方差贡献率（%）	32.229	20.096	14.711	10.103	7.330	5.449
累计贡献率（%）	32.229	52.325	67.036	77.139	84.470	89.918

因子载荷的统计意义就是一个变量与某个公共因子的相关系数，它反映了这个变量在该公共因子上的相对重要性。根据上表中的载荷矩阵，选出与各因子相关性高的变量加以分析归类，从而得出因子命名。

第一个因子在火灾次数 H11、平均气温 H23、平均相对湿度 H24、规模指数 H4 上载荷较高，这几个指标从气候、森林自然规模方面对森林火灾的发生造成影响，故命名为火灾发生因子。

第二个因子在火灾面积损失率 H12、火灾蓄积量损失率 H13、间接经济损失额 H14 等指标上有较大载荷，且该几项指标均从不同维度反映出火灾造成森林资源以及相关的经济损失严重程度，故命名为火灾损失因子。

第三个因子与林地类型 H21、平均风力 H25 高度相关，这两项分别代表了森林资源的密集程度与火势扩散的速度，影响到森林火灾损失的严重性，故命名为火灾致损因子。

第四个因子与易损指数 H4、平均海拔 H22 紧密联系，反映了森林资源因火灾受损的难易程度，故命名为火灾易损因子。

第五、第六个因子分别在效率指数 H5、火灾防灾能力指数 H6 上有较大载荷，故分别称作效率因子和防灾因子。

（3）各省区诸因子得分。

因子分析的数学模型是将变量即指标（X_i）表示为公共因子（Z_j）的线性组合，即

$$X_i = \alpha_{i1}Z_1+\alpha_{i2}+Z_2+\ldots+\alpha_{tp}Z_p\,,\ i=1,\ \ldots,\ m \tag{4-1}$$

如上所述，公共因子可以反映原始变量的相关关系，因此用公共因子代表原始变量可以更好地描述研究对象的特征。这时人们往往使用旋转因子，即反过来将公共因子表示为指标的线性组合，并称之为因子得分函数，即

$$Z_j = \beta_{j1}X_1+\beta_{j2}+X_2+\ldots+\beta_{jm}X_m\,,\ i=1,\ \ldots,\ p \tag{4-2}$$

上式被称为因子得分函数，我们用它来计算每个地区的公共因子得分。

运用统计分析软件 SPSS 25.0 进行运算，对各省区森林火灾风险指标的值进

行标准化，得出森林火灾风险各因子的得分系数矩阵，进一步通过与方差贡献率相乘计算得出各省区 6 个因子的得分以及综合得分。具体如表 5-12 所示。

表 5-12 各省区森林火灾保险的风险因子及综合值得分

Tab.5-12 Factor and comprehensive value score of each province in forest fire insurance

地区	Z1	Z2	Z3	Z4	Z5	Z6	Z
北京	−0.3679	−0.1432	−0.0045	−0.0968	0.0889	−0.0126	−0.5361
天津	−0.2545	−0.1335	0.0452	−0.0971	0.0166	−0.0113	−0.4347
河北	−0.0996	−0.1005	−0.1201	−0.0891	−0.0399	−0.0162	−0.4654
山西	−0.3383	0.2063	−0.2245	−0.0766	0.0032	0.0055	−0.4244
内蒙古	−0.4323	0.2462	−0.0778	0.0229	−0.0240	−0.0159	−0.2810
辽宁	−0.1854	−0.1290	0.1819	−0.0408	−0.0117	−0.0472	−0.2322
吉林	−0.2329	−0.1529	0.3996	0.1149	−0.0310	−0.0616	0.0360
黑龙江	−0.3414	0.8506	0.2423	0.0146	−0.0593	−0.0160	0.6907
上海	0.0883	−0.0768	0.1480	−0.0196	−0.0613	0.2501	0.3287
江苏	0.0180	−0.0472	0.0954	−0.0440	−0.0142	0.0955	0.1035
浙江	0.1744	0.1149	−0.0053	−0.0769	0.2396	0.0135	0.4603
安徽	0.1312	−0.0921	0.0937	−0.0530	−0.0421	−0.0167	0.0210
福建	0.3273	0.1710	0.0847	0.0251	0.1500	−0.0154	0.7427
江西	0.3044	−0.0225	0.1408	−0.0247	0.0098	−0.0429	0.3649
山东	−0.2600	−0.1091	0.1129	−0.0713	0.0656	0.0294	−0.2325
河南	−0.0889	−0.0921	0.0286	−0.0549	−0.0478	−0.0088	−0.2639
湖北	0.2250	−0.0307	−0.0215	−0.0503	−0.0401	−0.0159	0.0665

续 表

地区	Z1	Z2	Z3	Z4	Z5	Z6	Z
湖南	0.4115	0.2704	−0.0936	−0.0315	0.0112	0.0108	0.5789
广东	0.3770	−0.1210	−0.0051	−0.0270	0.1314	−0.0170	0.3383
广西	0.5901	0.0264	−0.0996	−0.0073	−0.0415	−0.0140	0.4541
海南	0.4137	−0.1622	0.1616	−0.0455	−0.0703	−0.0425	0.2549
重庆	0.2195	−0.0846	−0.0659	−0.0434	−0.0738	−0.0216	−0.0698
四川	0.4302	−0.0169	−0.0935	0.1142	−0.1055	−0.0275	0.3011
贵州	0.2943	0.1380	−0.1373	0.0367	−0.0380	0.0175	0.3111
云南	0.4108	0.0749	−0.1350	0.2275	0.0291	0.0158	0.6231
西藏	−0.3841	−0.1839	0.0099	0.3931	0.0716	0.0175	−0.0758
陕西	0.0263	−0.1195	−0.0435	−0.0205	−0.0460	−0.0438	−0.2469
甘肃	−0.2666	−0.0507	−0.2588	0.0447	−0.0268	−0.0046	−0.5627
青海	−0.4112	−0.0609	−0.2208	0.0093	−0.0102	0.0074	−0.6864
宁夏	−0.4472	−0.0806	−0.1734	−0.0695	0.0025	−0.0036	−0.7718
新疆	−0.3316	−0.0889	0.0354	0.0370	−0.0360	−0.0080	−0.3920

（4）聚类分析。

为了综合评价森林火灾在各省区的风险大小，这里采用聚类分析法进行风险区划。将森林灾害的风险等级分为五类：高风险区、较高风险区、中风险区、较低风险区和低风险区。依据上述 6 个因子的综合得分，使用 SPSS25.0 进行聚类分析，可以看出各省区森林火灾在五类风险等级内的分布情况。据此列出各省区森林火灾的风险等级分区（如表 5-13 所示）。

表 5-13　各省区森林火灾的风险等级分区

Tab.5-13　Zoning result of the forest fire risk rating for each province

风险等级	分值区间	省区
高风险区	[0.57，0.73]	福建、黑龙江、云南、湖南
较高风险区	[0.25，0.46]	浙江、广西、江西、广东、贵州、四川、海南
中风险区	[–0.076，0.104]	江苏、湖北、吉林、安徽、重庆、西藏
较低风险区	[–0.563，–0.233]	辽宁、山东、陕西、河南、内蒙古、新疆、山西、天津、河北、北京、甘肃
低风险区	[–0.772，–0.687]	青海、宁夏、上海

我国森林火灾的风险区划具有一定的地域完整性，所划分的区域具有连片的特点，大体与我国的森林资源分布相一致，符合风险区划的既定要求。

森林火灾风险最高的四个地区是福建、黑龙江、云南和湖南省，这是我国的四个林业大省。福建省的森林覆盖率位居全国第一，森林蓄积量和森林面积也均位于全国平均水平之上，丰富的森林资源也意味着较大的潜在森林灾害风险，福建省的火灾危险、火灾损失指标及森林易损指数都位居前列，虽然灾害的防治能力较强，但在巨大的森林火灾受灾面积的影响下，森林火灾的风险等级也相应提高；黑龙江省的森林面积为 1962.13 万公顷，全国排名第二，其森林覆盖率超过 40%，森林蓄积量位于全国第四，森林面积占林业用地面积比重为 89%，森林生态资源丰富，但同时火灾的受灾面积排名第一，占全国总受灾面积的 36%，是第二位内蒙古自治区受灾面积的两倍以上，因此该省在火灾损失因子上的得分高；云南省森林面积全国排名第三，蓄积量全国第二，累计火灾次数和成灾面积分列全国第一、第三位，火灾风险异常突出；相比福建、黑龙江和云南省，湖南省的森林面积、蓄积量、覆盖率等指标排名第十位左右，森林资源总量相对较低，但森林火灾共发生近 8 万次，仅次于云南省，居全国第二，湖南省综合得分排名全国第四，也属于火灾的高危险区。

森林火灾风险较高的省（区）主要有浙江、广西、江西、广东、贵州、四川、海南，全部地属我国南方林区。这里气候温暖，雨量充沛，植物生长条件良好，树木种类繁多，森林资源尤其是人工林资源丰富。但因天然林退化严重，人工林林种单一，抵御灾害的能力较弱，加上人类活动的影响，非生产性火源导致森林火灾频发，火灾危险性较高、森林易损性指数高。其中值得关注的是四川、海南和上海三个地区。四川省属于我国的三大林区之一的西南林区，西南林区是我国的第二大天然林区，林木蓄积量占全国的 1/4 以上。四川省、海南省与森林火灾发生、损失相关的因子均排名全国前列，故风险较高；上海市虽然在森林火灾发生次数、受灾面积等方面指标数值较小，但火灾防灾能力指数并不高，这一项数值影响到火灾风险评估的结果，导致上海被划至较高风险区。

森林火灾风险中等地区主要分布在我国的西藏自治区、中部地区和东北的吉林省。西藏自治区的森林面积为 1471.56 万公顷，居全国第四，森林蓄积量超过 22 万立方米，居全国第一，虽然森林覆盖率较低但天然林占比高，因此易损指数较高，再加之防灾能力指数低，导致综合风险水平居中；吉林省地处东北，森林面积和资源数量较周围省（区）少，火灾发生次数和受灾面积小，看似应属低风险区，然而森林面积占林地面积的比值高、蓄积量位于全国前列，因此致损因子居全国首位，拉升了整体风险水平。其他各中部省份情况类似，火灾风险综合得分为中等。

森林火灾风险较低的地区几乎涵盖了我国除吉林、黑龙江以外的所有省（区）。这一地区也是我国传统的少林地区，新疆和甘肃等地处西北，新疆的森林覆盖率全国倒数第一，甘肃也在倒数前五名之列，森林资源相对贫乏，再加上地广人稀，森林分布分散，火灾的危险性及损害程度大大降低。另外在北部及华北及东部少林地区，主要以防护林为主，有极少量的片林，因此火灾的各项指标得分值均较低，综合风险低。

森林火灾风险低的地区为上海、青海和宁夏。值得说明的是，根据指标风险区划的结果，上海市原本的综合分值落入较高风险区间，但考虑到长久以来几乎未发生过森林火灾的实际情况，将其置于较高风险区略有不妥，于是将上海市灵活调整到低风险区。青海、宁夏这两个省（区）森林面积占林业用地面积的比重极低，森林覆盖率低，森林蓄积少，相对而言，各项火灾因子的得分均不高，两者火灾发生因子的得分分别为倒数第三和倒数第一，致损因子分列倒数第三和倒数第四，由此可以看出其发生火灾的可能性很小。与此同时，两省的防灾因子得分接近全国平均值，故整体风险水平较低。

5.3.3 我国森林病害的风险区划

应用同样的方法，对森林病害风险指标值进行分析处理，具体步骤如下。

（1）KMO 和 Bartlett's 球形检验。

对森林病害风险 9 个指标进行检验，得出结果如表 5-14 所示，可看出，KMO 高于 0.5，Bartlett's 球形检验拒绝原假设，两项结果均表明适合对病害风险指标进行因子分析，能够保证因子解释指标的大部分信息。

表 5-14　KMO and Bartlett's 球形检验

Tab.5-14　KMO and Bartlett's Test

Kaiser-Meyer-Olkin Measure of Sampling Adequacy		0.529543
Bartlett' s Test of Sphericity	Approx. Chi-Square	131.642096
	df	36
	Sig	0.000000

（2）因子的确定和命名。

使用 SPSS 25.0 软件，当满足累计贡献率大于 80% 的条件时，采用方差最大正交旋转法对因子旋转后得到的载荷矩阵和方差贡献率如表 5-15 所示。

表 5–15 旋转后的因子载荷矩阵和方差贡献率

Tab.5–15 Factor loading matrix and variance contribution by varimax rotation

	Component			
	1	2	3	4
B11	0.9584	–0.0555	–0.0667	–0.0066
B12	0.8729	0.2691	0.2624	0.1124
B13	–0.7456	–0.4962	0.2092	0.2410
B14	0.0696	0.7858	–0.1631	0.3244
B2	0.0299	0.0830	0.1994	0.9001
B3	0.2860	0.7814	–0.0911	–0.1083
B4	–0.0619	0.1154	–0.8062	0.3457
B5	–0.1976	–0.1086	–0.8991	0.1079
B6	–0.0607	0.1618	–0.1506	0.8292
方差贡献率（%）	34.303	22.098	14.698	11.875
累计贡献率（%）	34.303	56.402	71.100	82.975

根据上表中的载荷矩阵，选出与各因子相关性高的变量加以分析归类，得出如下因子命名。

第一个因子为森林病害损失因子，它包括发生面积 B11、成灾面积 B12 以及表示相对大小的发生率 B13 共三个指标。根据指标设置原则，它们从不同角度共同组成了病害的损失变量，即已经发生了的损失情况。

第二个因子在成灾率 B14、易损指数 B3 上载荷较高。其中，成灾率 B14 表示森林病害中度、重度发生面积占总发生面积的比，反映了森林资源受灾的严重程度；易损指数反映了森林因受灾而导致严重损失的可能性，故该因子可以命名为森林灾害风险因子。

第三个因子为病害通用因子，它包括森林规模指数 B4 和森林效率指数 B5 两个载荷较大的通用指标。

第四个因子为病害防治因子，它在防治率 B2 和森林病虫鼠害防灾能力指数 B6 这两个指标上有较大载荷，且在现实意义上都代表病害的防治情况，因此将它命名为病害防治因子。

（3）各省区诸因子得分。

SPSS 25.0 的运算结果给出了各省区 9 项指标标准化后的值和各因子得分系数矩阵，据此进一步计算得出各省区森林病害 4 个因子的得分以及综合得分如表 5-16 所示。

表 5-16　各省区森林病害风险因子及综合值得分

Tab.5-16　Factor and comprehensive value score of each province in forest disease risk

地区	Z1	Z2	Z3	Z4	Z	地区	Z1	Z2	Z3	Z4	Z
北京	–0.408	–0.043	–0.179	–0.743	–0.408	湖北	–0.068	0.057	–0.007	0.072	–0.068
天津	–0.196	–0.692	0.096	–0.977	–0.196	湖南	–0.178	–0.014	–0.473	–0.613	–0.178
河北	–0.178	–0.050	0.014	–0.229	–0.178	广东	–0.126	–0.156	–0.458	–0.715	–0.126
山西	–0.336	0.018	0.046	–0.183	–0.336	广西	–0.250	0.061	0.019	0.246	–0.250
内蒙古	0.516	0.239	0.279	1.164	0.516	海南	–0.363	–0.031	–0.229	–0.340	–0.363
辽宁	0.267	–0.033	0.043	0.366	0.267	重庆	–0.268	0.028	0.154	–0.004	–0.268
吉林	0.088	0.524	–0.359	0.116	0.088	四川	0.473	0.503	–0.032	0.956	0.473
黑龙江	0.402	0.359	0.107	0.978	0.402	贵州	–0.287	0.110	–0.078	–0.217	–0.287
上海	–0.406	0.147	0.129	–1.752	–0.406	云南	0.013	0.461	–0.147	0.326	0.013
江苏	–0.225	–0.145	0.547	–0.075	–0.225	西藏	0.081	0.695	0.221	1.097	0.081
浙江	–0.046	–0.564	–0.481	–0.934	–0.046	陕西	–0.032	0.190	0.061	0.396	–0.032
安徽	0.126	–0.293	–0.084	–0.212	0.126	甘肃	0.403	0.171	0.374	0.910	0.403

续 表

地区	Z1	Z2	Z3	Z4	Z	地区	Z1	Z2	Z3	Z4	Z
福建	–0.067	0.022	–0.671	–0.662	–0.067	青海	–0.229	–0.167	0.439	0.299	–0.229
江西	–0.105	–0.059	–0.551	–0.526	–0.105	宁夏	–0.425	–0.336	0.984	0.636	–0.425
山东	0.947	–0.965	–0.068	–0.318	0.947	新疆	0.199	0.018	0.243	0.474	0.199
河南	0.679	–0.055	0.060	0.464	0.679						

（4）聚类分析。

依据上述 4 个因子得分，使用 SPSS25.0 进行聚类分析，可以看出各省区森林病害在五类风险等级内的分布情况，据此列出各省区森林病害风险等级分区，如表 5–17 所示。

表 5–17　各省区森林病害风险等级分区结果

Tab.5–17　Zoning result of the forest disease risk rating for each province

风险等级	分值区间	地区
高风险区	[0.9101，1.1635]	内蒙古、西藏、黑龙江、四川、甘肃
较高风险区	[0.2459，0.6361]	宁夏、新疆、河南、陕西、辽宁、云南、青海、广西
中风险区	[–0.3401，0.1161]	吉林、湖北、重庆、江苏、山西、安徽、贵州、河北、山东、海南
较低风险区	[–0.9768，–0.5258]	江西、湖南、福建、广东、北京、浙江、天津
低风险区	[–1.753，–0.9767]	上海

我国森林病害的总体情况并不乐观，按照风险等级分区的结果，全国出现了大面积的高风险、较高风险的病害区域。内蒙古、西藏、黑龙江、四川、甘肃形

成了一条自西南至东北的森林病害高风险分布带；新疆、青海、云南、广西、宁夏、山西、河南、辽宁零散分布在高风险分布带两侧；中风险区主要分布在中部、东部、华北地区，外加吉林省；东南部省（区）以及北京、天津属于较低风险区；仅上海为低风险区。

各地区的森林资源概况在分析森林火灾风险区划结果时已做过简要阐述，因此这里单就各地区森林病害的诸因子得分情况做一简要分析。高风险区域省份森林病害的成灾比例大，防治水平欠佳，四因子得分在全国省（区）中排名靠前，故总分位于第一梯队。其中，宁夏受发生面积和成灾面积大的影响，损失因子排名第二，但风险因子、通用因子方面分值较低，总体上看属于较高风险区；新疆的损失因子、风险因子和通用因子得分排名居中，但病害防治方面有所欠缺，导致防治因子得分不理想，综合风险较高；河南受中度、重度发生面积占比大的影响，风险因子得分极高，然而总发生面积极小，损失因子得分低，加之其通用因子和防治因子得分同样较少，故整体风险处于较高水平，其他省（区）四项因子得分均处于中等偏上，便不再赘述。我国森林病害的中风险区共有10个省（区），数量最多，除吉林外，其余全部保持地域上的连续性。江西、湖南、福建、广东、北京、浙江、天津7个省区，在病害防治率、病害防治投入方面具有优势，可以及时控制灾情，因此风险较低。

5.3.4 我国森林虫害的风险区划

对森林虫害风险指标值进行分析处理的步骤如下。

（1）KMO和Bartlett’s球形检验

对虫害风险9个指标进行检验，得出结果如表5–18所示，KMO和Bartlett’s球形检验结果均表明对虫害风险指标适合进行因子分析，能够保证因子解释指标的大部分信息。

表 5-18 KMO and Bartlett's 球形检验

Tab. 5-18 KMO and Bartlett's Test

Kaiser-Meyer-Olkin Measure of Sampling Adequacy		0.521262
Bartlett' s Test of Sphericity	Approx. Chi-Square	124.162976
	df	36
	Sig	0.000000

（2）因子的确定和命名。

使用 SPSS 25.0 软件，当满足累计贡献率大于 85% 的条件时，采用方差最大正交旋转法对因子旋转后得到的载荷矩阵和方差贡献率如表 5-19 所示。

表 5-19 旋转后的因子载荷矩阵和方差贡献率

Tab.5-19 Factor loading matrix and variance contribution by varimax rotation

	Component				
	1	2	3	4	5
C11	0.9642	-0.0633	-0.0001	0.0804	0.1075
C12	0.9316	0.2760	0.1422	-0.0141	0.0969
C13	-0.6995	-0.2179	0.0178	-0.5961	0.0191
C14	0.3746	0.7080	0.1682	-0.1644	0.3079
C2	0.0474	-0.2207	0.6283	0.0465	0.6611
C3	-0.0224	0.8698	0.1812	0.1857	0.0214
C4	0.0575	0.0167	0.0045	0.9486	0.1561
C5	-0.1821	-0.3057	0.0371	-0.1767	-0.8556
C6	0.1550	0.3931	0.7879	-0.0853	0.0390
方差贡献率（%）	35.734	18.468	13.754	10.753	9.590
累计贡献率（%）	35.734	54.202	67.956	78.710	88.300

和森林虫害指标体系结果类似，根据上表中的载荷矩阵，选出与各因子相关性高的变量加以分析归类，得出如下因子命名。

第一个因子为森林虫害发生因子，它包括发生面积 C11、成灾面积 C12 以及表示相对大小的发生率 C13 共三个指标。根据指标设置原则，它们从不同角度共同组成了虫害的损失变量，即已经发生了的损失情况。

第二个因子在成灾率 C14、易损指数 C3 上载荷较高。其中，成灾率 C14 表示森林虫害中度、重度发生面积占总发生面积的比，反映了森林资源遭受虫灾的严重程度；易损指数 C3 反映了森林因受虫灾而导致严重损失的可能性，故该因子可以命名为为森林虫害成灾因子。

第三个因子为病害防治因子，它在防治率 C2 和森林病虫鼠害防灾能力指数 C6 这两个指标上有较大载荷，且在现实意义上都代表虫害的防治情况，因此将它命名为虫害防治因子。

第四、第五个因子为虫害通用因子，分别在森林规模指数 C4 和森林效率指数 C5 两个通用指标上载荷较大。

（3）各省区诸因子得分。

SPSS 25.0 的运算结果给出了各省区 9 项指标标准化后的值和各因子得分系数矩阵，据此进一步计算得出各省区森林虫害 5 个因子的得分以及综合得分，如表 5-20 所示。

表 5-20　各省区森林虫害风险因子及综合值得分

Tab.5-20　Factor and comprehensive value score of each province in forest insect risk

地区	Z1	Z2	Z3	Z4	Z5	Z
北京	−0.3983	−0.1121	−0.1075	0.0454	−0.2738	−0.8463
天津	−0.3526	−0.0116	−1.1939	−0.6442	0.3404	−1.8618
河北	0.2706	−0.2033	0.0186	−0.1771	−0.1371	−0.2283
山西	0.0229	−0.2040	0.3485	−0.3243	0.2950	0.1381

续　表

地区	Z1	Z2	Z3	Z4	Z5	Z
内蒙古	0.9999	0.1046	0.3249	–0.2162	0.0620	1.2750
辽宁	0.7003	0.0729	–0.2561	0.0707	–0.1341	0.4537
吉林	–0.1819	0.6136	0.0732	0.2223	0.0273	0.7546
黑龙江	0.2355	0.6796	–0.0096	0.1585	–0.0488	1.0152
上海	–0.2728	–0.3571	0.3203	–0.3816	–1.4867	–2.1778
江苏	–0.3152	–0.1406	0.0247	–0.2048	–0.5457	–1.1817
浙江	–0.1995	–0.2703	–0.6355	0.8121	–0.1509	–0.4440
安徽	0.1202	0.0749	–0.3980	–0.1195	0.1499	–0.1725
福建	–0.2039	–0.0975	–0.0868	0.7294	0.0596	0.4008
江西	–0.0931	–0.1961	0.0722	0.5539	0.0923	0.4292
山东	0.3097	–0.4978	–0.7260	–0.0006	–0.1510	–1.0657
河南	0.3979	–0.2254	0.0055	–0.2376	–0.1151	–0.1747
湖北	0.0477	–0.0496	0.1881	–0.0407	0.0479	0.1934
湖南	0.0906	–0.2322	0.1176	0.2985	0.0305	0.3051
广东	0.3275	–0.5259	0.2111	0.3486	0.4671	0.8283
广西	–0.1625	–0.5068	0.5204	0.2578	0.2895	0.3984
海南	–0.3903	0.0707	0.0911	0.3778	0.1602	0.3095
重庆	–0.2386	0.1518	–0.0832	–0.0723	0.0580	–0.1844
四川	0.5325	0.5108	0.0504	0.1346	–0.2508	0.9775
贵州	–0.2924	–0.0432	0.1345	0.0639	–0.0336	–0.1707
云南	0.0247	0.5826	–0.0218	0.2706	–0.1225	0.7337
西藏	–0.5728	0.9136	0.1650	–0.1247	0.0993	0.4804
陕西	0.0964	0.0575	0.2795	0.0245	0.1180	0.5758
甘肃	–0.1802	0.1884	0.2715	–0.3273	0.1191	0.0715
青海	–0.2977	–0.2355	0.4939	–0.4708	0.4389	–0.0712
宁夏	–0.3133	–0.3323	0.0582	–0.5238	0.5060	–0.6052
新疆	0.2884	0.2204	–0.2510	–0.5029	0.0890	–0.1561

（4）聚类分析。

依据上述5个因子计算的综合得分，使用SPSS25.0进行聚类分析，可以看出各省区森林虫害在五类风险等级内的分布情况。据此列出各省区森林虫害风险等级分区，如表5-21所示。

表5-21 各省区森林虫害风险等级分区结果

Tab.5-21 Zoning result of the forest insect risk rating for each province

风险等级	分值区间	地区
高风险区	[0.7336，1.2751]	内蒙古、黑龙江、四川、广东、吉林、云南
较高风险区	[0.0715，0.5758]	陕西、西藏、辽宁、江西、福建、广西、海南、湖南、湖北、山西、甘肃
中风险区	[−0.6051，−0.0712]	青海、新疆、贵州、安徽、河南、重庆、河北、浙江、宁夏
较低风险区	[−1.1816，−0.8464]	北京、山东、江苏
低风险区	[−2.1779，−1.1815]	天津、上海

我国森林虫害的风险等级分区结果表明：全国大部分省份属于虫害风险的较高风险区和中风险地区，可见虫害的发生在我国具有普遍现象，确实成为我国森林生态安全的重要威胁之一。目前而言，有11个省（区）灾虫害防治方面取得了良好的效果，仅有青海、广西、广东3省防治率小于50%，因此，虫害除对个别省份造成较大危害外，大部分地区因防治及时、防治措施合理而取得了良好的治理效果，造成的森林损失大小总体处于可控范围之内。

森林虫害的高风险区有内蒙古、黑龙江、四川、广东、吉林和云南6个省（区），主要集中在东北、西南林区，这类地区的损失因子与风险因子得分高，故总体风险水平被划分至第一梯队。中高风险区包括陕西、西藏、辽宁、江西、福建、广西、海南、湖南、湖北、陕西、甘肃在内的11个省份，主要分布在我国中部、中南地区和西藏地区，这类省（区）虫害风险因子和损失因子得分并不高，但在虫害防治方面显现短板，故综合风险水平较高。青海、新疆、贵州、安徽、河南、重庆、河北、浙江、宁夏9省（区）属于中风险区，其中，河南、新疆、河北、安徽在虫害损失因子上得分高，但风险因子较低；浙江、重庆、贵州、青海、宁夏损失因子得分低，但通用因子得分高，总体上归为中风险区。北京、山东、江苏、天津、上海5个区域均属于低风险类区域，虫害发生面积小、成灾比例低，防治效果出色，尤以天津、上海风险最小。

近些年全球气候变化对我国各地产生了或轻或重的影响，高温、干旱的年份或季节，易发生虫害，成灾的面积也比较大；而降水丰富，湿度大的天气虫害发生也较少，因此我国森林虫害风险形成了较为明显的区域差异。

5.3.5 我国森林鼠害的风险区划

应用同样的方法，对森林鼠害风险指标值进行分析处理，步骤如下。

（1）KMO 和 Bartlett's 球形检验

对鼠害风险9个指标进行检验，得出结果如表5-22所示，可看出，KMO和Bartlett's球形检验结果均表明对鼠害风险指标进行因子分析是合理的，能够保证因子解释指标的大部分信息。

表5-22 KMO and Bartlett's 球形检验

Tab.5-22 KMO and Bartlett's Test

Kaiser-Meyer-Olkin Measure of Sampling Adequacy		0.561148
Bartlett's Test of Sphericity	Approx. Chi-Square	102.379593
	df	36
	Sig	0.000000

（2）因子的确定和命名。

使用 SPSS 25.0 软件，当满足累计贡献率大于 75% 的条件时，采用方差最大正交旋转法对因子旋转后得到的载荷矩阵和方差贡献率如表 5-23 所示。

表 5-23　旋转后的因子载荷矩阵和方差贡献率

Tab.5-23　Factor loading matrix and variance contribution by varimax rotation

	Component			
	1	2	3	4
S11	0.9173	0.1412	-0.0298	0.2157
S12	0.9607	0.1405	-0.0952	0.0508
S13	0.8788	-0.0432	-0.0754	0.2337
S14	0.4920	0.6050	-0.1853	0.1456
S2	-0.2062	-0.1847	0.7700	-0.0389
S3	0.1244	0.6062	-0.1861	-0.4480
S4	-0.2219	-0.1584	-0.4557	-0.7233
S5	-0.0987	-0.3087	-0.1697	0.7335
S6	0.0861	-0.1122	0.8800	0.0095
方差贡献率（%）	34.920	21.424	12.242	8.328
累计贡献率（%）	34.920	56.344	68.586	76.914

根据上表中的载荷矩阵，选出与各因子相关性高的变量加以分析归类，得出如下因子命名。

第一个因子为森林鼠害发生因子，它包括发生面积 S11、成灾面积 S12、发生率 S13 三个指标。根据指标设置原则，它们从不同角度共同组成了病害的损失变量，即已经发生了的损失情况。

第二个因子在成灾率 S14、易损指数 S3 上载荷较高。其中，成灾率 S14 表示森林虫害中度、重度发生面积占总发生面积的比，反映了森林资源遭受鼠害的严重程度；易损指数 S3 反映了森林因受鼠害而导致严重损失的可能性，故该因子可以命名为为森林鼠害损失因子。

第三个因子为鼠害防治因子，它在防治率 S2 和森林病虫鼠害防灾能力指数 S6 这两个指标上有较大载荷，且在现实意义上都代表鼠害的防治情况，因此将它命名为鼠害防治因子。

第四个因子为鼠害通用因子，分别在森林规模指数 S4 和森林效率指数 S5 两个通用指标上载荷较大。

（3）各省区诸因子得分。

SPSS 25.0 的运算结果给出了各省区 9 项指标标准化后的值和各因子得分系数矩阵，据此进一步计算得出各省区森林鼠害 3 个因子的得分以及综合得分，如表 5–24 所示。

表 5–24　各省区森林鼠害风险因子及综合值得分

Tab.5–24　Factor and comprehensive value score of each province in forest rat pest risk

地区	Z1	Z2	Z3	Z4	Z	地区	Z1	Z2	Z3	Z4	Z
北京	−0.212	0.255	0.004	0.043	0.090	湖北	−0.250	0.003	0.156	0.063	−0.028
天津	−0.042	0.323	−0.308	0.109	0.082	湖南	−0.233	−0.102	−0.024	−0.053	−0.413
河北	−0.156	−0.029	0.182	0.197	0.195	广东	−0.180	0.004	−0.405	−0.220	−0.801
山西	−0.135	0.106	0.212	0.210	0.394	广西	−0.220	−0.269	0.300	0.027	−0.162
内蒙古	0.709	0.051	0.165	−0.120	0.805	海南	−0.200	−0.278	−0.149	−0.166	−0.793
辽宁	−0.169	−0.226	0.004	0.009	−0.382	重庆	−0.100	−0.082	−0.011	0.068	−0.124
吉林	−0.151	−0.229	0.298	−0.300	−0.382	四川	−0.107	−0.126	0.479	−0.189	0.056
黑龙江	1.132	−0.337	0.105	−0.416	0.484	贵州	−0.219	−0.081	0.143	0.055	−0.102

续 表

地区	Z1	Z2	Z3	Z4	Z	地区	Z1	Z2	Z3	Z4	Z
上海	-0.036	1.201	-0.233	-0.282	0.649	云南	-0.195	-0.333	0.340	-0.186	-0.375
江苏	-0.122	0.672	-0.238	-0.111	0.202	西藏	-0.086	0.289	0.744	-0.335	0.612
浙江	-0.008	-0.583	-0.969	-0.244	-1.804	陕西	0.328	-0.096	0.120	0.021	0.373
安徽	-0.152	-0.124	-0.301	0.000	-0.578	甘肃	0.069	0.074	0.346	0.160	0.648
福建	-0.167	-0.624	-0.385	-0.322	-1.499	青海	0.196	0.117	0.106	0.431	0.850
江西	-0.164	-0.058	0.152	-0.130	-0.201	宁夏	0.125	-0.178	-0.159	1.581	1.369
山东	-0.007	0.350	-0.783	-0.088	-0.527	新疆	1.023	0.180	-0.082	0.081	1.202
河南	-0.270	0.130	0.192	0.108	0.160						

（4）聚类分析。

依据上述4个因子综合得分，使用SPSS 25.0进行聚类分析，可以看出各省区森林鼠害在五类风险等级内的分布情况，列出我国森林鼠害风险等级分区，如表5-25所示。

表5-25 各省区森林鼠害风险等级分区结果

Tab.5-25 Zoning result of the forest rat pest risk rating for each province

风险等级	分值区间	地区
高风险区	[1.0000，1.3691]	宁夏、新疆
较高风险区	[0.3730，0.8503]	青海、内蒙古、上海、甘肃、西藏、黑龙江、山西、陕西
中风险区	[-0.300，0.3000]	江苏、河北、河南、北京、天津、四川、湖北、贵州、重庆、广西、江西
较低风险区	[-1.000，-0.360]	云南、吉林、辽宁、湖南、山东、安徽、海南、广东
低风险区	[-1.500，　]	浙江、福建

我国森林鼠害的风险等级分区结果表明：我国森林鼠害的风险特点呈现从东南沿海向西北地区逐级递增的趋势。需要指出的是，由于中国林业统计年鉴中，北京、天津、上海、江苏、浙江、安徽、福建、江西、山东、广西、广东、海南或是缺少相应的统计资料或是无鼠害发生，导致各项参评指标数据不完善，所以本文中对这些省（区）更多依据鼠害发生对森林生态以及林业生产造成的影响程度进行风险区划，划分结果仅供参考，下面分析中也不对此类省（区）进行逐个阐述。

高风险、较高风险的省（区）形成了一条“西部——东北”相连的分布带，发生面积、成灾面积大、防治率较低，同时又是森林生态工程、防护林工程建设的重点区域，因此鼠害波及范围广、损失严重，总体风险高。中风险区与高风险区接连，分布在中部、中南、西南以及华北地区，包括河北、河南、四川、湖北、贵州、重庆、广西等省份。较低风险区和低风险区大致沿海岸线分布，包括云南、吉林、辽宁、湖南、山东、安徽、海南、广东、浙江、福建，这些省（区）极少发生森林鼠害，并且防治水平尤其以福建、浙江二省最为出色，因此这些地区鼠害风险是最低的。

综合来看，鼠害风险区划的结果并不如森林火灾、森林病害以及森林虫害理想。大体与森林鼠害的历年灾害统计数据缺失有很大关系，原始统计数据中每年至少有十个以上省市的记载为空白，必然与森林鼠害的损失认定工作的特殊性和各地对森林鼠害的重视程度有很大关系。损失统计数据的缺失将不利于对灾害风险大小进行全方面的评估，更不利于森林保险业务中以鼠害为承保责任范围的险种的市场研发和供给。

6 我国森林保险区域化发展的实施路径

6.1 区域性森林保险产品费率分区

6.1.1 森林保险费率的拟定方法

森林保险的意义在于为森林经营者分担森林灾害风险，提供损失补偿，对灾后林业生产的恢复起到保证和促进的作用。但由于森林具有分布地域广阔、林种树种复杂、经营管理粗放、生产周期长与可再生的特点，在产品设计、费率厘定方面具有一定的困难。其中根据森林灾害的发生规律估计灾害后森林的损失，从而合理地确定森林灾害保险费率是森林灾害保险的关键技术，也是一个研究热点和难点。

理论上，保险费率包括两个部分：纯费率和附加费率。

（1）纯费率。即依据一定时期风险损失平均值计算出来的部分费率（包括保额损失率和稳定系数）。保额损失率是以往若干年度平均保险金额损失的算术平均数。由于森林保险起步较晚，经营管理水平不高，缺乏完整、可靠的保险数据，并且森林保险在一个地区业务的开展往往缺乏连续性。所以，目前多是根据统计部门提供的损失数据来计算纯费率，并根据逐年积累的保险损失数据来进行修正。仅仅依此制定费率来测定未来年度的保险赔付金额，显然不够稳定，因此，通常在损失率的基础上附加一定的稳定系数。稳定系数是历年灾害损失率标准差与平均损失率的比值。它用来衡量期望值与实际结果的密切程度，即平均保额损失率对各省（区）实际保额损失率的代表程度。稳定系数越小，保险经营稳定性越高；反之，稳定系数越大，稳定性就越低。

此外，由于各省区森林灾害风险水平不同，需要在纯费率的基础上进行调整，调整的依据为上一章森林灾害的风险区划的结果，风险系数的大小与区域灾害风险等级有关。由此得出纯费率的计算公式为：

$$森林保险费率 = 风险系数 \times 灾害损失率 \times (1+稳定系数) \qquad (6\text{–}1)$$

（2）附加费率。即依据用于经营森林保险的成本费用计算出来的部分费率，它是以往若干年度业务费用的实际开支与纯保费的比值，即

$$附加费率=\frac{业务开支总和}{纯保费收入总额}\times 100\% \qquad (6\text{–}2)$$

结合上述计算方法及各地目前的森林保险实践，本文所确定的森林保险的保险费率 A 均按下列公式确定：

$$A = \lambda \cdot S_H \cdot (1+\alpha)+A_1 \qquad (6\text{–}3)$$

其中，λ 为风险系数，α 为稳定系数，S_H 为灾害损失率，它们共同作为森林保险的纯费率。A_1 为保险附加费率，为简便起见，参照习惯做法，可以直接定为纯费率的 20%。根据上一章的森林灾害的风险区划结果，这里假设低、较低、中、较高和高风险分区的风险系数 λ 分别为 1.0、1.1、1.2、1.3 和 1.4。[①] 稳定系数 α 为历年森林灾害损失率标准差与平均损失率的比值。确定后的风险系数 λ 矩阵和

① 梁来存学者在《我国粮食单产保险纯费率厘定的实证研究》一文中根据风险区划的结果，对粮食单产保险纯费率添加风险系数进行调整，所假设的低风险区的风险系数为 1.0，较高风险区为 1.4，高风险区为 1.8。考虑到森林灾害区域差异性显著的特点及森林保险的发展实际，本文将森林保险纯费率的风险系数定为 1.0、1.1、1.2、1.3、1.4，分别对应低、较低、中、较高、高风险区。

计算后的稳定系数 α 见附表 5。

由此可见，在保险附加费率 A_1 一定的情况下，关键在于怎样确定灾害损失率 S_H。对于不同类型的森林灾害，损失率的确定也是不一样的。本文主要参照福建省森林保险的灾害损失认定标准来确定损失率的大小（如表 6–1 所示）。

表 6–1　福建省森林保险灾害损失认定标准

Tab.6–1　Identification criteria of disaster loss for forest insurance in Fujian Province

灾害原因	损失标准(或损失状态)	理赔计算公式	备　注
森林火灾	因森林火灾或扑救森林火灾造成保险林木受害，其损失率按 100% 计算	每亩赔偿金额 = 每亩保险金额 × 损失率	森林火灾保险赔偿计算面积按受害面积计算
林业有害生物（病虫鼠害）	（1）林业有害生物导致保险林木灾害，林木受灾达到中度、重度（含重度）以上，其损失率分别按 5%、10% 计算，林木受害后必须清理的，其损失率按 100% 计算 （2）发生如松材线虫、松褐天牛等检疫性灾害，必须全林清理的，其损失率按 100% 计算		若灾害程度逐步加重，人保财险公司按最终损失程度高者赔偿，每亩赔偿金额以 500 元为限；在损失率未达到 100% 时，不扣除免赔面积

灾害损失率的估算需要考虑历史数据，目前多是根据统计部门提供的损失数据来计算纯费率，并根据逐年积累的保险损失数据来进行修正。这里采用指数平滑法（Exponential Smoothing）来求得未来预测值。指数平滑法是在移动平均法基础上发展起来的一种时间序列分析预测方法，它对过去的观测值进行加权平均进而预测下一期，该方法使得第 t+1 期的预测值等于第 t 期的实际观测值与第 t 期指数平滑值的加权平均值。

由于灾害损失的时间序列数据无明显的趋势变化，所以选用一次指数平滑法（Single Exponential Smoothing），它只有一个平滑系数，而且当观测值离预测时期越久远时，权数变得越小。一次指数平滑以一段时期的预测值与观测值的线性组合作为下一期的预测值，用公式表示为：

$$F_{t+1}=\beta \cdot Y_t+(1-\beta)\cdot F_t \tag{6-4}$$

其中 Y_t 为第 t 期的实际观测值，F_t 为第 t 期的预测值，β 为平滑系数，其取值范围为 $0<\beta<1$。

指数平滑法的预测精度，可以用均方误差（Mean Square Error, MSE）来衡量，该指标是通过平方消去误差的正负号后计算的平均误差，显然，其值越小，表示预测精度越高。用公式表示为：

$$MSE=\frac{\sum_t (F_t-Y_t)^2}{n} \tag{6-5}$$

从上面的介绍我们可以看出，使用指数平滑法预测的关键就是确定一个合适的平滑系数 β，从而使得预测精度最高，亦即误差最小。理论上讲，β 越接近 1，模型对时间序列变化的反应就越及时，因为它对当前的实际观测值赋予了更大的权重；反过来，β 越接近于 0，意味着对上期预测值赋予更大的权重，因此模型对时间序列变化的反应就越慢。

根据以上计算方法，这里使用计量软件 EViews 8 处理各类型灾害、各省（区）的损失率时间序列数据，分别使平滑系数 β 在 (0,1) 区间上遍历，然后由软件自动选出使得均方误差 MSE 最小的 β 值，同时计算出此时的损失率指数平滑预测值。

6.1.2 森林灾害保险费率的估算

6.1.2.1 森林灾害损失率的估算

参照福建省森林保险的损失赔偿认定标准，结合我国森林保险的发展现状及各地的试点实践，考虑到森林保险业务处于开展初期阶段，缺乏真实有效的森林火灾实际损失赔付统计数据，将因森林火灾或扑救森林火灾造成保险林木受害的，损失率定为 100%，即森林火灾的受灾面积全部按损失面积来计算。根据 1998—

2016 年《中国林业统计年鉴》中各省（区）年各年火灾受灾面积以及森林总面积，计算出各省（区）森林火灾的实际损失率的时间序列值，如表 6-2 所示。

表 6-2-1　各省（区）1998—2016 年森林火灾损失率

Tab.6-2-1　Loss ratio of forest fire in each province from 1998 to 2016

（单位：‰）

地区	1998	1999	2000	2001	2002	2003	2004	2005	2006	2007
北京	0.018	0.026	0.261	0.140	0.040	0.003	0.084	0.015	0.105	0.004
天津	0.012	0.011	0.011	0.452	0.031	0.009	0.014	0.021	0.378	0.000
河北	0.027	0.031	0.014	0.023	0.007	0.001	0.083	0.052	0.072	0.005
山西	0.224	1.017	0.401	0.007	0.066	0.004	0.205	0.523	0.773	0.403
内蒙古	0.475	0.020	0.470	0.020	0.737	5.964	0.161	0.182	2.546	0.128
辽宁	0.017	0.017	0.058	0.030	0.027	0.068	0.034	0.025	0.048	0.029
吉林	0.022	0.024	0.009	0.043	0.006	0.007	0.030	0.004	0.001	0.006
黑龙江	0.027	0.041	1.874	1.643	0.544	15.99	3.586	1.261	16.92	0.041
上海	0.000	0.000	0.000	0.000	0.000	0.000	0.000	0.000	0.000	0.000
江苏	0.141	0.115	0.233	0.072	0.168	0.145	0.141	0.361	0.025	0.005
浙江	0.271	0.376	0.960	0.271	0.448	0.949	1.855	1.188	0.354	0.268
安徽	0.075	0.053	0.213	0.040	0.069	0.045	0.291	0.325	0.048	0.077
福建	0.132	0.405	2.480	0.315	0.646	0.606	1.773	0.447	0.172	0.276
江西	0.190	0.350	0.492	0.232	0.218	0.688	1.306	0.475	0.110	0.211
山东	0.021	0.096	0.112	0.045	0.057	0.070	0.017	0.095	0.032	0.031
河南	0.014	0.185	0.218	0.011	0.024	0.006	0.045	0.151	0.126	0.253
湖北	0.151	0.577	0.480	0.170	0.108	0.115	0.280	0.295	0.163	0.193
湖南	0.291	0.259	0.197	0.189	0.398	1.056	1.672	1.364	0.526	0.844
广东	0.213	0.863	0.263	0.117	0.124	0.197	0.330	0.162	0.119	0.129
广西	0.662	0.435	0.172	0.077	0.174	0.489	0.399	0.197	0.107	0.182

续 表

地区	1998	1999	2000	2001	2002	2003	2004	2005	2006	2007
海南	0.216	0.112	0.126	0.116	0.188	0.263	0.079	0.308	0.049	0.153
重庆	0.275	0.068	0.246	0.103	0.101	0.182	0.054	0.047	0.232	0.045
四川	0.057	0.030	0.005	0.026	0.023	0.056	0.012	0.136	0.027	0.027
贵州	0.459	0.412	0.347	0.345	0.649	0.773	0.366	0.367	0.332	0.319
云南	0.032	0.671	0.019	0.146	0.044	0.139	0.069	0.129	0.157	0.099
西藏	0.021	0.023	0.003	0.015	0.006	0.006	0.002	0.001	0.004	0.009
陕西	0.094	0.092	0.267	0.003	0.011	0.019	0.013	0.035	0.006	0.027
甘肃	0.038	0.010	0.004	0.006	0.001	0.242	0.002	0.000	0.002	0.000
青海	0.006	0.003	0.000	0.003	0.004	0.002	0.039	0.025	0.028	0.013
宁夏	0.000	0.062	0.067	0.016	0.000	0.039	0.000	0.020	0.000	0.000
新疆	0.059	0.034	0.176	0.052	0.260	0.027	0.021	0.002	0.014	0.011

表 6-2-2 各省（区）1998—2016 年森林火灾损失率

Tab.6-2-2 Loss ratio of forest fire in each province from 1998 to 2016

（单位：‰）

地区	2008	2009	2010	2011	2012	2013	2014	2015	2016
北京	0.004	0.012	0.003	0.003	0.002	0.010	0.002	0.000	0.088
天津	0.000	0.018	0.054	0.081	0.054	0.278	0.018	0.000	0.054
河北	0.001	0.024	0.001	0.081	0.050	0.007	0.038	0.020	0.031
山西	0.127	0.225	0.058	1.203	0.034	0.149	0.058	0.061	0.014
内蒙古	0.103	0.150	0.344	0.044	0.026	0.012	0.138	0.131	0.059
辽宁	0.059	0.086	0.018	0.028	0.022	0.056	0.068	0.159	0.125
吉林	0.035	0.027	0.001	0.007	0.008	0.001	0.007	0.030	0.007
黑龙江	0.019	0.093	0.598	0.003	0.012	0.001	0.007	0.008	0.002
上海	0.000	0.000	0.000	0.000	0.000	0.000	0.000	0.000	0.000

续 表

地区	2008	2009	2010	2011	2012	2013	2014	2015	2016
江苏	0.020	0.003	0.002	0.032	0.001	0.009	0.003	0.000	0.001
浙江	0.691	0.263	0.060	0.348	0.151	0.211	0.131	0.050	0.043
安徽	0.374	0.082	0.103	0.067	0.023	0.042	0.070	0.001	0.020
福建	1.039	1.374	0.181	0.812	0.087	0.171	0.143	0.177	0.028
江西	0.712	0.329	0.073	0.143	0.041	0.075	0.158	0.033	0.019
山东	0.002	0.027	0.022	0.338	0.003	0.043	0.063	0.013	0.022
河南	0.246	0.226	0.141	0.248	0.053	0.172	0.093	0.001	0.019
湖北	0.277	0.104	0.083	0.095	0.033	0.030	0.026	0.004	0.016
湖南	1.875	0.999	0.484	0.356	0.460	0.279	0.191	0.028	0.031
广东	0.166	0.140	0.034	0.163	0.040	0.075	0.103	0.143	0.032
广西	0.113	0.089	0.119	0.066	0.058	0.044	0.092	0.132	0.081
海南	0.057	0.087	0.067	0.063	0.015	0.062	0.143	0.306	0.062
重庆	0.000	0.021	0.037	0.094	0.030	0.027	0.001	0.002	0.003
四川	0.023	0.151	0.073	0.032	0.048	0.048	0.045	0.018	0.013
贵州	0.797	0.567	1.393	0.139	0.077	0.063	0.075	0.093	0.006
云南	0.052	0.116	0.169	0.036	0.131	0.125	0.221	0.042	0.021
西藏	0.005	0.000	0.001	0.000	0.009	0.000	0.000	0.002	0.000
陕西	0.004	0.013	0.010	0.031	0.002	0.044	0.034	0.010	0.010
甘肃	0.001	0.000	0.007	0.005	0.002	0.002	0.007	0.002	0.020
青海	0.006	0.025	0.075	0.022	0.027	0.016	0.009	0.035	0.013
宁夏	0.000	0.000	0.057	0.015	0.006	0.011	0.006	0.015	0.019
新疆	0.019	0.010	0.006	0.021	0.002	0.002	0.012	0.017	0.001

根据森林保险灾害损失认定标准，因森林病、虫、鼠害导致保险投保林木受

灾，受灾达到中度、重度（含重度）以上，其损失率分别按 5%、10% 计算。其中林木受害后必须清理的，其损失率按 100% 计算；如发生松材线虫、松褐天牛等检疫性灾害，必须全林清理的，其损失率按 100% 计算。因后两者没有相应的统计数据，所以在计算森林灾害损失率时暂不考虑做区分。由相应年份的《中国林业统计年鉴》搜集各省（区）1998—2016 年各年病、虫、鼠害中度发生面积、重度发生面积以及森林总面积，可以计算相应的损失率，具体数值如表 6–3、6–4、6–5 所示。

表 6–3–1　各省（区）1998—2016 年森林病害损失率

Tab.6–3–1　Loss ratio of forest disease in each province from 1998 to 2016

（单位：‰）

地区	1998	1999	2000	2001	2002	2003	2004	2005	2006	2007
北京	0.022	0.015	0.160	0.053	0.055	0.574	0.011	0.000	0.000	0.000
天津	0.227	0.519	0.214	0.160	0.536	0.164	0.025	0.133	0.358	0.336
河北	0.210	0.096	0.182	0.072	0.099	0.270	0.041	0.066	0.159	0.067
山西	0.020	0.000	0.000	0.013	0.002	0.007	0.001	0.026	0.000	0.038
内蒙古	0.138	0.051	0.073	0.047	0.021	0.023	0.012	0.007	0.014	0.035
辽宁	0.171	0.142	0.290	0.186	0.210	0.245	0.116	0.129	0.358	0.298
吉林	0.045	0.045	0.036	0.125	0.046	0.031	0.035	0.381	0.204	0.095
黑龙江	0.119	0.107	0.095	0.087	0.086	0.079	0.073	0.062	0.066	0.107
上海	0.000	6.667	0.317	0.026	0.952	1.627	0.063	0.101	0.000	0.073
江苏	1.478	0.771	2.285	0.919	1.064	1.099	0.316	1.760	1.457	1.410
浙江	0.330	0.423	0.432	0.236	0.198	0.091	0.152	0.086	0.011	0.036
安徽	0.610	0.564	0.384	0.323	0.166	0.137	0.083	0.110	0.287	0.357
福建	0.196	0.014	0.199	0.058	0.062	0.012	0.017	0.016	0.013	0.034
江西	0.095	0.025	0.018	0.038	0.026	0.005	0.005	0.144	0.041	0.066
山东	0.948	2.082	0.676	0.986	0.834	1.250	0.835	0.895	0.707	0.692

续 表

地区	1998	1999	2000	2001	2002	2003	2004	2005	2006	2007
河南	2.083	1.813	0.763	0.799	0.545	0.498	0.390	0.329	0.416	0.440
湖北	0.097	0.630	0.127	0.219	0.076	0.090	0.046	0.033	0.014	0.049
湖南	0.000	0.002	0.001	0.001	0.000	0.002	0.000	0.006	0.014	0.004
广东	0.066	0.071	0.060	0.047	0.042	0.033	0.028	0.040	0.038	0.050
广西	0.031	0.022	0.019	0.020	0.025	0.115	0.097	0.070	0.045	0.049
海南	0.015	0.082	0.929	0.227	0.072	0.143	0.000	0.028	0.000	0.035
重庆	0.053	0.178	0.165	0.008	0.399	0.193	0.140	0.639	0.256	0.112
四川	0.170	0.065	0.083	0.119	0.174	0.121	0.117	0.202	0.207	0.155
贵州	0.034	0.035	0.068	0.132	0.098	0.066	0.046	0.042	0.030	0.022
云南	0.041	0.071	0.054	0.061	0.060	0.045	0.106	0.116	0.035	0.067
西藏	0.465	0.000	0.000	0.000	0.000	0.000	0.000	0.000	0.000	0.000
陕西	0.466	0.373	0.502	0.528	0.373	0.040	0.061	0.100	0.109	0.047
甘肃	0.373	0.878	1.076	0.168	0.411	0.147	0.328	0.236	0.974	0.640
青海	0.000	0.262	0.244	0.233	0.198	0.274	0.352	0.228	0.142	0.166
宁夏	4.720	0.000	0.000	0.040	0.000	0.099	0.016	0.271	0.000	0.039
新疆	0.202	0.067	0.050	0.022	0.039	0.019	0.031	0.015	0.166	0.066

表 6-3-2 各省（区）1998—2016 年森林病害损失率

Tab.6-3-2 Loss ratio of forest disease in each province from 1998 to 2016

（单位：‰）

地区	2008	2009	2010	2011	2012	2013	2014	2015	2016
北京	0.107	0.000	0.017	0.000	0.000	0.000	0.000	0.000	0.000
天津	0.068	1.015	0.490	0.589	0.597	0.672	0.380	0.292	0.453
河北	0.046	0.070	0.054	0.053	0.029	0.037	0.039	0.046	0.030
山西	0.018	0.008	0.201	0.003	0.011	0.024	0.044	0.008	0.006

续 表

地区	2008	2009	2010	2011	2012	2013	2014	2015	2016
内蒙古	0.024	0.010	0.010	0.045	0.401	0.373	0.355	0.371	0.239
辽宁	0.318	0.288	0.317	0.328	0.317	0.308	0.326	0.277	0.224
吉林	0.066	0.057	0.057	0.013	0.020	0.072	0.021	0.029	0.019
黑龙江	0.033	0.048	0.419	0.055	0.056	0.040	0.046	0.044	0.044
上海	0.084	0.018	0.020	0.004	0.010	0.083	0.014	0.010	0.059
江苏	1.474	0.892	0.799	0.000	0.005	0.204	0.278	0.209	0.180
浙江	0.031	0.029	0.025	0.030	0.012	0.013	0.011	0.009	0.027
安徽	0.199	0.255	0.183	0.169	0.148	0.074	0.176	0.077	0.110
福建	0.035	0.030	0.039	0.018	0.015	0.016	0.027	0.020	0.014
江西	0.048	0.061	0.047	0.029	0.025	0.020	0.015	0.029	0.026
山东	0.481	0.524	0.387	0.300	0.220	0.174	0.092	0.103	0.069
河南	0.524	0.333	0.078	0.351	0.327	0.331	0.291	0.289	0.279
湖北	0.182	0.034	0.064	0.098	0.026	0.040	0.220	0.047	0.100
湖南	0.000	0.010	0.001	0.017	0.006	0.004	0.007	0.013	0.022
广东	0.055	0.101	0.058	0.002	0.006	0.008	0.005	0.008	0.010
广西	0.041	0.040	0.054	0.041	0.042	0.061	0.050	0.039	0.067
海南	0.001	0.018	0.004	0.000	0.000	0.002	0.003	0.002	0.001
重庆	0.054	0.065	0.184	0.305	0.233	0.039	0.047	0.201	0.089
四川	0.158	0.122	0.053	0.106	0.092	0.089	0.071	0.064	0.069
贵州	0.027	0.026	0.019	0.011	0.050	0.032	0.009	0.019	0.015
云南	0.069	0.038	0.043	0.055	0.026	0.032	0.030	0.027	0.044
西藏	0.000	0.125	0.405	0.000	0.196	0.214	0.203	0.217	0.192
陕西	0.015	0.034	0.027	0.025	0.039	0.068	0.061	0.050	0.077
甘肃	0.206	0.098	0.103	0.253	0.319	0.341	0.469	0.427	0.465

续　表

地区	2008	2009	2010	2011	2012	2013	2014	2015	2016
青海	0.190	0.156	0.185	0.205	0.227	0.000	0.000	0.002	0.100
宁夏	0.189	0.000	0.000	1.338	0.000	0.935	0.579	1.095	0.027
新疆	1.485	0.427	0.235	0.179	0.445	0.261	0.201	0.197	0.203

表 6-4-1　各省（区）1998—2016 年森林虫害损失率

Tab.6-4-1　Loss ratio of forest insect in each province from 1998 to 2016

（单位：‰）

地区	1998	1999	2000	2001	2002	2003	2004	2005	2006	2007
北京	2.331	2.190	1.994	1.246	1.832	0.893	0.642	0.439	0.384	0.277
天津	4.621	3.342	4.390	5.920	3.935	6.795	6.173	5.072	3.934	6.824
河北	3.611	2.817	3.306	3.212	3.273	3.409	1.594	1.614	1.641	1.801
山西	4.561	3.870	10.05	5.575	5.337	6.464	4.479	3.294	2.503	2.411
内蒙古	1.562	0.811	0.769	0.955	1.383	1.616	1.073	0.768	1.128	0.957
辽宁	3.153	2.479	2.860	2.925	3.177	3.507	2.901	1.707	3.333	3.371
吉林	0.146	0.129	0.253	1.079	0.715	0.836	0.831	1.267	1.815	2.031
黑龙江	0.642	0.391	0.531	0.720	0.595	0.639	0.324	0.389	0.621	2.020
上海	0.344	11.06	3.042	23.04	11.42	3.667	1.219	1.073	1.116	0.621
江苏	1.881	0.767	1.614	2.868	2.325	1.102	0.675	1.193	1.178	1.602
浙江	0.253	0.211	0.344	0.243	0.201	0.164	0.180	0.124	0.046	0.045
安徽	3.232	3.479	3.681	2.052	1.987	1.556	1.248	1.122	1.278	1.535
福建	0.339	0.077	0.116	0.420	0.401	0.523	1.194	0.765	0.613	0.531
江西	0.164	0.562	0.428	0.412	0.293	0.440	0.459	0.883	0.551	0.595
山东	6.341	9.004	6.774	4.775	4.096	2.684	1.275	1.776	1.258	1.022
河南	10.39	8.589	7.276	5.028	4.837	3.764	1.848	1.340	1.654	2.002
湖北	1.411	1.628	1.365	1.840	2.321	1.289	0.842	0.571	0.887	1.475

续 表

地区	1998	1999	2000	2001	2002	2003	2004	2005	2006	2007
湖南	0.228	0.849	0.583	0.845	0.322	0.710	0.823	0.427	0.562	0.428
广东	0.989	1.733	3.122	1.797	1.693	2.020	2.184	1.520	1.114	0.900
广西	0.157	0.221	0.145	0.211	0.042	0.143	0.164	0.467	0.567	0.409
海南	0.579	0.309	1.736	0.320	0.091	0.397	0.674	5.140	0.340	0.293
重庆	4.590	2.671	3.469	0.992	0.858	1.831	0.879	1.208	1.441	1.413
四川	1.160	1.115	1.315	1.274	1.310	1.309	1.221	1.163	1.193	1.448
贵州	0.092	0.238	0.286	0.620	0.532	0.826	0.725	0.818	0.628	0.519
云南	0.445	0.704	0.784	0.687	0.590	0.663	0.648	0.746	0.583	0.563
西藏	0.000	0.000	0.000	0.000	0.001	0.000	0.000	0.000	0.000	0.034
陕西	2.370	2.780	2.290	2.770	2.379	1.176	1.034	1.110	0.999	0.818
甘肃	3.166	2.759	2.774	1.280	0.913	0.893	0.811	0.853	0.875	0.510
青海	14.88	1.364	1.275	1.312	1.523	1.490	1.059	0.514	0.991	0.636
宁夏	9.880	3.552	6.360	3.709	7.350	5.028	5.191	2.255	2.936	3.622
新疆	2.685	1.306	1.345	0.997	1.300	1.462	1.251	1.076	1.501	1.279

表 6-4-2 各省（区）1998—2016 年森林虫害损失率

Tab.6-4-2 Loss ratio of forest insect in each province from 1998 to 2016

（单位：‰）

地区	2008	2009	2010	2011	2012	2013	2014	2015	2016
北京	0.535	0.229	0.417	0.025	0.003	0.002	0.005	0.024	0.008
天津	3.923	3.991	2.544	2.486	2.996	2.501	3.005	1.900	3.018
河北	1.842	2.114	2.109	1.645	1.525	1.297	1.227	0.922	0.729
山西	2.051	1.196	0.628	0.663	0.616	0.579	0.431	0.438	0.505
内蒙古	1.011	0.895	1.192	0.875	0.863	0.662	0.830	1.038	0.860

续 表

地区	2008	2009	2010	2011	2012	2013	2014	2015	2016
辽宁	3.870	3.257	3.277	2.949	2.717	2.556	2.440	1.974	1.049
吉林	1.311	0.988	0.739	0.912	0.819	0.666	0.493	0.317	0.509
黑龙江	0.786	0.357	0.273	0.266	0.302	0.548	0.280	0.268	0.242
上海	0.788	1.207	0.587	0.129	0.365	0.122	0.206	0.120	0.250
江苏	0.957	0.631	0.718	0.000	0.023	1.472	0.500	0.299	0.254
浙江	0.050	0.067	0.057	0.047	0.041	0.076	0.053	0.042	0.096
安徽	1.154	1.190	1.341	1.479	1.460	1.651	1.032	1.203	0.668
福建	0.478	0.357	0.355	0.463	0.273	0.358	0.282	0.359	0.249
江西	1.051	0.573	0.558	0.443	0.268	0.194	0.194	0.186	0.118
山东	1.693	2.393	1.358	1.332	0.629	0.238	0.510	0.414	0.414
河南	1.410	1.371	0.000	1.162	1.296	1.351	1.239	1.058	0.991
湖北	1.006	0.801	0.612	0.644	0.812	0.500	0.503	0.618	1.370
湖南	0.352	1.109	0.522	0.547	0.150	0.313	0.409	0.418	0.387
广东	0.712	0.534	0.499	0.217	0.289	0.145	0.188	0.143	0.152
广西	0.393	0.274	0.264	0.196	0.176	0.227	0.210	0.275	0.280
海南	0.300	0.111	0.212	0.034	0.047	0.032	0.035	0.060	0.051
重庆	1.544	1.345	1.668	0.965	0.694	0.797	0.684	0.659	0.610
四川	0.955	1.013	0.824	0.742	0.822	0.882	0.853	0.809	0.685
贵州	0.346	0.359	0.296	0.277	0.152	0.275	0.160	0.159	0.195
云南	0.516	0.472	0.472	0.335	0.301	0.338	0.229	0.352	0.284
西藏	0.034	0.271	0.517	0.000	0.384	0.392	0.386	0.400	0.387
陕西	0.565	0.632	0.681	0.491	0.527	0.632	0.714	0.636	0.687
甘肃	0.807	0.641	0.781	0.500	0.758	0.288	0.408	0.442	0.302
青海	0.645	0.644	0.619	0.587	0.486	0.281	0.218	0.417	0.425

续　表

地区	2008	2009	2010	2011	2012	2013	2014	2015	2016
宁夏	3.578	3.049	2.527	4.318	3.775	2.888	2.828	3.188	1.873
新疆	2.844	1.990	1.271	1.309	2.472	1.925	2.423	2.292	2.363

表 6-5-1　各省（区）1998—2016 年森林鼠害损失率

Tab.6-5-1　Loss ratio of forest rat in each province from 1998 to 2016

（单位：‰）

地区	1998	1999	2000	2001	2002	2003	2004	2005	2006	2007
北京	0.000	0.001	0.029	0.009	0.000	0.000	0.000	0.000	0.000	0.000
天津	0.000	0.000	0.021	0.000	0.000	0.000	0.000	0.000	0.000	0.000
河北	0.045	0.077	0.154	0.045	0.043	0.093	0.041	0.034	0.048	0.074
山西	0.839	0.717	0.652	0.372	0.164	0.255	0.078	0.316	0.739	0.424
内蒙古	0.140	0.076	0.233	0.504	0.446	0.356	0.412	0.114	0.640	0.496
辽宁	0.069	0.035	0.050	0.019	0.007	0.037	0.064	0.048	0.046	0.017
吉林	0.002	0.008	0.201	0.432	0.013	0.113	0.007	0.018	0.032	0.025
黑龙江	0.748	0.822	0.765	0.967	0.951	1.984	0.911	0.935	0.519	0.544
上海	0.000	0.000	0.000	0.000	0.000	0.000	0.000	0.000	0.000	0.000
江苏	0.000	0.000	0.000	0.000	0.000	0.000	0.000	0.000	0.000	0.000
浙江	0.000	0.000	0.000	0.000	0.000	0.000	0.000	0.000	0.000	0.000
安徽	0.000	0.000	0.000	0.000	0.000	0.003	0.000	0.000	0.000	0.000
福建	0.000	0.000	0.000	0.000	0.000	0.000	0.000	0.000	0.000	0.000
江西	0.000	0.000	0.000	0.000	0.000	0.000	0.000	0.003	0.000	0.000
山东	0.000	0.000	0.000	0.000	0.000	0.000	0.000	0.000	0.000	0.000
河南	0.000	0.012	0.012	0.012	0.000	0.000	0.000	0.000	0.000	0.000
湖北	0.078	0.050	0.043	0.043	0.060	0.000	0.006	0.008	0.017	0.004
湖南	0.000	0.000	0.000	0.002	0.000	0.000	0.000	0.016	0.004	0.002

续 表

地区	1998	1999	2000	2001	2002	2003	2004	2005	2006	2007
广东	0.000	0.000	0.000	0.000	0.000	0.000	0.000	0.000	0.000	0.000
广西	0.000	0.000	0.000	0.000	0.000	0.000	0.000	0.000	0.000	0.000
海南	0.000	0.000	0.004	0.000	0.001	0.006	0.000	0.000	0.000	0.000
重庆	0.000	0.000	0.000	0.013	0.000	0.870	0.242	0.139	0.581	0.448
四川	0.034	0.086	0.071	0.082	0.034	0.236	0.057	0.047	0.058	0.044
贵州	0.004	0.000	0.001	0.007	0.008	0.095	0.041	0.132	0.090	0.073
云南	0.026	0.032	0.053	0.008	0.010	0.052	0.004	0.004	0.004	0.002
西藏	0.000	0.000	0.000	0.000	0.000	0.000	0.000	0.000	0.000	0.003
陕西	0.270	0.413	0.517	0.656	0.472	0.577	0.892	0.937	0.651	0.640
甘肃	1.953	1.212	1.322	0.661	0.729	2.209	0.529	0.457	0.434	0.450
青海	8.627	0.947	1.039	1.001	1.092	2.263	0.898	1.161	1.153	1.147
宁夏	3.982	4.129	4.128	1.774	7.755	21.97	12.69	10.05	9.393	6.704
新疆	0.134	0.161	0.123	0.101	0.481	0.845	0.572	0.397	0.282	4.204

表 6-5-2 各省（区）1998—2016 年森林鼠害损失率

Tab.6-5-2 Loss ratio of forest rat in each province from 1998 to 2016

（单位：‰）

地区	2008	2009	2010	2011	2012	2013	2014	2015	2016
北京	0.000	0.000	0.000	0.000	0.000	0.000	0.000	0.000	0.000
天津	0.000	0.000	0.000	0.000	0.000	0.000	0.000	0.000	0.000
河北	0.084	0.037	0.106	0.040	0.064	0.226	0.320	0.302	0.197
山西	0.274	0.163	0.246	0.353	0.347	0.315	0.269	0.277	0.141
内蒙古	0.446	0.489	0.375	0.369	0.337	0.301	0.284	0.320	0.289
辽宁	0.009	0.003	0.005	0.049	0.007	0.014	0.013	0.024	0.025

续 表

地区	2008	2009	2010	2011	2012	2013	2014	2015	2016
吉林	0.008	0.024	0.021	0.073	0.037	0.022	0.025	0.021	0.019
黑龙江	0.450	0.294	0.676	0.612	0.728	0.717	0.719	0.656	0.301
上海	0.000	0.000	0.000	0.000	0.000	0.000	0.000	0.000	0.000
江苏	0.000	0.000	0.000	0.000	0.000	0.000	0.000	0.000	0.000
浙江	0.000	0.000	0.000	0.000	0.000	0.000	0.000	0.000	0.000
安徽	0.000	0.000	0.000	0.000	0.000	0.000	0.000	0.000	0.000
福建	0.000	0.000	0.000	0.000	0.000	0.000	0.000	0.000	0.000
江西	0.000	0.000	0.000	0.000	0.000	0.000	0.000	0.000	0.000
山东	0.000	0.000	0.000	0.000	0.000	0.000	0.000	0.000	0.000
河南	0.000	0.000	0.000	0.000	0.000	0.000	0.000	0.000	0.000
湖北	0.000	0.008	0.009	0.000	0.000	0.003	0.001	0.003	0.007
湖南	0.001	0.000	0.001	0.000	0.000	0.000	0.000	0.000	0.000
广东	0.000	0.000	0.000	0.000	0.000	0.000	0.000	0.000	0.000
广西	0.000	0.000	0.000	0.000	0.000	0.000	0.000	0.000	0.000
海南	0.000	0.000	0.000	0.000	0.000	0.000	0.000	0.000	0.000
重庆	0.317	0.134	0.063	0.049	0.051	0.079	0.056	0.037	0.038
四川	0.042	0.045	0.052	0.072	0.076	0.072	0.070	0.087	0.058
贵州	0.026	0.024	0.008	0.004	0.005	0.000	0.000	0.000	0.003
云南	0.001	0.001	0.010	0.010	0.001	0.002	0.005	0.009	0.008
西藏	0.003	0.079	0.225	0.000	0.110	0.140	0.146	0.095	0.149
陕西	0.391	0.355	0.319	0.324	0.303	0.267	0.250	0.218	0.171
甘肃	0.529	0.532	0.449	0.272	0.224	0.215	0.254	0.303	0.232
青海	1.298	1.062	1.523	0.291	1.274	1.287	1.127	1.346	0.786
宁夏	5.011	7.194	6.361	3.678	4.324	5.924	4.972	5.058	3.498
新疆	2.383	2.201	2.585	1.945	2.844	3.431	1.651	1.340	0.640

根据以上各损失率数据分别对1998—2016年各省（区）森林火灾、病害、虫害、鼠害的指数平滑预测值进行计算，同时给出使得均方误差最小时其平滑系数值β以及最小均方误差*MSE*供参考，如表6–6所示。

表6–6　各省（区）各类型灾害损失率指数平滑预测值

Tab.6–6　Each type predictive value of forest calamity loss ratio by exponential smoothing in each province

（单位：‰）

地区	火灾			病害			虫害			鼠害		
	F	β	*MSE*	*F*	β	*MSE*	*F*	β	*MSE*	*F*	β	*MSE*
北京	0.029	0.164	0.084	0.057	0.056	0.340	0.010	0.802	3.367	0.001	0.114	0.001
天津	0.094	0.001	0.330	0.445	0.184	1.132	2.708	0.434	29.90	0.002	0.001	0.000
河北	0.032	0.001	0.013	0.045	0.246	0.073	0.783	0.792	5.415	0.197	0.999	0.084
山西	0.361	0.001	2.345	0.017	0.030	0.039	0.493	0.554	53.17	0.144	0.979	0.737
内蒙古	0.672	0.060	39.17	0.247	0.934	0.166	0.960	0.120	1.323	0.342	0.001	0.373
辽宁	0.124	0.630	0.021	0.276	0.336	0.090	1.373	0.700	6.794	0.021	0.210	0.008
吉林	0.015	0.001	0.003	0.072	0.080	0.150	0.509	0.999	2.811	0.054	0.076	0.200
黑龙江	1.953	0.092	513.4	0.088	0.001	0.128	0.505	0.094	3.145	0.511	0.442	2.259
上海	0.000	0.000	0.000	0.289	0.114	44.67	0.330	0.312	573.9	0.000	0.000	0.000
江苏	0.006	0.344	0.143	0.226	0.406	5.868	0.458	0.328	8.657	0.000	0.000	0.000
浙江	0.006	0.344	0.143	0.027	0.999	0.092	0.084	0.770	0.050	0.000	0.000	0.000
安徽	0.123	0.001	0.221	0.109	0.974	0.259	0.675	0.987	5.316	0.000	0.001	0.000
福建	0.723	0.001	8.071	0.023	0.214	0.055	0.269	0.798	0.935	0.000	0.000	0.000
江西	0.104	0.272	1.814	0.046	0.001	0.021	0.159	0.542	0.860	0.000	0.001	0.000
山东	0.058	0.001	0.101	0.125	0.400	2.423	0.414	0.999	29.79	0.000	0.000	0.000
河南	0.038	0.522	0.162	0.281	0.850	3.058	0.995	0.942	51.50	0.000	0.796	0.000

续 表

地区	火灾			病害			虫害			鼠害		
	F	*β*	*MSE*	*F*	*β*	*MSE*	*F*	*β*	*MSE*	*F*	*β*	*MSE*
湖北	0.030	0.356	0.341	0.138	0.001	0.358	1.369	0.999	3.362	0.005	0.524	0.006
湖南	0.031	0.999	4.101	0.012	0.288	0.001	0.577	0.001	1.137	0.002	0.021	0.000
广东	0.105	0.198	0.580	0.010	0.999	0.008	0.156	0.626	5.287	0.000	0.000	0.000
广西	0.094	0.324	0.444	0.065	0.902	0.012	0.280	0.942	0.215	0.000	0.003	0.000
海南	0.130	0.084	0.151	0.025	0.162	0.842	0.504	0.086	27.04	0.000	0.094	0.000
重庆	0.021	0.268	0.115	0.209	0.007	0.437	0.688	0.438	15.74	0.206	0.022	1.078
四川	0.040	0.001	0.028	0.070	0.550	0.035	0.734	0.648	0.395	0.075	0.001	0.035
贵州	0.158	0.280	2.126	0.015	0.999	0.011	0.189	0.840	0.544	0.002	0.702	0.022
云南	0.150	0.001	0.383	0.038	0.280	0.011	0.298	0.614	0.200	0.007	0.262	0.004
西藏	0.001	0.324	0.001	0.165	0.196	0.417	0.380	0.450	0.372	0.125	0.378	0.064
陕西	0.022	0.178	0.069	0.077	0.999	0.213	0.687	0.999	2.804	0.173	0.968	0.458
甘肃	0.030	0.001	0.057	0.409	0.094	1.601	0.314	0.912	5.988	0.281	0.318	4.604
青海	0.022	0.164	0.006	0.069	0.372	0.173	0.397	0.442	3.548	1.519	0.062	58.18
宁夏	0.020	0.001	0.009	0.518	0.001	22.04	2.923	0.254	61.26	3.907	0.740	375.3
新疆	0.012	0.234	0.077	0.257	0.144	2.144	2.121	0.242	6.493	1.189	0.524	21.24

上表中，各类灾害的指数平滑值 *F* 即各类灾害的损失率预测值，我们可以根据均方误差 *MSE* 的大小来比较它们的预测精度。*MSE* 越小，表示误差越小，从而预测精度越高。

首先是森林火灾损失率。在各省（区）中，有 20 个省（区）森林火灾损失率的指数平滑预测值低于 0.1‰，7 个省（区）处于 0.1‰ ~0.2‰之间，福建、内蒙古、山西处于 0.3‰ ~1‰之间，黑龙江省需要特别关注，其指数平滑值 *F* 即损失率预测值最高，为 1.953‰，且均方误差 *MSE* 极大，表明该省份具有火灾频繁、损失数据波动大、极端值多的特点，预测值可能与未来实际情况产生较大偏差；其余大部分省（区）的预测数值基本上与森林火灾风险区划结果保持一致，个别省（区）仅从损失率预测值来看与风险水平并不吻合，因此还需要利用稳定系数进行调整。

其次是森林病害损失率。森林病害损失率指数平滑预测值基本上在0.5‰以下，仅有宁夏回族自治区超过0.5‰。除了宁夏、甘肃的灾害损失率预测均方误差 *MSE* 较高以外，其余省（区）的 *MSE* 都不大，在合理范围内，因此可以认为该项风险预测精度较高，预测效果较好。从预测值 *F* 上来看，病害损失率较大的几个省区分别是宁夏、天津、甘肃、上海、河南、辽宁、新疆、内蒙古、江苏、西藏等。

虫害损失率预测值 *F* 较大的省区有宁夏、天津、新疆、辽宁、湖北、河南、内蒙古、河北、四川，均高于0.5‰，尤其是宁夏、天津和新疆，损失率预测值超过2‰。另外，森林虫害损失率指数平滑预测的均方误差整体偏大，预测效果并不如森林火灾和森林病害稳健，也体现出虫害损失波动的普遍性。

最后是森林鼠害，宁夏回族自治区以3.9‰的高损失率预测值排名第一，其 *MSE* 高达375，体现出该地鼠害损失的严重性。青海、新疆位列第二、第三，损失率预测值分别为1.519‰和1.189‰，*MSE* 同样较高，因此也是鼠害发生的重点区域。黑龙江、内蒙古、甘肃、重庆、河北、陕西、山西、西藏大多处于0.1‰~0.5‰之间。其余地区或很少发生鼠害或限于数据的不完善，因此预测值极小。

6.1.2.2 森林灾害保险费率的计算

以上我们使用指数平滑法，分别从森林火灾和病、虫、鼠害四个角度，对相应损失率进行了预测估计，这样可以得到各省（区）各类型灾害的损失率一般值，亦即 S_H。根据前面的森林保险费率计算公式6-3，首先可以分别求得各省（区）各类型灾害的纯费率，即 $\lambda \cdot S_H \cdot (1+\alpha)$，然后计算出各省区各类型灾害的保险费率 *A*，结果如表6-7所示。

表 6–7 各省（区）各类型森林灾害保险费率估算结果

Tab.6–7 Estimating result for premium rate of each forest calamity in each province

（单位：‰）

地区	损失率S_H				纯费率				保险费率A			
	火灾	病害	虫害	鼠害	火灾	病害	虫害	鼠害	火灾	病害	虫害	鼠害
北京	0.03	0.06	0.01	0.00	0.08	0.22	0.02	0.01	0.10	0.26	0.03	0.01
天津	0.09	0.45	2.71	0.00	0.28	0.80	3.70	0.01	0.34	0.97	4.44	0.02
河北	0.03	0.05	0.78	0.20	0.07	0.10	1.35	0.44	0.08	0.12	1.61	0.52
山西	0.36	0.02	0.49	0.14	0.88	0.06	1.22	0.30	1.05	0.07	1.46	0.36
内蒙古	0.67	0.25	0.96	0.34	2.44	0.78	1.69	0.63	2.93	0.93	2.03	0.75
辽宁	0.12	0.28	1.37	0.02	0.24	0.47	2.21	0.04	0.29	0.56	2.66	0.05
吉林	0.02	0.07	0.51	0.05	0.03	0.19	1.15	0.16	0.04	0.23	1.38	0.20
黑龙江	1.95	0.09	0.51	0.51	8.94	0.24	1.23	0.98	10.73	0.29	1.48	1.18
上海	0.00	0.29	0.33	0.00	0.00	1.12	0.94	0.00	0.00	1.35	1.13	0.00
江苏	0.01	0.23	0.46	0.00	0.02	0.48	0.87	0.00	0.02	0.57	1.04	0.00
浙江	0.01	0.03	0.08	0.00	0.02	0.07	0.18	0.00	0.02	0.08	0.21	0.00
安徽	0.12	0.11	0.68	0.00	0.30	0.22	1.21	0.00	0.36	0.26	1.46	0.00
福建	0.72	0.02	0.27	0.00	2.13	0.06	0.55	0.00	2.56	0.07	0.66	0.00
江西	0.10	0.05	0.16	0.00	0.28	0.09	0.32	0.00	0.33	0.11	0.39	0.00
山东	0.06	0.13	0.41	0.00	0.15	0.26	0.91	0.00	0.17	0.32	1.09	0.00
河南	0.04	0.28	1.00	0.00	0.08	0.69	2.36	0.00	0.09	0.83	2.84	0.00
湖北	0.03	0.14	1.37	0.01	0.07	0.37	2.62	0.01	0.08	0.44	3.15	0.02
湖南	0.03	0.01	0.58	0.00	0.08	0.03	1.10	0.01	0.10	0.03	1.32	0.01
广东	0.11	0.01	0.16	0.00	0.27	0.02	0.40	0.00	0.33	0.02	0.48	0.00
广西	0.09	0.07	0.28	0.00	0.23	0.13	0.55	0.00	0.28	0.15	0.66	0.00

续 表

地区	损失率S_H				纯费率				保险费率A			
	火灾	病害	虫害	鼠害	火灾	病害	虫害	鼠害	火灾	病害	虫害	鼠害
海南	0.13	0.03	0.50	0.00	0.28	0.11	2.01	0.00	0.34	0.13	2.42	0.00
重庆	0.02	0.21	0.69	0.21	0.05	0.47	1.41	0.60	0.06	0.56	1.69	0.72
四川	0.04	0.07	0.73	0.08	0.10	0.14	1.25	0.15	0.12	0.17	1.50	0.18
贵州	0.16	0.02	0.19	0.00	0.38	0.03	0.36	0.01	0.45	0.04	0.43	0.01
云南	0.15	0.04	0.30	0.01	0.45	0.07	0.56	0.02	0.54	0.09	0.67	0.02
西藏	0.00	0.17	0.38	0.13	0.00	0.55	1.15	0.40	0.00	0.66	1.38	0.48
陕西	0.02	0.08	0.69	0.17	0.06	0.22	1.49	0.33	0.08	0.26	1.79	0.40
甘肃	0.03	0.41	0.31	0.28	0.13	0.97	0.75	0.68	0.16	1.16	0.90	0.81
青海	0.02	0.07	0.40	1.52	0.04	0.15	1.48	4.22	0.05	0.17	1.78	5.07
宁夏	0.02	0.52	2.92	3.91	0.05	2.19	5.19	9.12	0.05	2.62	6.23	10.9
新疆	0.01	0.26	2.12	1.19	0.04	0.82	3.42	3.18	0.04	0.98	4.10	3.81

按照上述方法所估算出的森林保险的费率与现行的各地区试点中所采用的费率有较大的差异（见附表 6）。其中大部分省（区）的森林保险费率估算值低于现行费率，主要原因可能在于本文对费率估算的假设是各省（区）按森林面积全部参保，即参保比例为 100%，但实际情况并非假设的理想状态，因此就将森林灾害造成的损失摊薄，造成灾害损失率的低估。而实践中各保险公司所执行的费率是基于历史承保的标的森林面积上所发生灾害损失的大小，赔付的多少而定的，两者之间在计算上有所不同。但却反映出随着森林保险参保比例的增加，保险的费率也将大幅降低这一基本事实，因此随着各地区森林保险试点中采取的公益林全部由政府投保，商品林自愿投保、政府补贴的做法的实施，森林保险的参保范围进一步扩大，森林保险的费率也会随之降低，从而能更好地激起林农投保的积极性。

6.2　区域性森林保险产品的开发与设计

6.2.1　区域性森林保险产品险种的选择

结合上面计算的费率情况以及第 4 章的风险区划结果，可以看出，我国各区域的自然条件和风险程度差别显著，使得同一险种在不同地区的保险费率差别很大，因此我国森林保险的产品供给不能实行统一的费率。森林火灾保险费率中黑龙江以 10.73‰高居榜首，远远超过其他省份；内蒙古、福建、山西 3 省（区）在 1‰~3‰之间，上海为 0，其余的省市均在 1‰以下，地区风险差异所导致的保险费率差异显著。相比较而言，森林病害的保险费率普遍较低，差异不是很大，最高的宁夏回族自治区为 2.62‰，加之上海、甘肃两省份的病害费率在 1‰以上，共有 3 个省（区）费率水平高于 1‰，其余各省均介于 0~1‰之间。森林虫害保险费率与前两者相比，总体较高，相对差异也较大，宁夏回族自治区依然最高，为 6.23‰，其次是天津（4.44‰）、新疆（4.10‰）、湖北（3.15‰），河南、辽宁、海南、内蒙古介于 2‰~3‰之间，陕西、青海、重庆、河北等 14 省（区）介于 1‰~2‰，其余省（区）均小于 1‰。至于鼠害的费率水平，宁夏回族自治区仍居榜首，达到了 10.95‰，青海紧随其后，为 5.07‰，新疆与黑龙江分别为 3.81‰和 1.18‰，其余各省（区）均小于 1‰，这其中有近一半的省（区）费率为 0，这主要是与森林鼠害灾害损失数据的大量缺失有关，从另一个角度也说明了因鼠害所造成的森林灾害损失因波及范围广、勘察定损难度大使得相关的灾害统计难以进行。可以看出，近年来森林病虫鼠害的高风险、高费率地区的数量明显高于森林火灾，这一新的风险特点值得有关部门密切关注。

从以上的分析中大体可以看出各省区应当开展的主险和附加险情况，简单说来，就是风险大、费率高的险种确定为主险，风险小、费率低的可确定为附加险。也就是在保险产品的设计上，要结合本区域内的风险大小、特点，建立与区域森林保险需求和区域森林保险供给能力相适应的差异化的产品结构体系，体现区域森林保险发展的差异化。具体实施过程中有以下三个原则需要遵循。

一是各区域都应重点拓展本区域内的保障型产品，即政策性森林保险应以风险大、费率高的险种为主要保障对象，其他的风险较小、费率较低的保险需求可交由商业保险来提供和满足。

二是政策性森林保险产品中既应体现风险差异，即确立“一级政策性森林保险”产品和“二级政策性森林保险”产品，并在保障水平上体现出各自的差异；又要体现政策性业务性质与当前的各项林业政策相适应，如有利于优化产业结构、适合当地生产力发展水平，有利于建立风险管理制度，有利于政府实行救灾补贴等。

三是可以采取“组合策略”进行森林保险业务的拓展，以扩大承保范围，更好地分散风险。可根据森林灾害风险区划的结果，在不同风险等级地区之间开展森林保险业务，通过风险程度的组合达到降低森林保险承保风险的目的；可根据不同的森林灾害类型进行保险产品种类的组合，从而降低单一、局部范围内爆发大规模森林灾害而形成巨灾损失的风险；此外，在同一地区由几家财产保险公司共同经营森林保险业务，也可有效降低森林巨灾损失发生对单一保险公司的影响。

6.2.2 区域性森林保险产品保障范围的选择

按照保险责任的范围区分，可将财产保险概括分为基本险和综合险（一切险），保险责任越宽，承保风险越大，保险费率越高。从当前我国森林保险试点的情况来看，多数地区在选择承保责任范围时都选择了综合险。而根据国内外财产保险经营的经验和惯例，新业务开展初期一般都主要承保单项责任，或在单项的基础上以附加险的形式扩展一定范围的其他责任。等业务经营初具规模相对稳定后，保险基金有初步积累后，再逐步开展综合险或一切险业务。

森林保险虽然在我国的开办的时间不短了，但一直处于断断续续的状态，各地所积累的统计数据及实践经验尚浅，保险精算技术尚不完善，在试点阶段就全面铺开综合险的承保条件还不成熟。如森林病虫害的发生率远高于火灾，这也意味着开展病虫害保险应大幅度提高保险费率。这与当前政策性森林保险的“低保费、保成本”的目标相冲突。另外，森林保险责任的选择还要有利于出险后的查勘定损。只有在确定实际损失大小的基础上，才能更好地履行森林保险合同，让林农进一步增强森林保险的投保意识，同时也有利于保险公司森林保险费率的调整和风险的控制。此外，如果一种风险在某一地区已形成多发、必然性的灾害，那将不符合可保风险的内涵，因此更加有效的处理措施应该是防灾减灾，而不是保险。

6.3 区域性森林保险补贴体系的完善

林业生产具有很强的公益性、社会性和系统性，因此，支持森林保险应该是全社会的责任。政府掌握和控制大量的公共财政资源，当然是履行这一责任的义务人。但是如何界定中央和地方政府的责任范围成为问题的关键。在目前“一级政府，一级预算”的体制下，地方长期大量财政支持森林保险发展的动力和能力能否持续，这是一个值得期待和关注的问题。特别是林业大省，给国家和全社会做出的贡献较大，挤出的正外部效应最多，让这些地区的地方财政补贴森林保险最多，有失公平。因此必须要实行森林保险补贴的区域差异化，妥善处理公平和效率的矛盾，才能有助于森林保险机制的良好运行。

6.3.1 森林保险补贴需求差异的区域分析

区域森林灾害风险程度越高，灾害损失后果越严重，森林保险的费率也就越高，林农的保费负担也越重，因而对森林保险保费补贴的需求也就越强烈。客观上需要实施差异化的森林保险保费补贴措施，也就是根据各区域森林保险费率的不同和灾害情况的不同来确定具体的标准。森林保险保费的补贴与费率成正比关系，风险大、费率高、需要补贴的力度就越大。为进一步讨论政策性森林保险补贴的操作实施，需要将各省（区）按补贴指标进行分区。分区的实质是把相似性较大的省（区）聚合成一类，把相似性最小或差异性最大的省（市）区别出来，这正是数理统计学中聚类分析所研究解决的问题。这个方法在前面进行森林保险的风险区划中已经使用过，这里不再重复介绍。

6.3.2 森林保险补贴需求差异的模拟分区

在使用聚类分析进行区域划分之前，合理选定分类分区的指标因素（判别因素）是必要的，指标的选择是否得当，关系到属性衡量的是否科学以及区域划分的合理与否。如果因素选择不当，分析结果就可能出现偏差乃至错误，因此，在选择指标时要注意以下几个方面：

（1）所选指标因素在中央及地方财政补贴比重选择上起着决定性作用或指导性作用，即最能体现地区差异的主导因素；

（2）所选择的指标因素在空间上（即各省、区范围内）有明显差异，因而对森林保险补贴分异有较强的分辨力和代表性；

（3）该项指标因素可以方便地进行观测、统计，即具有较为可靠的可处理的数据；

（4）由于影响该问题的因素是多方面的，所选择的指标应该是多个，但在实际指标选择过程当中，我们应该尽量保证所选取的每个指标具有较高的概括性，而各指标间又不重复，即不重不漏。

6.3.2.1 森林保险补贴需求分区的指标选择

（1）各地区森林保险纯费率。

区域保险费率充分考虑了地区风险的差异性和森林灾害的损失程度，能够比较公平地反映林农的保费负担和保险公司的风险责任。所以保费的补贴标准应该由区域森林保险费率中的纯费率来决定。只有根据这样的费率区分才能制定出有差别的补贴标准，这个标准应当与纯费率的高低成正比关系，纯费率越高，补贴力度相对越高，纯费率越低，补贴的力度相对较低。这样才能在一定程度上减少投保人的逆向选择行为，从而避免政府补贴资金运作效率的损失。

（2）各地区的财政支付能力。

从提高资金运用效率角度来看，中央制定保费补贴标准应该考虑到各地区的财政支付能力，这里用各省（区）财政支出总额占全国财政支出总额的比例来表示。对地方财政支付能力相对较弱的地区，应适当提高中央财政的补贴率。

（3）各地区林农的保费负担水平。

该项指标用人均森林保险保费支出占人均经营净收入的比重来表示，比重越高，表明林农的负担越重，需要财政补贴的力度越大。其中，人均森林保险保费按如下公式计算（假设森林保险保额为全国平均保额的近似值，即 600 元 / 亩）：

$$人均森林保险保费=\frac{森林保险保额 \times 各省森林保险费率 \times 各省森林面积}{从事农林牧渔业总人口数}$$

（4）区域保险业的发展水平。

政策性森林保险业务由符合一般农险经营资质的财产保险公司承担，因此区域保险业尤其是财险业的发展水平很大程度上影响森林保险业务开展的难度和效果。故选用各省（区）年度财产保险保费收入占各省（区）GDP 的比重衡量区域保险业的发展水平。财产保险保费收入占 GDP 的比重越高，说明该地区财险业发展对经济发展的贡献度越大，则可适当降低中央财政的补贴率。

6.3.2.2 森林保险补贴需求分区的指标量化

根据《2017 中国统计年鉴》《2017 中国林业统计年鉴》和《2017 中国森林保险发展报告》，我们获得了相应指标的原始数据，并且根据上文所介绍的计算方法整理得到各省区各补贴指标的量化值（如表 6–8 所示）。

表 6–8 各省（区）森林保险补贴指标的量化

Tab.6–8 Quantization of subsidy index for forest insurance in each province

地区	纯费率	财政支付能力	林农保费负担水平	保险发展水平
	‰	%	%	%
北京	0.3295	3.9312	0.1502	1.4385
天津	4.8003	1.8913	0.1256	0.7132
河北	1.9441	3.8134	0.1414	1.3786
山西	2.4564	2.1656	0.3452	1.3344
内蒙古	5.5346	2.6074	3.4978	0.8977
辽宁	2.9571	2.7918	0.3988	0.9968
吉林	1.5384	2.1477	0.2822	0.9016
黑龙江	11.3937	2.6752	4.9504	0.9678
上海	2.0647	4.3509	0.2032	1.3187
江苏	1.3625	6.1229	0.0473	0.9477
浙江	0.2577	4.3409	0.0411	1.2049
安徽	1.7320	3.5754	0.0937	1.2815
福建	2.7387	2.7205	0.5517	0.7328
江西	0.6888	2.9536	0.1624	0.9928
山东	1.3178	5.3367	0.0247	0.7649
河南	3.1319	4.7412	0.0856	0.9215
湖北	3.0705	3.9383	0.4128	0.8058

续　表

地区	纯费率	财政支付能力	林农保费负担水平	保险发展水平
	‰	%	%	%
湖南	1.2191	4.0910	0.1581	0.8654
广东	0.6911	8.6718	0.1054	0.8753
广西	0.9052	2.8321	0.1398	0.9046
海南	2.4056	0.8327	0.3480	1.1744
重庆	2.5250	2.5000	0.2953	0.9314
四川	1.6333	5.0075	0.3057	1.3882
贵州	0.7780	2.6544	0.1444	1.3004
云南	1.0930	3.2933	0.2322	1.5176
西藏	2.0997	0.9696	5.7664	1.2072
陕西	2.1071	2.7861	0.6801	0.9865
甘肃	2.5215	1.9066	0.5352	1.3973
青海	5.8894	0.8821	5.8336	1.1522
宁夏	16.5439	0.7932	1.8339	1.4546
新疆	7.4534	2.6755	1.6771	1.5872

6.3.2.3　森林保险补贴需求分区的聚类分析及结果

针对上述四个补贴指标，我们使用统计分析软件 SPSS 25.0 对 31 个省（区）进行聚类分析。依然先通过因子分析，计算出各因子得分以及总分后，选用系统聚类法（Hierarchical Cluster）对因子分析的结果聚类。聚类方法采用软件默认的组间类平均法（Between-Groups Average Linkage），距离计算选择欧氏距离。其中，财政支付能力和保险发展水平两个逆指标数据在标准化之前进行正向化处理。聚类分析的树状图分析结果如图 6-1 所示。

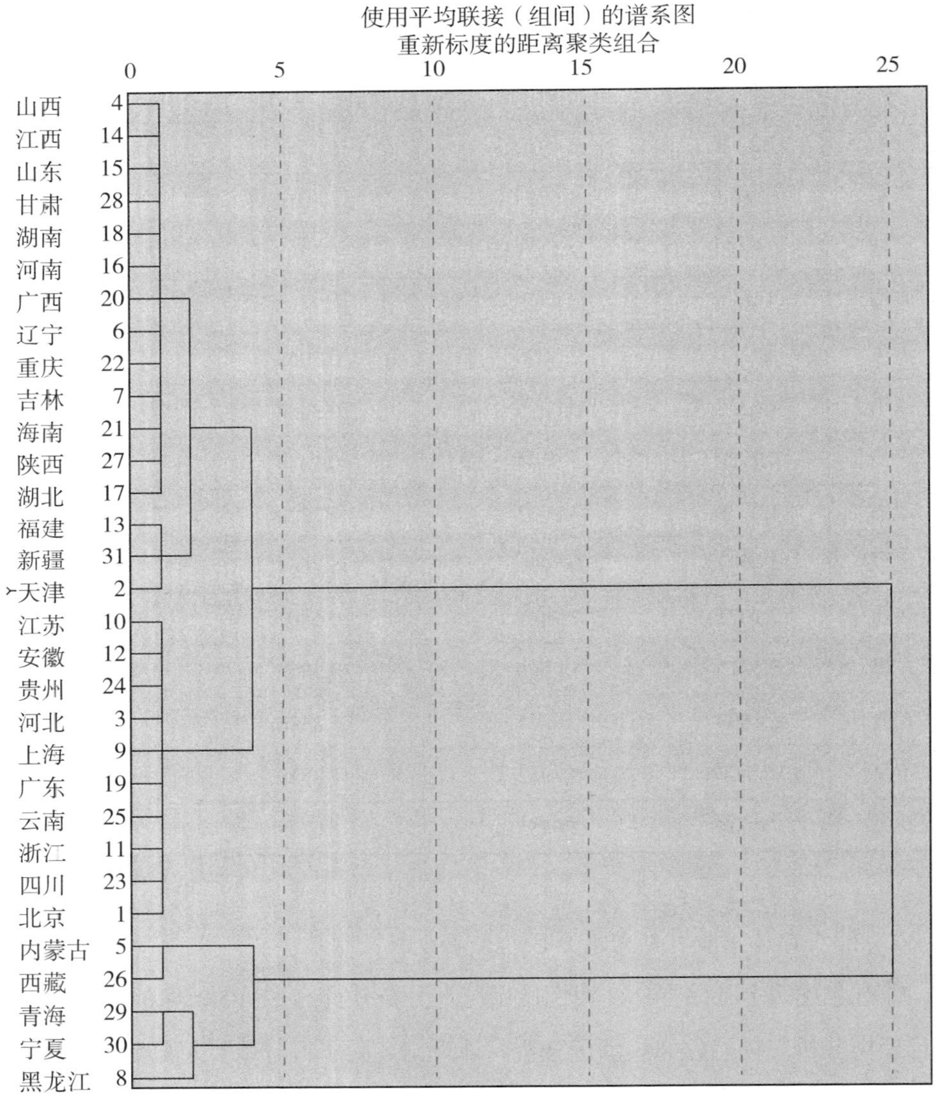

图6-1　各省市森林保险补贴需求聚类分析树状图

Fig.6-1　Cluster analysis dendrogram of subsidy demand for forest insurance in each province

根据研究目的，最终将各地区对森林保险补贴的需求划分为高、较高、中、较低、低 5 个等级。在上图中，我们选择从距离为 4 的地方往下切，可以得到如

表 6–9 所示的分类结果。

表 6–9 各省区森林保险补贴需求等级分区结果

Tab.6–9 Zoning result of subsidy demand for forest insurance in each province

补贴等级	地区
高	黑龙江、青海、宁夏
较高	西藏、内蒙古
中	天津、新疆、福建、湖北、重庆、辽宁、陕西、吉林、海南、河南、广西、湖南、甘肃、山东、山西、江西
低	江苏、安徽、贵州、上海、河北、浙江、四川、云南、广东、北京

该聚类结果表明，我国各省（区）中对森林保险保费补贴需求高的主要有黑龙江、青海、宁夏 3 省（区），有 16 个省（区）保费补贴需求为中等，江苏、安徽等 10 省（区）补贴需求较低。

首先是高补贴地区。从费率水平看，宁夏回族自治区最高，为 16.54‰，其次是黑龙江，为 11.39‰，最后是青海，为 5.89‰。宁夏极高的费率水平直接决定了该省（区）对于保费补贴的需求应当属于高水平；黑龙江虽然费率低于宁夏，但仍大幅高于其余省（区），加之林农保费负担重，因此保费补贴需求也很突出；青海费率水平略高于全国平均水平，但该地区林农的保费负担最重，因此总得分排名第三，同样有很高的保费补贴需求。

补贴等级较高的有西藏、内蒙古。西藏自治区费率水平并不高，甚至低于全国平均水平，然而林农保费负担重，排名全国第二，所以有较高的保费补贴需求；内蒙古自治区拥有广阔的地域面积，森林面积大，资源丰富，然而森林病虫害发生面积和损失情况均较严重。直观来看，受病虫害的影响，内蒙古纯费率水平比全国平均水平高 80%，加上林农保费负担较重，保险发展水平也较低，因此补贴需求较为明显。

以福建、湖南、江西为典型的16个省（区）保费补贴等级为中等。这些省（区）除新疆外的纯费率在1‰～4‰之间，大体上处于全国平均线附近，整体风险水平并不高。多数省（区）位于中部以及中西部，经济发展水平与保险发展水平相近，财政支付能力也较为相似，因此保费补贴需求被划为一类。新疆维吾尔自治区费率水平7.45‰，林农保费负担水平1.68%，均为该类区域中的最高值，仅从这两项指标来看，新疆应当归为高补贴或较高补贴等级之列，但由于财产保险在GDP中的占比大，区域保险业发展水平指标值较高，降低了总体的补贴需求等级，最终结果仅为中等。所以该结果也侧面反映出，受到指标体系设置的影响，难免会对某些特殊地区的类型划分产生偏差，应当在聚类的基础上，结合当地实际情况灵活地加以调整，兼顾补贴的效率与公平。

低补贴需求的地区主要有江苏、安徽、贵州、上海、河北、浙江、四川、云南、广东、北京。江苏、浙江、广东等地的经济实力雄厚，财政支付能力出众，林农保费负担轻，区域财产保险繁荣，因此森林保险保费对财政补贴的依赖程度很低；贵州、河北、四川、云南等省份财政支出占比高，地区财政支付能力较强，因此对中央财政保费补贴支持的需求相对较弱，另外，林农的保费负担水平也处于低位，加上地区保险业发展较好，对经济发展的贡献大，总体来看补贴需求为低。

7 我国森林保险区域化发展的案例分析：以湖南省为例

湖南省是我国的林业大省，属南方重点集体林区，全省林地总面积1.937亿亩，占全省土地总面积60.96%，其中有林地1.5483亿亩。全省公益林（地）8796万亩，其中省级以上公益林7492.8万亩。全省森林覆盖率57.52%，活立木总蓄积4.29亿m^3。森林生态功能效益总价值达8920亿元。①

2016年全省公益林总面积550.79万公顷（8261.79万亩），占林地总面积的42.4%，其中：国家级公益林399.66万公顷（5994.86万亩），省级公益林98.40万公顷（1475.98万亩），市、县级公益林52.73万公顷（790.95万亩）。截至2016年年底，中央和省级财政森林生态效益补偿资金12.45亿元（中央财政8.62亿元、省财政3.83亿元），公益林保护范围覆盖全省14个市（州），121个县（市、区）的300多个国有森林经营单位和400多万户农户。②在因地制宜、适地适树的基础上，全省2017年共完成人工造林18.6万公顷（279万亩），其中新造混交林面积7.7万公顷（115.5万亩）、新造灌木林面积2.6万公顷（39万亩），并产生森林抚育面积46.7万公顷（700.5万亩）。湖南省在改善森林环境、调整

① 资料来源：《湖南省2013年森林资源统计年报》

② 数据来源：湖南省林业局

林木组成、促进林木生长、培育森林资源等方面做出了极大的努力，对巩固生态建设成果、提高森林质量与生产力具有重要意义。

同时，湖南也是我国自然灾害多发省区之一，自 1953 年来仅森林火灾一项就发生了 78598 次，包含火灾在内各项自然灾害的发生都具有一定的区域规律性，并且频度和强度都很大。虽然从 GDP 总量上看湖南省的排名居中上水平，2017 年湖南省 GDP 总量位居全国第 9 位，达到 34590 亿，平均增长率为 13.1%；但因人口稠密，人均 GDP 为 50563 元，全国排名第 16 位，从总体上来说仍属于经济发展相对落后但处于快速上升态势的中部地区。因此，在这样的林业大省，区域森林灾害造成的破坏往往十分严重，不仅减少了森林生态价值，而且频繁的自然灾害，在一定程度上阻碍了林业经济的发展，给广大林农生活带来了很大的困难。

早先，湖南省个别地区就已经开办了森林保险业务，森林保险市场起步较早。但各地区具体实施情况不一，由于法律法规不健全、经营不规范、缺乏统一的监督引导和支持，森林保险的发展一直局限于局部的地域范围，并没有形成全省统一的实施方案，森林保险的发展始终“热”不起来，部分地区甚至出现了停滞的现象。所以，从增加林农收入，保持林业生产持续、健康、稳步增长以及维护生态环境安全等目的出发，必须建立一整套的林业支持和保护体系，而森林保险正是这个体系的重要组成部分。

本案例之所以将湖南省森林保险发展作为研究对象，主要因为其既属于林业大省，森林资源较丰富，又属于森林灾害发生较频繁的地区，有大力开展森林保险的潜在需求，且开办森林保险较早，具有借鉴意义，同时经济发展水平和保险业发展水平在全国均属中等偏上水平，具有一定的代表性。正是基于这些理由，本文认为湖南省森林保险具有研究的价值和意义。

7.1 湖南省森林灾害的主要发生情况

湖南是一个自然灾害多发省份，森林在抗灾减灾中发挥了巨大作用，但其本身也承受着巨大的经营风险。林业经营者面临的主要风险有森林火灾、病虫害、冰冻灾害、洪涝灾害、盗伐，局部地方还有风灾和鼠害。湖南省森林火灾多发，据统计，1953 年至 2016 年全省森林火灾年均发生次数在 1200 次左右，受灾面积共 99 万公顷，年均受灾 1.5 万公顷；森林病虫害严重，尤其是虫害，发生面积倍数于森林病害。1998—2016 年湖南省森林灾害损失情况如表 7-1 所示。

表 7-1　1998—2016 年湖南省森林灾害损失情况表

Tab.7-1　Loss situation of forest calamity in Hunan Province from 1998 to 2016

年份	森林火灾		森林病虫鼠害		
	火灾次数（次）	受灾面积（公顷）	病害面积发生面积（公顷）	虫害面积发生面积（公顷）	鼠害面积发生面积（公顷）
1998	366	2401.00	33410.00	101780.00	0.00
1999	357	2231.00	1320.00	274180.00	0.00
2000	444	1696.00	4650.00	198430.00	0.00
2001	561	1628.70	800.00	253660.00	560.00
2002	1076	3423.00	1394.00	175445.00	0.00
2003	1839	9088.80	3089.00	252920.00	0.00

续 表

年份	森林火灾		森林病虫鼠害		
	火灾次数（次）	受灾面积（公顷）	病害面积发生面积（公顷）	虫害面积发生面积（公顷）	鼠害面积发生面积（公顷）
2004	3407	15852.80	470.00	293726.60	0.00
2005	3204	12931.00	7366.00	207380.00	4333.00
2006	1530	4988.70	8000.00	268000.00	3334.00
2007	2290	8004.00	3533.00	247760.00	3740.00
2008	5053	17781.00	1559.00	187814.00	1467.00
2009	2173	10110.00	5527.00	387553.00	300.00
2010	1047	4893.00	2767.00	386194.00	134.00
2011	873	3605.00	6901.00	391101.00	0.00
2012	922	4653.00	47505.00	242187.00	333.00
2013	493	2824.00	43356.00	303994.00	0.00
2014	259	1935.00	36266.00	314000.00	0.00
2015	51	285.00	32875.00	368692.00	120.00
2016	65	316.00	79191.00	303267.00	0.00
合计	26010	108647.00	319979.00	5158083.60	14421.00

资料来源：1998—2016 年《中国林业统计年鉴》

此外，雨雪冰冻灾害具有偶然性，但发生后危害大，损失重，甚至对森林产生毁灭性影响，2008 年南方地区的雨雪冰冻灾害就是一个典型案例。《湖南省雨雪冰冻灾害森林资源损失调查评估报告》中显示，2008 年的雨雪冰冻灾害共造成全省森林资源受灾面积 453.12 万公顷，受灾森林蓄积 17392.57 万立方米；受灾竹林面积 66.59 万公顷，受灾竹林株数 14.6 亿株；受灾经济林面积 41.15 万公顷，株数 7.7 亿株；未成林造林地受灾面积 19.18 万公顷，株数达 4.1 亿株；苗圃地受灾面积 2448.3 公顷，苗木受灾 1.7 亿株。受灾的森林资源价值量 654.21 亿元，价值量损失达 165.76 亿元；林区共受灾人口 924 万人。

7.2 湖南省森林保险的具体做法及取得的成效

7.2.1 湖南省森林保险的开办历程

湖南省自 1984 年起就开办了森林火灾保险，具体的开办历程、开办地区、开办险种、投标方式、保险费率以及赔偿方案如表 7–2 所示。

表 7–2 湖南省森林保险的开办历程

Tab.7–2 Development course of forest insurance in Hunan Province

时间	地区	险种	参保方式	费率	赔付操作
1986	怀化	火灾	统保	——	联合勘查，核定损失后，由保险公司将赔款统一拨付林业局，由林业局验收后统一赔付给造林单位或个人
1999	浏阳	火灾	强制	按木材销售数量每立方米收取 2~5 元	保险公司按 40 元 / 亩的赔偿标准，将赔款支付给当地林业部门，用于森林防火宣传、火灾扑救及林农更新造林的补助等费用支出

续 表

时间	地区	险种	参保方式	费率	赔付操作
2005	常宁	火灾	强制	生态公益林的保费为 0.5 元 / 亩、退耕还林的保费为 1 元 / 亩	按 1:100 标准赔付
2007	浏阳	火灾	自愿与强制结合	火灾保险为 0.9%，洪涝责任附加险，费率为 2%，风灾责任附加险，费率为 2.5% 以上	免赔额为 $2hm^2$，最高理赔金额不超过 50 万元；每次起火烧毁面积在 0.67 hm^2 以上才构成火灾责任；保险金额以投保林木实际价值（或估计价值）的 80% 为限

7.2.2 现阶段政策性森林保险的具体做法

湖南是首批取得国家政策性森林保险试点资格的省份之一。2008 年在中央政府各职能部门的支持和指导下，湖南省顺利进行了政策性森林保险的试点工作，初步取得了一些成效，积累了宝贵的经验。为了开展好政策性森林保险业务的试点工作，湖南省先后制定并出台了《湖南省森林保险实施方案》《湖南省森林保险条款》《湖南省森林保险灾害损失现场查勘定损规程（试行）》《湖南省关于做好集体林权制度改革与林业发展金融服务工作的实施意见》等 10 余个规范性文件，对政策性森林保险的试点区域范围、具体实施方案、承保责任、保险理赔细则等具体内容做出了明确的规定，为试点工作的深入开展提供了制度保障，使湖南的政策性森林保险业务经营有据可依。

湖南省现行森林保险的主要内容如表 7–3 所示。

表 7–3 湖南省现行森林保险的主要内容

Tab.7–3 Main content of current forest insurance in Hunan Province

项目	内容
基本原则	公益林：“政府引导、市场运作、统筹管理”
	商品林：“政府引导、市场运作、适度补贴”
保险标的	公益林：生长和管理正常的省级以上生态公益林
	商品林：符合投保条件的除公益林以外的有林地
被保险人	林木所有权者
保险期间	一年
保险金额	公益林：每亩 400 元
	商品林：由保险公司和投保人双方（在每亩保额 800 元以下）商定
保险费率	公益林：4‰
	商品林：由保险公司和投保人双方（在 1% 以内）商定
保费	公益林：1.6 元 / 亩
	商品林：每亩保额 × 费率
保险责任	公益林：保险期间内，因火灾和人力无可抗拒的洪水、旱灾、冻灾、病虫鼠害造成保险林木的流失、掩埋、主干折断、死亡或者推定死亡，损失亩数达到承保面积的 10%（含，最高不超过 10 亩），按保险合同约定负责赔偿
	商品林：由保险公司和投保人双方商定
投保方式	公益林：以市、县为单位统一投保
	商品林：投保人与承保机构自行签订
承保机构	公益林：人保财险湖南分公司、中华联合财险湖南分公司
	商品林：各县（市、区）可自行选择承保机构
承保方式	公益林：由各市（州）县（市、区）财政择优选择或共保
	商品林：各县（市、区）自行确定

续 表

<table>
<tr><th>项目</th><th colspan="2">内容</th></tr>
<tr><td rowspan="2">财政补贴</td><td colspan="2">（1）公益林：中央 50%、省 30%、市（州）县（市、区）10%</td></tr>
<tr><td colspan="2">（2）商品林：按照每亩保额 400 元，费率 4‰给予补贴
中央 30%、省 25%、市（州）县（市、区）10%</td></tr>
<tr><td rowspan="3">赔偿处理</td><td>责任确定</td><td>（1）因灾损失面积达到承保面积的 10% 起开始赔付
（2）将“推定死亡”纳入到保险责任中</td></tr>
<tr><td rowspan="2">赔款支付</td><td>公益林：先转账支付 50% 赔款给被保险人，其余赔款支付到市（县）财政局。待恢复造林并经林业部门验收合格后，由市（县）财政局审核再支付给被保险人或造林单位</td></tr>
<tr><td>商品林：一次性直赔到户</td></tr>
<tr><td>风险准备金</td><td colspan="2">保险承保公司按保费收入的 25% 计提灾害风险准备金</td></tr>
</table>

7.2.3 湖南省政策性森林保险试点已取得的主要成效

自 2008 年启动政策性森林保险试点，尤其是 2009 年被列为全国首批森林保险试点省份之后，湖南已选择了 16 个已经完成明晰产权、承包到户林改任务的市（县）进行政策性森林保险试点。2009 年当年实际投保面积 3298.35 万亩，为计划参保面积 3879 万亩的 85%。随着政策性森林保险保费财政补贴制度的实施和森林保险的不断推进，财政对林业的投入力度不断加大，使社会各界对林业发展的信心得以增强，促进了林业投资规模的扩大，极大地调动了林农进行林业生产经营的积极性。另外，按照湖南省的相关规定，已完成林权制度改革是开展政策性森林保险试点工作的必要条件，因此各县（市）为了能够早日争取到财政补贴，通过森林保险的手段分散林业经营风险，纷纷加快了本地区的林改进程。从这一方面来说，政策性森林保险制度的实施推广，也反过来极大地推动了集体林权制度改革的进一步深入。

截至 2016 年，湖南省实现政策性森林保险承保面积 12883.40 万亩，其中公益林 7293.59 万亩，占比 56.61%，商品林 5549.81 万亩，占比 43.39%。合计实现保费收入 20551.26 万元，其中来自于公益林的保费收入为 11669.75 万元，来自于商品林的保费收入为 8881.51 万元。全年共计赔付金额为 6280.40 万元，其中公益林赔款为 3263.62 万元，商品林赔款为 3016.78 万元。2013—2016 年湖南省森林保险承保理赔的基本情况如表 7-4 所示。

表 7-4　2013—2016 湖南省森林保险承保理赔基本情况

Tab.7-4　Insuring and claiming Situation of forest insurance in Hunan Province from 2013 to 2016

年份	森林类别	承保		补贴				理赔
		承保面积（万亩）	保费收入（万元）	中央财政（万元）	省级财政（万元）	市县财政（万元）	保费自担（万元）	赔付金额（万元）
2013	合计	11393.97	18578.60	7766.91	5130.92	1149.86	4530.90	10986.88
	公益林	7186.65	11498.64	5749.32	3449.59	1149.86	1149.86	6238.76
	商品林	4207.32	7079.96	2017.59	1681.33	0	3381.04	4748.12
2014	合计	11760.74	18843.90	7903.05	5256.37	2821.56	2862.92	9125.94
	公益林	7081.55	11331.56	5665.10	3393.99	1716.52	555.95	5378.61
	商品林	4679.19	7512.34	2237.95	1862.38	1105.04	2306.97	3747.33
2015	合计	12574.89	20518.24	8268.85	5749.35	2804.76	3695.28	7219.58
	公益林	7302.62	11476.32	5705.89	3403.32	1557.93	809.18	3348.02
	商品林	5272.27	9041.92	2562.96	2346.03	1246.83	2886.1	3871.56
2016	合计	12883.40	20551.26	8542.85	5663.57	2719.13	3625.71	6280.40
	公益林	7293.59	11669.75	5834.88	3500.93	1470.39	863.56	3263.62
	商品林	5539.81	8881.51	2707.97	2162.65	1248.74	2762.15	3016.78

资料来源：根据森林保险发展报告等相关资料整理

如图 7–1 所示，公益林承保面积呈现波动上升的趋势，2016 年承保面积为 7293.59 万亩，与 2015 年相比略微下降，降幅为 0.12%，但仍是 2009 年的 2.21 倍；商品林业务发展迅速，承保面积以每年保持 10% 左右的增速不断上升，在 2016 年达到 5539.81 万亩，逐渐缩小了与公益林之间的差距；总体来看，全省政策性森林保险承保面积逐年增加，发展态势良好。森林保险保费、各级财政补贴等指标也同方向变动。

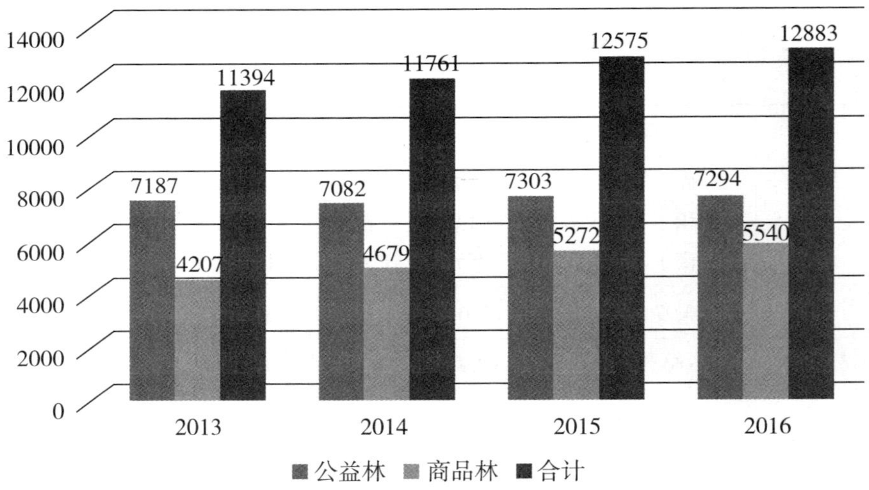

图7–1 2013—2016湖南省森林保险承保面积

Fig.7–1 Covered area of forest insurance in Hunan Province form 2013 to 2016

如图 7–2 所示，赔付支出方面，公益林、商品林在 2013—2016 年均呈下降趋势。公益林历年赔付率分别为 54.26%、47.47%、29.17%、27.97%；商品林历年赔付率分别为 67.06%、49.88%、42.82%、33.97%。得益于森林灾害的减少，政策性森林保险的赔付率不断下降，然而商品林的赔付率水平仍然大幅高于公益林。

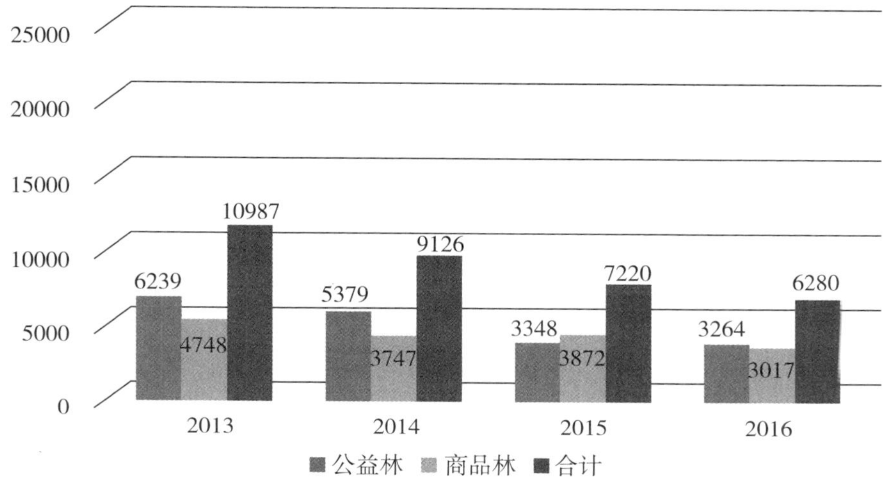

图7-2 2013—2016湖南省森林保险的赔付支出

Fig.7-2 Indemnity of forest insurance in Hunan Province from 2013 to 2016

7.3 湖南省森林保险业发展水平的实证分析

该部分欲通过建立相关回归模型，刻画并分析湖南省政策性森林保险的发展情况，寻找影响湖南省政策性森林保险发展的主要因素。

通过建立相关模型对湖南省森林保险的发展道路作以简要分析，探究现阶段可能影响湖南省森林保险发展的主要因素，同时对前面所提出的决定森林保险补贴需求差异的一些指标的相关性进行验证。

根据森林保险的特征及本部分的研究目的，选用森林保险保费收入（Y）代表湖南省森林保险业发展水平，作为被解释变量。

而解释变量考虑应如下几个因素。

（1）上年度森林保险赔付率（r_{t-1}），该指标是森林保险赔付金额占保费收入的比重，它同时反映林业生产经营风险和森林保险经营风险，如果上年度森林保险赔付率高，说明森林受灾严重或遭受了其他不可预料的危害，进而会从供需两方面影响本年的保费收入。

（2）森林保险的参保比例（λ），该指标是参保森林面积占湖南省森林总面积的比，一方面可以反映森林保险在湖南省的普及程度，另一方面也可以代表森林保险风险的分散程度。

（3）农村居民家庭人均经营性收入，简称林农收入（M），用该指标代表林农因从事生产经营活动而取得的收入水平，可以较为贴切的反映林农对森林保险的需求程度以及对森林保险保费的支付能力。

（4）国内生产总值（GDP），在本章为湖南省的国内生产总值，用来代表湖南省经济发展水平。保险业的发展与经济发展水平密切相关，尤其是像森林保险这类政策性险种更加考验地方政府的财政实力，以国内生产总值作为解释变量可以较好地考察经济发展对政策性森林保险业务规模的影响。

（5）时间（t），该变量的设定，其目的是为了反映湖南省森林保险本身是否存在增长的内部动力。

根据以上讨论，搜集整理湖南省 2000—2016 年间的相关数据，分析结果如下。

首先，采用主成分分析法对上述五种影响森林保险保费收入 Y 的因素进行分析，得出时间（t）指标不显著，且其系数太小，对问题影响不大，故在此排除此影响因素，主要采用剩余四种因素对森林保险保费收入进行回归分析并建立模型。

其次，在确定四种变量因素后，对林农收入（M）、国内生产总值（GDP）和被解释变量森林保险保费收入（Y）取对数形式，并出于描述简便考虑，分别顺次定义解释变量为 X_1、X_2、X_3、X_4，进行回归分析，得出结果如表 7-5 所示。

表 7-5 湖南省森林保险保费收入影响因素模型的估计结果

Tab.7-5 Estimation result of influencing factors model on forest insurance premium income in Hunan Province

Variable	Coefficient	Std. Error	t-Statistic	Prob.
C	2.733840	1.276717	2.141305	0.053466
X_1	-2.276147	1.016697	-2.238767	0.057387
X_2	5.482933	0.482574	11.361836	0.000000
X_3	6.463016	1.672153	3.865087	0.002248
X_4	1.703161	0.236093	6.813932	0.007697
R-squared	0.993197	Mean dependent var		7.842158
Adjusted R-squared	0.990929	S.D. dependent var		1.918115
S.E. of regression	0.182681	Akaike info criterion		-0.322221
Sum squared resid	0.400468	Schwarz criterion		-0.077158
Log likelihood	7.738880	Hannan-Quinn criter.		-0.297861
F-statistic	437.983482	Durbin-Watson stat		2.312972
Prob(F-statistic)	0.000000			

可以看到该模型拟合优度 R^2 较高，说明样本数据很好地表现总体要求。同时 P 值没有大于 0.1，符合要求。

利用上述结果得出回归方程，即

$$\text{Ln}Y=2.734+(-2.276)*r_{t-1}+2.083*\lambda+1.463*M+1.703*\text{Ln}GDP$$

可以看出，模型的建立是有效且无偏的，基本符合要求，由此我们可以根据它来对未来年份湖南省森林保险的保费收入进行预测和估计。

对湖南省森林保险保费收入的实证模型表明如下。

第一，森林保险保费收入的增加与上年度森林保险赔付率（r_{t-1}）呈负相关关系，具体来说，森林保险赔付率呈现下降趋势，因此每下降 1%，则次年的保费收入提高 2.276 个百分点。森林保险的赔付率一方面代表了特定区域范围内承保森林的损失风险，另一方面也反映出商业保险公司开展森林保险业务的经营风险。如果上年森林保险赔付率高，则说明灾害频繁、损失严重，林业生产所面临的风险较高，林农具有转移风险的强烈意愿，投保需求会增加，因此森林保险的保费收入可能会增加；对于保险公司来说，由于森林保险业务经营的风险较大，在一定程度上制约了承保积极性，所以会逐步缩小经营规模，对保险供给造成很大的影响，进而导致森林保险保费收入减少。在本模型中，湖南省森林保险保费收入逐渐增加，尤其是在 2009 年纳入首批政策性森林保险试点省份以后，保费收入实现了跨越式的增长，同时赔付率也逐年降低，故上年赔付率的回归系数可以解释为：在其他条件不变的情况下，保险公司森林保险承保面积大幅增加，赔付率得以降低，经营状况向好的方面发展，因此进一步扩大承保规模，使风险在更大的范围内进行分散，最终表现为森林保险保费收入的增加。

第二，森林保险的参保比例（λ）与森林保险的保费收入呈正相关，即森林保险的参保比例每增加 1%，则保费收入就会增加 5.483%。由于 2009 年之前湖南省森林保险参保比例非常低，在政策的引导下才得以快速发展，故保费收入的增加幅度远超过参保比例的增幅。要扩大森林保险的保费收入，必须进一步提高森林保险的参保比例，2016 年湖南省森林保险的参保比例在 80% 以上，属于参保比例较高的省（区）之一，若要进一步扩大森林保险的覆盖面，应重点开拓新市场，着眼新需求，逐步将市县层级的生态公益林纳入政策性森林保险的体系中来，并争取相同标准的财政补贴；另外，在公益林保险推行的过程中，加大对商品林保险的宣传和介绍，促进两者的平衡发展。森林保险的实施不仅需要国家政策的全力支持，同时也需要保险公司和广大林农的积极参与和配合，这样才能扩大覆盖面，在更大范围内分散风险，让森林保险的业务经营符合大数法则，降低保险公司运营森林保险业务的风险，从而实现可持续经营。

第三，林农收入（M）与森林保险保费收入呈正相关，即林农人均收入每增加 1%，保费收入增加 6.463%。早期湖南省林农经营性收入非常低，尤其是来自于林业的收入仅有几十元，在整个农民收入中所占的比重极少，也难怪森林保险的开展得不到林农的重视。加上宣传不足，对保险的认识不充分，更不能激发林农的投保积极性。另外，随着国家对农林业的重视及应对重大自然灾害的救助体系的完善，如果林业生产经营遇到了不可预测的风险，则无偿的财政救济相对于森林保险赔偿金来说，因前者不需要支付对价，而吸引力更大。但从湖南省历年的农村居民家庭人均经营性收入变化情况来看，由2000年的790元上升到2008年的4138.6元，增长了五倍多，对森林保险保费收入的弹性系数达到6.643，充分说明林农收入提高对森林保险发展的重要影响作用。经济学中需求的概念是购买意愿与购买能力的结合体，同样的，保险需求也应当是投保意愿与保费支付能力的结合体。林农收入水平快速提高的同时，带动的是保费支付能力的提高，因此林农收入对森林保险保费收入的弹性系数才如此之高，该实证结果告诉我们，要想发展森林保险，就必须提高林农收入，使其产生购买保险的高层次避险的需求。

第四，国内生产总值（GDP）与森林保险的保费收入呈正相关，即湖南省国内生产总值每增加1%，森林保险保费收入增加1.703%。保险需求随着经济状况的变化而不断变化，一般来讲，经济越发达，保险需求越突出。具体而言，经济的增长带动居民人均可支配收入的提高，随着林业经济的发展和林业产业扶持政策的落实，林农购买力有了切实的提升，消费结构更趋合理。在林农风险意识逐渐增强的情形下，森林保险的重要性、必要性在林农心中也更加清晰，森林保险的认可度也在不断提高，因此日趋强烈的森林保险需求直接促进了森林保险保费收入的增长。另一方面，也说明森林保险有发展的潜力，随着国家对森林保险发展的大力支持，森林保险的市场供给方通过产品创新、技术创新能够开发设计出满足森林保险需求方要求的险种产品，就能够在一定程度上满足森林风险管理的需要，特别是对于湖南这样一个森林覆盖率较高、林业产值所占比重较高的省份来说，森林保险的潜在需求较大，更需要设计科学合理的森林保险条款，以满足林户多样化、高层次的保险需求。在良好的区域经济发展和有效需求的带动下，进一步深耕森林保险这块“沃土”。

7.4 基于风险区划的湖南省森林保险发展的优化策略

根据第 5 章森林灾害风险区划及第 6 章森林保险费率厘定的结果，可看出湖南省的基本情况（如表 7–6 所示）。

表 7–6 湖南省森林灾害风险区划和森林保险费率估算情况
Tab.7–6 Estimated situation on risk zoning and premium rate of forest calamity in Hunan

森林灾难类型	森林火灾	森林病害	森林虫害	森林鼠害
风险等级	高	较低	较高	较低
损失率（‰）	0.03	0.01	0.58	0.00
纯费率（‰）	0.08	0.03	1.10	0.01
保险费率（‰）	0.10	0.03	1.32	0.01

四类灾害的综合保险费率为 1.46‰，并将湖南省定位为森林保险保费补贴需求中等的地区。基于上述基本结果，提出湖南省森林保险的优化发展策略。

7.4.1 进一步明确森林保险产品供给的侧重点

森林灾害风险区划结果表明，湖南省森林火灾和森林虫害风险等级较高，尤其是森林火灾风险程度最大，因此在设计森林保险产品时应充分考虑区域风险特点，适当针对森林火灾和森林虫害在实施方式和具体条款方面进行优化和改进：

如可以不区分公益林和商品林，将森林火灾确定为一项基本的保险责任，以全省统保的方式安排森林火灾保险；对于森林病虫鼠害，可以把公益林和商品林分开考虑，公益林将森林病虫鼠害定为基本保险责任实行全省统保，而商品林则可以在部分区域仅以虫害险作为基本保险责任，将森林病害和鼠害设计为附加险，由林农自由选择投保。此外，还可以根据区域灾害特点，在主要森林自然灾害保险责任的基础上，扩展洪涝、风灾等责任，前者主要是承保因强降水引发的山洪、内涝以及江河湖水泛滥致被保险林木死亡的直接损失，后者主要承保因热带风暴或台风直接袭击造成的主干折断或根头翘出所造成的森林损失。通过将保险产品的种类和责任不断细化，有助于形成重点突出、层次鲜明的森林保险产品体系，推动湖南省政策性森林保险精细化发展。

7.4.2　进一步提高森林保险的保障水平

在政策性森林保险试点之初，财政部、国家林业局、保监会联合下发《关于做好森林保险试点工作有关事项的通知》，规定保险金额和费率的确定以“低保费、保成本、广覆盖”为原则。确定森林保险保费金额和费率既要考虑到林农的缴费能力和保障需求，又要考虑到保险公司的风险防范和稳健经营，原则上为林木损失后的再植成本，包括郁闭前的整地、苗木、栽植、施肥、管护、抚育等费用，具体由地方政府和保险公司按市场原则协商确定，不作统一要求。因此各地森林保险的保险金额普遍较低。依照湖南省政策性森林保险的实施方案，公益林定为400元/亩，商品林虽由保险公司和投保人双方在每亩保额800元以下协商确定，但按统计数据计算结果来看同样为400元/亩，在实施政策性森林保险的省（区）中是最低的。而森林受灾后的清理工作、补植再植工作所需要的费用都远远超过这一数值，更何况还设置了免赔规定，可见保障程度并不充分，因此造成了小范围的灾害损失属于免赔的范围，大范围的灾害损失得不到基于实际损失的全额赔付，导致林农和林场大户投保意愿低，影响到政策性森林保险的进一步拓展。

相应的，提高湖南省政策性森林保险的保障水平可以从广度和深度两个维度来考虑。一是进一步扩大政策性森林保险业务的覆盖面，完善森林保险的灾害分散机制；二是适时提高政策性森林保险的保险金额，紧紧围绕保护森林生态资源，维护森林安全，促进森林生态效益持续发挥这一基本目的，突破固有的思维定式，在保险金额的设置方面有所创新，使保险金额在数量上更加贴近于森林资源的经济价值与生态价值，让政策性森林保险给予森林更加充分的保障。

7.4.3 进行省内森林保险风险区划，实行差别森林保险费率

湖南省政策性森林保险无论是公益林还是商品林，在全省范围内均实行统一费率，这样的无差别费率有两个弊端：一是加剧投保时的逆选择，二是无法体现费率的公平性，导致森林灾害低风险区域的保费负担增加，进而在一定程度上抑制和影响了森林保险的投保需求。

保险是一个风险集合与分散的过程，从精算公平的角度来讲，风险的大小是决定保险费率高低的最基本的因素。正如前文所得结论一样，我国不同地区由于森林资源丰富程度、林地类型、森林灾害的种类、经济水平和防灾能力都存在较大差异，所以费率水平也有所差别，这是本文的立论之一。在省级差异基础之上，细化到一省的具体地市或者县域，森林灾害的种类、发生频次、强度和灾害所造成的损失有很大的不同，不同的森林植被类型、林种、林龄的森林抗灾能力也有很大的区别。国内外很多学者在农业保险方面的研究都已经证实，以县域为单位进行风险区划与费率水平测算的结果更能贴合地区的实际风险状况，所以进行省内森林保险风险区划，实行差别森林保险费率是政策性森林保险走向精细化发展的又一条路径。因此，为进一步稳定发展森林保险业务，应在全国风险区划的基础上，结合省内各地区森林分布类型和特点、森林灾害损失的时空分布，进一步开展省级区域内的森林灾害风险区划，实行差别化的森林保险费率。

7.4.4 继续提高财政补贴森林保险保费的标准

随着森林资源价值的进一步市场化，在林产品价格不断上涨的趋势下，“低保费，低保额”的经营思想现在已经不能适应林业生产经营的实际需要，林农企盼森林保险能提供更高的风险保障程度、更宽的保险责任范围，可高保障水平、宽责任范围必然伴随高费率。由于林业生产的周期长，在未实现经营收益前的投入要长达几年、甚至几十年，相对现阶段林农的收入而言，高保费必然会增加林农的负担，可能会使其放弃投保，而对于保险公司言，高保障水平也意味着经营风险的增加，从而不愿意承保。为此，建议进一步提高财政补贴比例，将中央财政的公益林保费补贴比例由 50% 提高到 60%，将商品林的保费补贴比例由 30% 提高到 50%。同时，湖南省地方财政也要适当提高保费补贴比例，争取将商品林林农保费负担比例降低到 20% 以下，以切实减轻林农负担，提高其参保的积极性，从而达到进一步降低保险公司经营风险的目的。

7.4.5 依据不同的险种提供不同的补贴额

湖南省实行的是森林综合险，包括森林火灾、水灾、旱灾、冻灾和病虫鼠害等主要森林风险，费率水平为 4‰，而根据本文所用方法测算的费率水平为 1.46‰。考虑到森林火灾、病虫鼠害是森林灾害的主要方面，其余气象灾害、地质灾害发生的频率较小，故整体来看费率水平还有小幅下降和优化的空间。若按照前文思路，在费率降低的同时增加保险金额，由于保险金额增加的幅度远远超过费率下降的幅度，所以亩均保费必然会上升，在现有补贴政策不变的条件下，需要的财政补贴也必然增加，给地方财政带来新的压力。这就需要在政策性森林保险“降费提质”和财政补贴之间寻找一个新的平衡方式。

政府财政对森林保险保费进行补贴，是基于总的费率水平提供的，而不是按照每种森林灾害实际损失概率拟定的。但森林每种风险的大小和造成的损害并不完全一致。如果想要在一定程度上减轻政府财政补贴的负担，实现森林保险的可持续经营，则需要基于森林灾害风险大小进行补贴。可以建立完整的各种森林灾害损失数据库，在测评实际森林灾害风险大小的基础上，合理地对森林灾害风险进行区域划分，并依据灾害损失率拟合森林保险的费率，依据历年的保额赔付率进行费率调整，在不同的风险区域开办不同的基本险种，由财政根据风险等级进行差别保费补贴。这样的运作规程不仅对风险等级不同的保户是比较公平的，同时也在一定程度上减轻了政府财政补贴的负担。根据不同地区森林灾害实际发生情况进行风险区划、厘定适宜的森林保险费率，规定差别的政府补贴率，是湖南省，乃至整个中国森林保险制度发展和前进的方向。

8　我国森林保险区域化发展的保障体系建设

尽管从森林保险的微观运行上需要进行风险区划，开发有区域特色的产品和费率，执行不同的政策补贴标准，但在宏观运行上森林保险的发展仍要借助于合理的、统一的制度安排。虽然世界各国的森林保险发展模式各具特色，但在森林保险的立法、财政补贴、巨灾风险分散、再保险设计等制度供给上却都有统一的、完善的规定和安排。这些相对统一的制度框架，为本国森林保险的健康发展提供了强有力的保障。目前国内各地区森林保险试点经营的运作为我国森林保险业的发展提供了实践经验，同时，在实践中也普遍陷入了诸如森林保险的法律地位不明确、政策性业务与商业性业务范围的界定不清楚、森林巨灾风险的分散以及再保险制度的安排不完善等困境，从而束缚了我国森林保险业务的进一步发展和壮大。这些问题，不是某个地区、某个区域森林保险运行的个性问题，而是需要国家宏观层面调控、支持的共性问题，需要一个完整、规范的保障体系去解决。

8.1 森林保险的法律制度设计

森林保险作为政府保护林业生产、稳定林农收益、促进森林可持续发展的一项保险保障制度，对相关法律的依赖程度很深，尤其是在发展初期，制度实施的各个方面都存在阻碍，对法律的需求更为迫切。然而，我国目前还没有制定或出台专门针对森林保险业务的法律法规，现有的保险法主要是规范和保障商业性保险公司的经营，森林保险业务的具体开展主要依靠各级政府所印发的政策性文件来规范。在无法可依的情况下，森林保险的许多问题出现规制真空，比如，森林保险的性质得不到界定；政府在森林保险中的地位不明确；森林保险的组织形式、经营范围、保险金额、费率厘定及赔付标准等也缺乏法律的规范。

瑞典、芬兰等世界上森林保险业务开展较早的国家，都以专门的法律形式对森林保险的地位和运作规则做出了特别规定，日本早在森林保险业务开办之初就制定了《森林保险法》。从国外森林保险的立法背景和制度变迁来看，立法对森林保险和林业经济的发展具有极其重要的意义。发达国家对林业的投入之所以能够稳定而可靠，最主要的一个原因就是林业投入是以法制化为保证的，这使得政府对林业的投入能不受时间和外界其他因素的干扰和影响，能够得到稳定的支持和持续的供给。国家对森林保险的政策支持同样需要有相关的法律加以约束，有关森林保险法律的制定和完善将实现森林保险的法制化、规范化，从而推动森林保险乃至整个林业的发展。

简单概括几点我家和国外森林保险发展较为完善的典型国家之间的差距。首先，最大差距为法律保障上的差距。纵观各国关于森林保护的立法，无论是瑞典的《森林法》每间隔四年要根据自己国家的最新林业信息及一些林业经营者实际情况做出客观评估，还是芬兰的《森林改良法》、日本《森林火灾国营保险法》都为各自国家的森林保险提供了明确的的发展方向，更是为这项事业的良好发展提供了法律基础；但是我国对于森林保险只做出了笼统地规定，并未将其中的条款进行细致划分，甚至一些具体的操作细节都呈现空白状态。其次，在人才和技术支持上，国外注重培养林业方面的精专人才，这些人才懂得林木的品种和生长周期，也了解林木的分布范围，能够迅速准确的确定出保险的范围，根据实际情况确定具体投保险种，这些不仅需要专业人士钻研，更需要专门的机构及政府的资料及技术支持。芬兰、瑞典及日本均在相关法律中规定政府应对林业经营者提供帮助与支持，而我国的法规中基本没有任何提及。最后，从前面技术支持上的差距可以看出，越是森林保险事业发展较快的国家，政府越会给林业经营者提供必要的技术支持。瑞典和芬兰的森林保险均由向下隶属的国营保险公司以及一些林业合作社的相关机构、具有相关资质的民间保险公司来承担；但在我国仍然是以商业保险为主要承保形式，没有任何政府扶持，导致保险费率高，承保范围范围小，林业经营者不愿投保，长期如此后保险公司也不愿承保，最终形成恶性循环，阻碍我国森林保险的健康发展。

林业经营者的风险意识及重视程度同样也是森林保险立法的重要保障。森林保险要想大规模发展，必须从林农自身入手，增强他们对森林保险的认识，使其积极主动的投保才是推动森林保险持续发展的原动力。开展森林保险的目的是为了保护林农的利益以及巩固林改成果，让林农从中受益，让林业经济重新焕发生机。需要解决现在林业经营者在认识上的误区，首先需要去除他们对于发生灾害抱有的侥幸心理，其次是强化他们对森林保险的认知。我国的林业经营者普遍受教育水平偏低，“小农意识”普遍存在，缺乏对于风险预判的长期考虑，在面对价格相对高昂的保险费用时，大多数林农只是关注眼前的利益损失，并没有考虑万一灾害发生后所带来的更大的经济损失，这是我国林农投保不积极的一个因素；另外，在宣传力度方面，和国外森林保险事业发展完善的国家相比，我国的森林保险无论是宣传覆盖面还是宣传深度上都是远远无法比较，特别是在一些较偏远的地区对于森林保险制度的认知基本为零或者知之甚少，让林农主动参加森林保险投保更是难上加难。所以需要正确鼓励及引导林业经营者积极主动的参加森林保险投保，强化森林风险意识，加大宣传力度和推广范围，才是提高我国森林保险质量，扩大森林保险覆盖率的最基本保障。

因此，应尽快制定适合我国森林保险特点的森林保险法，并加快相关配套政策法规的建设，将整个森林保险业纳入法制化轨道。要通过森林保险立法，明确森林保险属政策性保险的定性，明确政府在森林保险业务开展中的职能和作用，规范森林保险的供给主体、投保主体、受益主体间的权利义务关系，保障森林保险业务持续稳定、健康有序地开展。

8.1.1 森林保险立法的重要意义及我国森林保险立法的可行性

8.1.1.1 森林保险立法的重要意义

回顾各国森林保险业务的发展过程，可得到一个重要的启示，即设计规划符合我国国情的森林保险运行模式需要稳定的法律制度加以规范。森林保险作为一种为森林灾害提供灾后补偿的林业保护制度，具有非盈利的性质，其运行机制与普通商业保险不同。通过森林保险立法，可以以法律的形式明确森林保险业务的具体操作规程，规定各参与方之间的权利义务关系；规范森林保险的投保、承保、理赔、基金管理和使用、分保和再保险等一系列细节流程；细化森林保险条款费率的厘定、保障水平的确定、林农参保方式的选择、保费负担原则、税收优惠、巨灾的理赔和处理等方面的内容；明确规定各级政府在森林保险开展过程中的职能和作用，森林保险的组织形式、经营方针与原则、保险基金和巨灾风险基金的筹集与管理，强化森林保险的政府补贴效应。此外，结合森林保险的特点，为使森林保险业务的开展更加具备保险的大数法则要求，森林保险立法应对森林保险的强制性或准强制性的特征做出相应规定。通过对森林保险属性的明确界定，才能尽量扩大承保规模和承保范围，尽可能实现森林灾害风险在时间上和空间上的分散，保障森林保险业务开展的稳定性和持续性。

森林风险保障机制的作用主要体现在以下几个方面：第一，其有利于强化林业经营者对于林业资产的价值概念，客观上稳定民心，增强森林经营者安全感；有助于提前预防风险，及时解决潜在风险，促进林业持续稳健经营与发展，从而起到保护森林资源的作用。第二，森林保险能够将部分信贷风险转移，通过投资与融资规模良性扩张，增加林业资金的来源，进而促进林业信贷发展，提供林业发展所需要的经济担保。第三，还有利于林产品的出口，森林资源纳入保险范围后，一定程度上促进政府对林业的支持。自从我国加入世界贸易组织后，把握好林业发展与保护生态森林的度成为重要关注点，如何让林业企业的生产经营在国内市场参与国际竞争基本条件的同时，又不损害森林生态成为迫切需要解决的课题。目前已经有许多发达国家均已建立了完善的森林保险补贴制度，我国也需要政府提供更全面的保障推动森林保险发展。

森林保险立法的推动不仅有利于保护森林资源，还有利于促进和保障改革后的林权制度，有利于维护林业经营者的合法权益，有利于填补我国森林法和保险法存在的空白，有利于实现可持续发展及和谐社会的建设。因此，随着各地政策性森林保险业务的进一步开展，为进一步将森林保险在全国范围内全面推进，不仅要继续出台各级、各类政府的政策性文件，同时还要积极构建我国的森林保险法律体系。在短期内要尽快制定有关森林保险的基本法律法规，修订和完善与之相配套的保险法、农业法、森林法、灾害救助条例等相关法律法规，使各类法律法规之间相互配套、相互补充、相互协调，共同形成一个完善的森林保险法律体系。

8.1.1.2　我国森林保险立法的可行性探究

我国先开办了森林保险的试验后立法，这和国外先做可行性必要性研究后立法最后再实践不同。我国长期以来进行森林保险试验，已经为森林保险法律法规积累了丰富的经验以及失败的教训，并通过研究国外森林保险的实践经验，证明了森林保险的发展需要法律的支持。森林保险立法可行性内容主要包括：立法是否具有现实及理论意义，立法的条件及时机是否成熟等。

一是立法时机何时成熟，如何正确选择立法时机。立法时机是当具备立法主客观条件时，有较好的的工作基础，选择法律平衡各项社会利益最佳的时间。立法是为了执法，执法是为了追求最佳的法律效果，最终达到立法者最真实的意图，产生实际的社会效果并解决社会问题，平衡社会各方利益，最终化解社会矛盾。目前我国社会经济呼吁森林保险的规范化，社会目的与森林保险立法目的一致，若现在进行森林保险立法能够产生明显的实际社会效果，解决由于立法缺失所带来的问题，从而实现最优配置法律权利资源。因此我国森林保险立法时机已然成熟，这也是森林保险立法的最佳时候，需加快推进森林保险立法的进程。

二是出于对森林保险发展的现实需求。由于森林保险的经营成本过高原因，森林保险收益较低，缺乏政府支持力度，相关法律规定政府、保险公司和林业经营者之间的关系并未明确，导致的结局就是林农不愿投保，保险公司不愿承保，保险公司和林农在经营森林保险时很随意，阻碍发展速度。所以必须尽快出台森林保险法，从本质上解决问题。森林保险立法符合我国目前森林保险发展的基本要求，只有森林保险立法能够为森林保险发展提供最强有力的法律保障。

三是森林保险立法已具备理论基础。近年来，我国学者探讨我国森林保险制度本身的内容，提供我国森林保险快速发展的若干对策，概述森林保险在森林生产中的理论基础及现实意义，分析我国森林保险的发展现状及自身存在的问题，并针对问题提出完善建议及制度构想。初步讨论了森林保险的立法模式、立法采用名称、森林保险法律关系等一系列问题。由此可见，在立法理论研究上我国已经下足功夫，基本建立了现代保险法规和制度。森林保险法是构建我国森林保险市场及发展的重要制度保障。我国已具备了充足的森林保险立法理论基础。

四是我国已具备森林保险立法的实践基础。虽然我国的森林保险立法经历了诸多艰难曲折及波折的发展历程，但是不难发现，森林保险实践为我国集体林制度的改革，林业的经济发展提供了强有力的推动作用。我国在近年来的森林保险试点工作实践中均取得了不错的成果，积累了大量的森林保险经验，加上森林保险发展迅猛，发展模式水平和制度设计水平大幅提高，森林保险市场逐步扩展，种类不断创新增加，林业经营者逐年递增，森林保险从业人员积累了丰富的实践经验，同时也学习了技术理论经验。我国也拥有了独特的森林保险经营模式，促进更多新型森林保险公司的诞生，进一步奠定了森林保险立法的实践基础。

8.1.2 我国森林保险立法的基本制度设计

8.1.2.1 明确森林保险立法的立法目标和立法原则

立法应首先明确森林保险的政策性。只有确立了森林保险的政策性，才能逐步解决森林保险本身政策性目标与实践中经营者的商业化目标的矛盾；才能使政府为了实现森林保险的政策性目标，发挥其应有的主体作用，加大对森林保险的支持力度，扩大森林保险的供给能力，刺激森林保险的有效需求。其次，立法应要求森林保险的经营管理必须符合其自身的目标与设立目的。实施政策性森林保险是国家宏观调控政策的重要组成部分，是国家发展林业经济、保护生态环境的重要手段之一。因而对森林保险立法必须依据调控政策的目标和要求，从我国的国情出发。基于这样的原因，我国森林保险的立法目标可以为以下三个方面：推动林区和林业发展，保障林农的经济收入稳步增长；以森林保险作为林业支持政策，促进林业的可持续发展；以森林保险作为支林性收入再分配手段。

在森林保险的立法原则上，由于森林保险与一般商业保险的必然联系，森林保险的立法原则与《保险法》的立法原则存在着相通之处，可以借鉴《保险法》原则中适合森林保险的部分内容，如诚实信用原则、保险利益原则、保险业务专营原则和本国投保原则等。但是由于森林保险不同于商业保险的特性，森林保险立法还应着重体现以下几个特殊的立法原则。

一是非营利原则。即森林保险补偿应以整个社会为核算单位。森林保险开展的目的应着眼于保护森林、保障林业经济的顺畅运行，着眼于社会效益的最大化，而不是个人利益最大化或是公司利益最大化。应将政策性森林保险业务的经营亏损计入社会总成本中，运用风险补偿基金加以补偿。保护森林不仅是林业的一项事业，而且是整个社会的责任，将森林参加保险，由林业一家承担风险转为整个社会共同承担森林风险，更好地保护森林。

二是基本保障原则。根据我国林区的经济发展现状，森林保险业务的开展必须考虑保险公司与林业生产经营者的承受能力。要科学合理地制定森林保险的费率，费率过高林农受支付能力限制交不起，费率低了保险公司赔付多，要亏损。另外，在保障范围的确定上，要根据森林保险的发展以及我国林业经济的发展阶段来定，初期采取“保成本”的原则，保障林农的基本投入费用，并规定适当比例的免赔额度，既可促使保户提高保险标的管理责任心，防止道德危险，又可保障林业生产经营者受损时能迅速得到补偿，恢复生产，继续保持森林良好生态效应的发挥。后期随森林保险市场的逐渐成熟，可稳步开展收益保险、产出保险等险种。

三是强制保险与自愿保险相结合的原则。鉴于森林保险社会效益高而自身效益低这一特性，实行强制保险与自愿保险相结合的原则。一方面强调森林保险的强制性，使森林保险更适合大数法则规则，可以尽可能地扩大同质标的物的投保规模，尽可能在空间和时间上进行分散风险，以保证林业生产经营的稳定性。另一方面，由于森林灾害的种类繁多，地区间、林种间分布不同，森林保险可开设的险种也十分广泛，这意味着把全部森林保险都纳入强制保险的范畴是不可能的，也是没有必要的。加之受政府财政支出能力的限制也决定了不可能毫无选择的把全部森林保险都定性为强制保险。只能采取“基本险 + 附加险”的实施方式，对基本险实行强制投保，而对附加险则实行自愿参保。

四是政府扶持原则。实践表明，森林保险单纯由商业保险公司经营，其结果只能是陷入供需双冷的困境，这是由森林保险的准公共物品性质决定的。因此在森林保险的立法中必须要将森林保险与普通商业保险分开，形成政策性保险独有的运作体系和操作模式。政府扶持原则上要求国家对森林保险给予经济上、法律上和行政上的必要支持，加强相关投入，出台相关法规，监督协调森林保险和其他各方面的关系。这一原则对于森林保险的发展是必不可少的，也是森林保险健康发展的必要保证。

五是循序渐进原则。从森林保险法的法律体系讲，该法需对森林保险的性质、保障范围、经营原则、政策性业务与商业性业务的划分、经营主体的组织形式、各级政府的管理职能和作用、保险费率形成机制、再保险机制、政府各部门的协调机制等内容加以明确。但由于森林保险立法需要森林保险实践对上述问题有一个准确的印证，需要保监会与税收、财政、金融等部门加强沟通协商与研究，所以我国的森林保险立法不会是一蹴而就的过程。现阶段可先根据《农业法》《保险法》和即将出台的《农业保险法》，以及促进森林保险发展的国家和地方性政策措施，制定部门规章或行政法规，解决森林保险急需规范的问题，为制定《森林保险法》创造条件。

六是因地制宜原则。因地制宜原则应该是地方层级的森林保险规章制度中应该着力体现的。地方性的森林保险规章制度及政策性文件可根据这一原则具体规定本级政府森林保险的补贴比例、强制保险与自愿保险的险种、条件等，以突出地方特色。还可根据不同的林种、树种和价值以及所处的地区分别确定不同的保额和保费。

8.1.2.2 界定森林保险的性质、适用范围及其实施方式

森林保险性质和适用范围的界定是下一步确定森林保险经营的主体、森林保险经营模式、森林保险相关制度的基础，因此，我们必须加以明确。首先，要明确森林保险的政策性性质。这是森林保险法律对森林保险性质的必要定位，也是森林保险与一般商业保险的重要区别，是森林保险从一般保险分离出来单独立法的重要依据。我们前面已经从经济学角度分析了森林保险具有的公共物品的性质。高风险、高损失率和高费率所导致的参与率低、赔付率高、逆向选择等情况往往使得大多数保险公司不赚反赔。因此，我国只能采取财政支持下的政策性森林保险运作模式。

森林保险最突出的性质就是政策性以及其准公共物品的属性。所以在森林保险立法的过程里，森林的政策将会影响它的性质界定，很多人认为森林保险和其他一般的商业险并没有什么区别，所以适用普通的商业保险法，这种观点错误在于否定了森林保险法律法规独立存在的价值和意义。森林风险较大且损失程度难

以判定，尤其是发生严重的灾难性事故。以上原因决定了政策性属性是森林保险的特殊属性，其与普通的商业保险在本质上有区别，需要将其进行区分。

其次，应根据我国的国情确定我国森林保险的范围。从适用的主体范围上，我国的森林保险法适用于国内从事森林保险业务的国家机构、商业保险公司及森林保险合作社和互助组、森林保险互保协会等各类森林保险组织，以此来鼓励各类保险机构经营森林保险；从可保的风险范围上，我国森林保险的范围可定为森林灾害财产损失险，并根据各地森林灾害情况变动调整这样一个弹性保险标的。

最后，明确森林保险的实施方式。针对这个问题，文章在前面已经做过相关分析，我国的森林保险业务可以分为可商业化运作的商业性保险和无法商业化运作的政策性保险两类，而其中政策性保险可以分为一级政策性保险，二级政策性保险。一级政策性保险是指关系国计民生的基本险，它享受国家的保费补贴，保险公司的经营管理费用补贴，营业税、所得税的减免；二级政策性保险是指除一级政策性保险以外的政策性保险，它只享有以上税收优惠但无相关的补贴。另外，这种一级、二级政策性保险的范围不是固定的，我们可以在国力强大的情况下逐步改变其范围，扩大补贴的范围，加大扶持的力度。这种实施方式下，一级政策性保险强制投保，将二级政策性保险与有关林业的其他补贴挂钩。采用这种分级保险的方式，在森林保险的发展初期有重点、有选择性的开展森林保险业务，在逐步完善、发展之后再进一步扩大政策性森林保险的范围。

8.1.2.3 细化森林保险的具体运作环节

规定森林保险的经营细则，包括针对森林保险投保主体的投保方式、保险金额、保险费率、保险责任、保障范围、承保理赔服务、免责事项及保费的缴纳方式等；针对森林保险经营主体的组织形式、设立条件、最低资本要求、业务范围、险种的开发、费率的厘定、赔偿办法、准备金的提存、业务核算与精算、保险资金的运用等；建立森林保险巨灾风险基金。通过提供再保险或建立巨灾保险基金等形式为森林保险机构提供政策支持，规定各项优惠政策，为加强森林保险工作的监管而采取的各项措施等。

实行政策性森林保险分账管理、单独核算机制。分账管理和单独核算有利于加强森林保险经营和基础管理，有利于准确地归集成本、监控风险和对制度落实、费用支出、服务质量等的监督考核。防止资金分散使用，提高资金使用效益，防止行政部门越权干扰森林保险的正常开展，对于政府补贴做到专款专用。建立森林保险业务的保险公司偿付能力评测体系，监测森林保险业务的综合赔付率，并将其与森林保险业务的经营资格相挂钩。

建立和完善森林保险实体理赔机制。森林资源是以多年生木本植物为主体的可再生资源，必须通过再生才能维系陆地生态系统的平衡和多种功能的发挥。森林保险的目的不仅要对投保人的损失进行补偿，同时要保证森林实体恢复。要通过制定森林保险赔付相关管理办法，建立有效的监督机制，确保保险赔款在支付给林农、林场、合作组织、专业协会等被保险人后，能应用于森林的再植、补植，以恢复森林生态功能。

8.1.2.4　确立政府、保险人和被保险人三者的责任和权利

森林保险立法的主要意图就是要将森林保险的经营主体、参与主体、受益主体之间的关系法制化，因此，明确他们之间的权利义务是我国森林保险立法必须要解决的重要问题。

一是政府的责任和权利。森林保险是政府支持林业的战略性政策工具，森林保险的发展需要政府的法律支持、经济支持和行政支持等多方面的支持。但是由于政府行为往往具有随意性，不加以约束就难以保障政府对森林保险支持的持续性和实效性。所以我国的森林保险立法应该明确政府在政策性森林保险体系构建中的责任，这些责任包括：第一，进行保费补贴。根据森林保险发展的需要和财政实力，规定保费补贴的比率。第二，进行费用补贴。由政府承担政策性森林保险公司的部分经营管理费用，商业保险公司则根据其经营森林保险的业务量由政府提供经营费用补贴。第三，实行税费优惠政策。对森林保险公司和商业保险公司的政策性森林保险业务实行免税；对森林保险的投保人提供贷款利率优惠，给予救灾补助和生态补偿基金的优先发放权。第四，制定特殊财政税收政策、法定

强制保险的标准，拨付森林保险产品研发费用补贴，特大灾害发生时的特别救助措施等。

当然，政府在森林保险中承担责任的同时也享有一定的权利，主要体现在：第一，森林保险的发展规划权。政府相关部门依照法律规定，依职权对森林保险的国家支持方式及支持力度等方面制定规划。第二，森林保险业务的监督检查权。政府相关职能部门可以依职权范围，对森林保险经营主体的费率厘定、条款设置、偿付能力等进行监督和检查，以规范森林保险经营机构的业务经营，降低经营风险。

二是保险人的责任和权利。作为具体经营森林保险的主体，主要享有以下权利：第一，经营自主权。市场竞争机制下，在符合森林保险法律法规的框架内，森林保险的经营主体可自主决定其森林保险的经营方针、独立进行森林保险的险种设置、费率厘定、产品营销等业务活动。第二，获取国家支持权。在国家将森林保险定位为政策性险种的前提下，有权享受国家为促进森林保险业务开展所提供的各项补贴、税收优惠、再保险、巨灾风险分散等优惠政策。

森林保险经营主体应履行的主要义务有：第一，履行与森林保险投保者所签订的森林保险合同。保险本身就是一种合同行为，其中所涉及的主要是主体双方的权利义务，森林保险经营机构应按照合同约定，以收取保费为对价，在保险标的遭受风险事故时，承担给付保险金的义务，并根据合同规定履行告知、条款说明、查勘定损、及时赔付等其他相关责任。第二，遵守各项森林保险法律法规和规章制度。森林保险法规是森林保险活动中各主体行为的指南和规则，森林保险经营机构在开展业务活动时必须予以遵守。第三，接受监管部门的监督检查。森林保险经营机构作为被管理活动主体应服从国家对森林保险经济关系依法而做的干预活动。

三是投保人的权利和责任。投保人的权利主要表现为享有所投保的森林保险合同中规定的各项权利，如森林保险费率的优惠权、保险单证的获取权、事故发生后保险金的给付请求权等，享受政府森林保险补贴及相关福利措施的权利。投保人的责任主要是按照合同规定及时足额缴纳保费，根据法律规定购买强制性森林保险。

8.1.2.5 建立风险预防规避制度及灾害理赔制度

风险与灾害的提前预防与事后控制对于林业经营都是极大的挑战。全面的风险预防规避制度及合理的灾害理赔制度是森林保险稳健经营的中坚力量。缺乏风险规避和灾害理赔，导致林业经营者顾虑增加，降低投保意愿；高居不下的林业保险赔付率也大大削减了保险公司开展业务的积极性。

一是在立法阶段中需要引起大众对于森林保险的关注与重视，制定的条例中应对林业资源灾害的预防、事前监测、提前预警、应急措施、机构配置、重建恢复等方面做出具体明确的规定。

二是森林保险的定损计算。一般情况下定值确定的保险金额是在当事人签订保险合同时就已经确定，而不是预先确定保险标的的保险价值要等到出险后才能预估的。预估保险价值的传统做法是：若保险标的能以市价预估的，就按市价预估；若不能以市价预估，可由当事人双方约定价值。保险价值以市价估计作为原则，当事人约定为例外。森林保险保费的计收则根据保险金额以及根据保险金额算出的保费比例共同决定。森林保险费率包括保费占保额比率以及管理费用率两个部分。纯费率作为保险金直接用于赔偿被保险人财产损失，根据保险标的损失及经验计算得出。管理费用率根据保险的费用计算出来，用以支付管理所需费用。

三是监督林业经营者的收益状况。在森林保险的发展过程中，除了森林保险法及国家其他法律明确规定的机构可以承保森林保险业务外，其余任何保险人均不可承保该业务，也不能要求林业经营者强制参保，甚至骗保拒赔。森林保险的发展应该是增加林农的收入，降低风险的有利工具。相对应的政府需加大森林保险的宣传力度，提高林农的风险意识，加大政府政策补贴及相关优惠政策鼓励参保。

四是加强理赔服务，做到保险赔款直接发放到户，例如惠农政策、承保状况、理赔情况、服务准则、监管要求的“五公开”，切实维护投保人的合法权益。进一步督促保险公司根据森林保险理赔流程，实际查勘定损情况，需将现场查勘定损情况在当地进行公示，杜绝闭门造车。森林保险理赔工作会面临诸多挑战，所以政府需要高度重视，完善理赔工作流程并且监督保险公司在无争议的情况下及时兑现赔款，不能坐以观望。不能让森林保险成为商业保险，不能让赔付率高、理赔困难、评估技术缺失等一系列问题加大林业经营者和保险公司之间的矛盾从而影响社会稳定。在推动森林保险快速发展的同时还需要继续认真总结经验，若发现新问题、新情况需及时上报中国银保监会及林业局，以便更好地推动政策性森林保险工作。

8.2 森林保险的再保险制度设计

再保险是指保险人将其承担的部分或全部保险责任分散和转嫁给其他保险人的一种风险分散机制。再保险是在原保险合同的基础上建立的，在再保险关系中，直接接受保险业务的保险人称为原保险人，也叫再保险分出人；接受分出保险责任的保险人称为再保险接受人，也叫再保险人。简单地说，“再保险”就是“保险的保险”。再保险可以分散保险人的风险，有利于其控制损失，稳定经营。

森林保险标的的特殊性、风险的特殊性决定了与其他财产保险具有不同的特征，故建立森林保险的再保险制度对森林保险业的发展非常必要。

（1）森林灾害损失巨大。

森林生态资源的分布较为集中，因此森林灾害所造成的损失也具有区域性和严重性的双重特点，并且还面临着复发与次生灾害的威胁，对生态环境造成持续性的破坏。虽然保险公司承保森林保险时设定的保险金额仅参考森林的再植成本，但由于面积大，积少成多也是一笔不菲的赔款。所以重大灾害的发生仍然严重威胁着保险公司森林保险业务的稳定性，巨额的损害赔偿使保险公司面临巨大的经营风险，需要再保险提供风险进一步分散的渠道。

（2）森林保险供给具有极强的专业性。

不同区域、不同林种、不同林龄所面临的森林风险存在极大差异，进而导致不同的森林灾害。由于商业型保险公司涉足森林保险的时间长短不一，所具备的专业人才数量、技术能力水平都不一致，所以在产品设计、费率测算、风险控制等方面存在显著差异，最终造成森林保险供给质量差异显著，影响到森林生态资源的保障水平。然而各商业性保险公司受固有的竞争思维影响，将其余各主体视为主要竞争对手，缺乏专业技术的交流和互动，制约了森林保险的良性发展。因此需要通过再保险这一方式，利用再保险人丰富的经营管理经验，为各家原保险公司提供多方位的支持和引导，协助原保险公司准确地承保理赔，推动森林保险供给的转型升级。

以上特点表明，传统的保险风险分散法则与操作模式对森林保险不适用。保险公司承保的森林范围越宽，风险就越集中，必须要在更大的范围内寻求空间上、地域上的风险分散。森林保险的理论和实践证明，森林保险的再保险是分散森林保险经营风险的有效手段之一，森林保险的发展对再保险具有很强的依赖性。

8.2.1　森林保险再保险的职能与作用

8.2.1.1　开展森林保险的再保险有利于联合抵御和分散森林保险风险

森林灾害的发生所带来的巨大损害，给商业性保险公司带来了巨大的赔付压力。尤其是全球气候变化的大背景下，森林保险风险也呈现出新的特点，使得保险公司承担了日益增长的巨额赔付风险。通过森林保险的再保险业务，可以进一步加强森林保险各原保险人、各专业再保险公司之间的联系与合作，统筹安排丰富的风险分散方案，从而在更大范围内积聚更多数量的森林保险基金，更为彻底地分散森林灾害的巨大风险，提高了保险公司应对森林灾害风险的能力，避免巨额赔偿对保险公司偿付能力的严重威胁。同时，吸引更多的商业保险公司参与到森林保险的经营中，丰富森林保险的供给，构建更大、更宽的风险分散群体，实现更有效的风险分散和损失分摊的目标。另外，再保险能更好地提高保险公司的风险保障能力，促进森林保险业的可持续发展。一方面，森林保险的再保险人可针对新开办森林保险业务的原保险人进行业务指导和技术支持，从而保证新业务的稳步发展。另一方面，再保险被作为一种政府引导和调节森林保险市场供求的间接调控手段，日益得到国际再保险市场的重视。因此，发展森林再保险也能够促进国内与国际保险业的合作，更好地借鉴先进经验，得到更多的技术支持，共享更广的信息资源。

8.2.1.2 开展森林保险的再保险可以控制风险责任，保持原保险人业务经营的稳定

通过森林保险的再保险可以均衡森林保险原保险人的业务结构，分散风险。我国是一个森林灾害多发的国家，森林资源每年都会因火灾、洪涝、病虫鼠、干旱等灾害遭受巨大损失，而且森林灾害风险具有高度关联性，很容易促成巨灾风险损失的发生。一旦发生森林巨灾损失，往往会对森林保险的供给方造成沉重打击，影响森林保险市场的正常运作。依照再保险的基本理论，森林保险的原保险人可以利用不同的再保险合同，既可对已承保的森林保险的单个风险单位的责任加以控制，又可对累计的风险责任加以控制，利用再保险方式将森林灾害风险转移分散给其他保险人，保持森林保险金额和风险责任的相对均匀，将风险控制在可控范围，尽量消除影响经营稳定的风险因素。从另一角度来说，森林保险的再保险能够防止原保险人因遭遇巨灾造成大规模赔付，出现偿付能力不足的情况，从而确保原保险合同权利义务的充分履行，保证原保险的投保人灾后得到保险保障范围内的补偿，保持生产生活的稳定。

8.2.1.3 通过再保险可以提高原森林保险人的承保能力

保险人的承保能力是与其偿付能力状况紧密联系的，要受到具有对所承担保险责任进行经济补偿能力的限制。保险与一般的交易有所不同，合同双方权利义务的行使和履行具有不对称性，保险人先享有收取保费的权利，出险后才承担相

应的责任。若保险费率的制定不适当，保险人的资本金不充足，各项责任准备金的提取不充分，或在发生巨灾损失时，赔付大大超过正常预期等都将严重影响保险公司的偿付能力。因此，保险监管的核心重点就是保障和增强保险人的偿付能力，并使之与承保能力相一致。由于森林保险属于新开展业务，现阶段的参保比例较低，保险基金积累有限，为进一步扩大承保范围，增加业务量，必须要扩展保险人的承保能力。有了森林再保险的分保，原保险人可将超出自身承保能力的部分业务分出，全力进行新业务的市场开发，随着业务的发展获得更多的收益，并通过增加资本金的方式进一步扩大原保险人的承保能力。森林保险再保险不仅有利于实现承保风险的分散，而且从长远来看，更有利于整个保险行业的发展。

8.2.1.4 开展森林再保险可以降低原保险人的经营成本

森林保险原保险人的经营成本主要是赔款成本和营业费用。再保险业务的开展之所以能降低原保险人的成本，主要原因有三个，一是直接支持。在保险经营过程中，决定因素是保费收入和赔款支出，如果赔付超过收入，业务经营出现亏损，反之，保险人则获得盈利。保险人通过再保险，在发生赔付时，可得到一定比例的分摊，从而减少保险赔付的波动程度，将自身的赔付责任控制在一定范围之内，有利于均衡费率的厘定和均衡利润的实现。二是间接支持。森林保险的再保险有利于保险人扩大承保能力，拓展业务范围，产生规模效应，从而降低森林保险业务的固定营业费用支出，缩减成本开支，进一步降低了森林保险费率中的附加费率，吸引更多的林农投保。三是补贴支持。将现有政策性森林保险险种列入法定的再保险行列，对经营政策性森林保险业务的原保险人和再保险人进行再保险费和经营管理费用的补贴，从而降低了森林保险和再保险的成本，提高了保险公司应对风险的能力，有利于增加森林保险和森林再保险的供给，随着规模效应的显现，经营成本也随之继续降低。

8.2.1.5 森林保险的再保险可以增加原保险人的收入

首先，森林保险再保险可增加原保险人的手续费收入。按照再保险市场的运作规则，原保险人在分出业务时，可收取相应的分保手续费，以补偿原保险合同所需的营业费用开支。这样一旦再保险支付的分保手续费高于实际开支，再加上对分出业务产生盈利所奖励的佣金，原保险人就可获得额外的收益。其次，保险准备金的提存增加了原保险人的可用资金。在比例再保险合同下，再保险人要提存一定比例的未到期责任准备金和未决赔款准备金，该部分准备金通常都留存在原保险人处，目的在于保证再保险人的履约。因此，从准备金的提存到支付或返还期间，增加了原保险人的运营资金，进而也相应增加了投资收益的可能。最后，分保费缴付时间差的利用可增加原保险人的收益。再保险保费一般按季度或每半年缴付，原保险从收保费到缴付再保险保费期间有一段时间间隔，因此，原保险人可将再保险费进行充分利用，资金的有效运作可进一步提高自身的偿付能力，更好地保持森林保险业务的快速发展势头。

8.2.1.6　森林保险再保险有利于新险种的开发和保险经营管理水平的提高

森林保险再保险可以增强保险人的承保能力，促进保险人不断扩大产品供给，激励保险公司为森林灾害风险的分散设计开发更多的新险种，提供更好的保险服务，从而增加森林保险市场的有效供给，更好地满足林农的保险需求。由于我国森林保险真正意义上的快速发展仅有十年左右，现有的森林保险产品单一，业务无论是保障水平还是保险责任的范围都比较狭窄。随着我国对生态建设要求的不断增强，森林保险产品必然会经历一个改进的过程，以提供更加充分的保险保障。然而，新险种的研发会使商业性保险公司面临新的风险，因此更需要再保险的风险保障以规避试错风险。此外，再保险还能促使原保险人进一步提高森林保险业务的经营管理水平。再保险人在承保分入业务时，为降低自身的再保险承保风险，需对原保险业务的风险责任进行认真审核，从而不断督促原保险人加强业务的管理，减少森林保险承保中的道德风险和逆向选择的发生，降低经营风险。

8.2.1.7　森林保险的再保险能发挥一定的经济效用

一方面，这种经济效用表现在森林保险再保险的开展能在更广的范围内积聚社会资金，从而为国民经济的发展积蓄力量。由于保险最重要的特性之一就是保险责任事故的发生在时间上和空间上具有不确定性，因而保险人何时、所承担的赔付责任有多大也不确定，保险人必须要充分的提取各项责任准备金。这些准备金随着业务的不断扩展而长期积累，往往要大大超过保险公司资本金，通过合理的引导和监管均可进行投资，所获收益不但能弥补保险人自身业务经营的亏损，还为整个社会的经济发展筹集了资金。另一方面，森林保险再保险不但能在全国范围内实现森林灾害风险的分散，还可通过国际再保险市场进行森林保险的分出、分入。不仅分入业务，而且分出业务所摊回的赔款都能增加一国的保费外汇收入，增强本国的国际支付能力。相对而言，由于森林保险经营风险较大，分保的保额较高，分保保费也较高。所以应大力扶持本国森林保险再保险的发展，利用分出和分入业务，赚取更多的利差，创造更多的回报。

8.2.2　森林保险再保险的国内外发展现状

尽管与一般的农业保险业务有着很大的区别，森林保险传统上仍被划归为农业保险的一个类别，就农业保险的再保险发展而言，我国已经进行了初步的探索，取得了一些经验。自 2007 年以来，连续几年的中央一号文件都提到了农业再保险的发展。从最初的“探索建立中央、地方财政支持的农业再保险体系”到 2008 年的“完善政策性农业保险经营机制和发展模式，建立健全农业再保险体系”，再到 2009 年“加快建立农业再保险体系和财政支持的巨灾风险分散机制”，2010 年再次提出要“健全农业再保险体系、建立财政支持的巨灾风险分散体系”。从“建立”到“健全”，表明经历不断探索而建立起来的我国农业再保险体系，积累了经验教训，到了进行总结和提高的阶段。而森林保险方面，国家层面也相继发文，推行森林保险再保险以提升森林保险的抗风险能力。继出台多项政策文件，明确要求必须通过再保险机制提升森林保险的抗风险能力：2009 年，中国人民银行、财政部、中国银监会、中国保监会、国家林业局发布《关于做好集体林权制度改革与林业发展金融服务工作的指导意见》（银发（2009）170 号）明确提出，“探索建立森林保险风险分散机制，各参与森林保险的经办机构，要对森林保险实行一定比例的超赔再保，建立超赔保障机制，提高森林保险抗风险能力”；2009 年财政部等部委发布《关于做好森林保险试点工作有关事项的通知》（财金（2009）165 号）要求要积极利用再保险机制等市场化机制化解经营风险，建立超赔风险分散机制，提供森林保险的可持续发展能力；2014 年“新国十条”鼓励各地根据风险特点，探索对森林火灾等灾害的有效保障模式；2016 年国家林业局发布《林业发展“十三五”规划》（林规发（2016）22 号），建议推动建立森林巨灾保险基金和巨灾再保险。

在政策的推动下，我国森林再保险发展迅速。2011 年森林再保险保费规模只有 651.8 万元，而 2016 年再保险保费规模已达 4.59 亿元，年均增速超过 200%；保障金额由 2011 年的 65.18 亿元增至 2016 年的 4120.43 亿元，年均增速超过 200%；赔款金额从 2011 年的 140.66 万元上升到 2016 年的 1.08 亿元，年均增速在 300% 以上。从分保比例来看，比例分保业务占比要大幅高于非比例分保业务占比（如表 8-1 所示）。供给主体方面，由于森林保险依托于农业再保险的运行体系，所以森林保险再保险的供给主体与农业再保险供给主体保持一致。2014 年 11 月，在中国保监会的指导下，由中国境内具有农业保险经营资质的 23 家财产保险公司与中再产险共同发起成立中国农业保险再保险共同体，专业从事农业再保险。并且到 2015 年年底拥有 25 家成员公司和 9 家观察员公司。按照中国农共体运行机制，成员公司向中国农共体分出业务不低于全部分出业务的 50% 通过制度化安排和市场化模式，中国农共体有效整合行业资源，大幅提升了森林保险行业的承保能力，完全可以满足未来三年行业最大的分保需求。目前，中国农共体承保森林再保险业务占市场份额的 52% 以上，首席再保人的业务占市场份额的 85% 以上，有效发挥了我国农业再保险市场的主导作用。并且随着我国金融市场对外稳步开放，国际再保险公司也积极参与我国森林保险再保险业务。其中，瑞士再保险在北京设立了 5 人的专业农业保险团队，负责包括临时分保和合约分保在内的森林再保险业务，是国际再保险公司中最大的本土化团队。瑞士再保险在我国政策性森林保险开展初期即积极参与再保险工作，迄今为止，参与过数十个涉及森林保险的再保险合约分保及临时分保业务。

表 8–1 2011—2016 年中国森林再保险发展情况

Tab.8–1 Development situation of forest reinsurance in China from 2011—2016

年份	再保险保费规模（亿元）	业务结构（%）		保障金额（亿元）	赔款金额（万元）
		比例	非比例		
2011	0.07	100.00	0.00	65.18	140.66
2012	3.22	95.56	4.44	3080.28	6295.27
2013	2.00	75.97	24.03	1533.33	9167.14
2014	2.25	96.16	3.84	2169.17	9476.14
2015	3.37	95.38	4.62	3142.14	10776.64
2016	4.59	89.38	10.62	4120.43	8859.36

在全球气候变化的影响下，森林灾害愈发呈现发生频率高、危害程度大等特点，对森林再保险的需求越来越强烈；同时，保险业的日益强大也为森林保险再保险的市场供给奠定了基础；政府也陆续制定出台了相关政策性文件，为森林保险再保险的后续发展提供了政策依据和导向。总体而言，我国的森林再保险市场发展仍较为滞后，还存在很大创新发展的空间。

8.2.3 森林保险再保险的模式比较

8.2.3.1 在经营森林保险业务的原保险人内部建立起再保险体系

随着经营森林保险业务的保险人承保范围、承保规模的扩大，可在总公司内部针对各区域的分公司建立森林保险的分保体系，实现风险的逐级分散。这种再保险模式一方面具有便于集中管理、费率厘定和责任的分摊易明确、再保险赔付及时等优点；另一方面，也存在着风险过于集中、人员机构设置庞杂、成本支出较高等缺点。该模式要求森林保险业务的发展具备一定的规模才可进行，对业务范围主要局限于某一个特定区域的保险公司来说不具有适用性，而且风险的大量集中也影响到总公司的偿付能力，不利于保持保险人森林保险业务经营的稳定性。

8.2.3.2　由国家专设的森林再保险公司或农业再保险公司经营

这种模式是在现行体制和组织架构下，由政府专门组建政策性的森林再保险公司，由该公司为经营森林保险业务的商业保险公司提供再保险分出业务，国家为再保险公司的运作提供资金支持和经营管理费用补贴，成为最后的兜底人。这种模式的最大优点在于，由国家作为最终的森林灾害风险的承担者，从而为森林保险的再保险经营提供了强大的后盾。但采用此模式容易造成国家的财政负担过重，机构臃肿，政府的行政干预色彩过浓等影响。

8.2.3.3　各森林保险的原保险人之间联合开展再保险业务

这种模式是由各森林保险经营机构联合起来通过建立行业组织的方式，在各承保机构之间以协议形式，形成联共保、分保的局面，尽可能地在成员内部实现风险的分散。这种森林保险的再保险方式可以充分利用现有的森林保险经营机构自身的承保能力，避免受再保险市场发展的约束。同时该模式下的再保险费用较低，既节省了开支又获得了承保风险分摊。但因各公司和各区域之间有关再保险的规定和实施各不相同，各成员间的协调较难，在缺乏外在力量的引导和支持下，该模式的市场形成具有极大阻碍，发育周期较长，短期内不能适应我国森林保险发展的需求和安排再保险的需要。

8.2.3.4　完全市场化运作的森林保险再保险模式

此种模式是在完全市场化的运作机制下，各森林保险经营主体根据自身承保能力和承保风险的需要，自行决定是否进行再保险的分出分入，政府在常规的市场监管之外，不提供任何的再保险补贴和优惠措施。这种模式的实施将大大减轻政府的负担，森林再保险市场的供给和需求完全由市场机制实现资源的有效配置，各再保险主体在竞争的促动下能不断改进服务，完善业务经营。但在没有外来力量扶持的情况下，各原保险人在森林保险业务开展初期的购买能力有限，不利于森林再保险初期的市场培育和业务拓展。由于森林灾害的风险特质及特殊的社会效应，政府需采取相应的扶持措施来促使森林保险市场的健康发展。

8.2.3.5　由政府指定的再保险机构承担森林保险再保险的运作

在制定统一的森林保险分保办法的基础上，由政府指定现有的商业性再保险机构进行森林再保险的具体业务运作，通过签订再保险合同，使森林保险经营主体与该指定机构之间建立明确的分保关系。采用此种模式，依托于现有的再保险公司的设置、承保技术和经验，不仅大大节约了资源，而且更有利于对全国范围内森林保险的总体经营状况进行管控，并以此为依据制定相应的扶持政策，平衡森林保险经营的盈亏，确保市场的稳定，在一定程度上也降低了地方政府对森林保险扶持的力度。但该模式容易出现的问题是该指定的再保险机构商业性和政策性定位不明确，两类业务之间容易混同，况且封闭式的单独运作管理不利于森林再保险承保能力的扩张和偿付能力的增强，应对巨灾风险的能力较差。

8.2.4　建立政策性森林保险再保险机制的思路

国外推行森林保险的一个共同特点是综合利用行政干预和市场机制建立了多层次的再保险体系，我国森林保险的发展也需要建立再保险体系予以支撑和保障。而我国森林再保险的发展受到多种因素的阻碍，长此以往将既不利于我国森林保险再保险承保能力的培育，也不利于我国森林再保险基金的积累，继而影响到我国森林巨灾风险的分摊以及森林保险市场的有效供给。当前我国森林保险的再保险机制尚未建立，应加强森林保险数据的积累和系统开发，在商业合作的原则下积极探索建立全国森林再保险的支持体系。可以考虑的具体操作如下。

一是将森林保险与森林保险再保险合并立法。当前我国森林保险的发展仍处于初级阶段，有关森林保险的立法体系尚未建立，立法的首要目标是制定森林保险单行法规或条例，森林保险的再保险相关规定理应是这一政策性保险制度的一部分。因森林保险的长期发展需要立法予以保障，而法律制度的建立需要不断的探索才能逐步实现，因此森林再保险发展初期，应首先在森林保险单行条例中规定一个大概的框架，后随着森林保险的不断发展再结合实际情况调整深化。在立法中应对森林保险再保险的性质、运作模式、再保险合同的订立、履行、终止及森林再保险的补贴与再保险基金的建立和监管等一系列问题做出明确的界定，为森林再保险的实施提供可操作的规章制度架构。

二是借助于现有的中国再保险公司，建立政策性森林保险的再保险体系。当然经过改制后的中国再保险公司作为商业性保险公司不可能对森林再保险“大包大揽”，而必须严格按照再保险的市场机制运营开展。因此，必须考虑对森林保险再保险业务提供财政支持，对于再保险公司经营森林保险再保险业务的亏损按一定比例进行分摊，并根据业务进展情况适当按照保费总额逐渐增加支持比例。我国农业保险的再保险已初步进行了此项尝试，经营农业保险业务的商业保险公司与中国再保险公司签订再保险协议，建立赔付率超赔分保机制。这种做法也可完全适用于森林保险的再保险，并有现成的经验可借鉴。

三是由国家出资设立中国森林保险再保险公司或由新成立的农业再保险公司从事森林保险再保险业务的经营。以法律的形式规定不论何种森林保险业务，都应当确定当年总自留保费和每一危险单位的自留责任，超过的部分，必须办理再保险。规定中国森林保险再保险公司的运作规范，要求其从森林保险再保险的分入保费中按比例提取专项风险基金，逐年滚存，遭遇巨灾损失年份时动用风险基金进行偿付，并最终由国家财政对中国森林 / 农业再保险公司的经营亏损兜底。

四是各保险主体也要探寻向国际市场分保的途径。充分利用国际再保险机制，通过与国际再保险业、国际金融业的交流与合作，利用国际再保险渠道实现森林风险更大范围的分散。

8.2.5 推动政策性森林保险再保险运作的相关建议

8.2.5.1 充分认识森林保险再保险的重要性

森林保险再保险业务具有极其重要的意义，国家也出台了相应的政策措施，带来了许多政策红利，有助于森林保险再保险的统筹安排与实施。然而对再保险这项安排的看法却因人而异。有些观点认为，目前已对森林保险进行了保费补贴，保险公司应该自己来考虑风险的分散和再保险的购买，不再需要政府的支持；另一些观点认为，政府只需要建立巨灾风险基金，对森林保险的赔付最终兜底，而不需要考虑对再保险进行补贴，森林再保险业务的开展完全由市场机制来运作；还有一些保险公司认为，其森林保险业务的风险已通过承保业务的多样化得到有效分散，没必要再进行再保险的分出。事实上，对于开展森林保险再保险的必要性在前文已经进行过充分的讨论，由于各保险公司之间所开办的森林保险业务在承保集中度上仍然存在着险种、区域、时间上的差异，仍有必要进行相互分保。所以需要进一步加强森林保险再保险的相关指导工作，统一思想，强化认识，保证森林保险再保险的顺利进行。

8.2.5.2 增加森林保险再保险业务阶段的政策扶持

由于森林保险具有准公共物品属性，其发展需要政府的大力扶植才能实现社会福利的最大化。但目前，我国政策性森林保险的补贴政策仅围绕原保险保费补贴进行，对再保险业发展的鼓励支持政策体系尚未建立。政策扶持的缺位，使得经营政策性森林保险的商业型保险公司不能获得任何关于再保险安排的优惠措施，难免会对开展森林保险再保险造成消极影响，降低积极性。此外，再保险人同样面临森林保险的逆选择严重、赔付率高、经营成本高等问题，导致森林保险再保险的费率不断提高，从而阻碍了原保险人进行森林保险再保险的分出。即使原保险人可通过再保险实现风险的分散，但也要付出相应地代价。不仅如此，再保险人为限制风险通常也在合同中设有免赔、共同赔付及损失限额等条款规定，这样一来原保险人也不能通过再保险寻求到全方位的保护，进而削弱了分保的积极性，森林再保险的市场经营也会愈发艰难。因此建议对政策性森林保险的各项扶持措施可以适当往再保险阶段倾斜，为再保险计划提供一定程度的费用补贴和资金支持，促进森林保险再保险计划的顺利进行。

8.2.5.3 提升森林保险承保理赔的精准性，积极寻求与国际再保的合作

森林再保险的经营要比原保险业务在技术层面上要求更为专业，尤其是涉及在更广范围内评估灾害风险、划分危险单位、厘定再保险费率等方面，对再保险人的精算能力和业务管理水平提出了更高的要求，可以说森林保险再保险的发展更受经营技术水平的制约。当前我国再保险公司的森林灾害风险的评估标准与国外差别很大，我国更多的采用对承保标的进行整体查勘来进行风险评估，但国外再保险公司的要求更高，往往具体到特定的局部范围，甚至会具体到每片树林、每棵树。另外，双方在理赔程序上、具体操作上和最终赔付金额的确定方式上存在较大差异，造成国际森林保险再保险的费率远远高于国内的评估结果，形成我国的森林保险较难在国际市场上寻求再保险合作的局面。破局之计在于提升我国森林保险风险数据与损失数据的精准性，推动风险评估和查勘定损的精细化发展。一方面要继续深入开展风险区划和差异化定价的相关工作，另一方面要创新定损手段，运用科技手段提升定损效率，承保端与理赔端双管齐下夯实再保险计划的原保险的业务基础。

8.2.5.4 完善森林保险再保险的信息保护和信息披露机制

首先，我国森林再保险中有关如何保护投保人信息的规定缺乏。再保险的分出人在签订再保险合同时，必须要向再保险人提供投保人的信息资料、承保标的情况、承保技术等相关内容，在缺乏信息保护制度的约束下，此类商业秘密有可能会泄露，危及原保险人业务的开展。此外，我国森林再保险尚缺乏有效的信息披露机制，而且其中所涉及的森林病虫鼠害等重大疫病的信息，需要经相关行政部门批准后才对外公布。保险发展的一个重要基础是对与承保标的相关的过往数据进行全面整合和精算，从而科学合理地厘定费率。而我国目前有关森林灾害的统计数据尚不健全，

缺乏地形、地貌、植被类型、气候等综合性资源的供给平台，使森林保险再保险产品的研发几乎处于迟滞不前的状态。重视信息平台的建设，加强风险数据的积累，同时完善信息保护与信息披露机制，对与再保险人之间进行数据交换的流程实施严格的管控与约束，才能消除各经营单位参与再保险的后顾之忧。

8.2.5.5　加强保险科技的运用，提高森林保险再保险业务的效率

科技发展的步伐不断加快，“互联网 +”、大数据、云计算、区块链等新的数据集成与处理方式不断给保险业带来新的发展动能，保险科技的运用越来越受行业的追捧。森林保险再保险是一项繁杂的技术工作，原保险人与再保险人、再保险人与再保险人之间存在密切的分保与转分保关系，涉及的合同条款复杂、金额巨大，存在极高的操作要求和安全性要求，因此依靠人工处理客观存在着较高操作风险。而保险科技的运用可以促进再保险业务的智能化，效率化发展：一是统一数据与信息交互的标准，减少错误率，提高处理效率；二是便于数据的安全管理，提高行业信任度；三是利于加强理赔管理，减少理赔成本，并有效预防保险欺诈；四是促进国内外再保险操作方式的对接与融合，实现平台效应，共同推动森林保险再保险业务的发展与完善。通过运用新技术新手段，不断提高森林保险再保险的运作效率，有助于释放森林保险原保险的活力，实现两者互促互进的良性循环。

8.3　森林巨灾风险基金的制度设计

由于森林灾害风险具有高度的关联性和伴生性，尤其是森林巨灾波及范围更广，涉及的投保主体和投保区域更广，致使森林巨灾损失风险很难在时间上和空间上实现风险的分散。这种风险与保险中定义的可保风险相差甚远，一定程度上不符合保险的产生和发展的先决条件。一旦发生森林巨灾风险，保险公司将会面

临空前的赔付压力，并在短期内消耗完所有储备，对公司正常的资金运营产生重大影响，进而使保险行业参与森林保险业务的意愿和信心有所消减，最终波及整个森林保险市场的稳定，制约森林保险的可持续发展。森林巨灾风险的防范与化解，是一项系统性、科学性的大工程，单纯依靠经营森林保险业务的商业性保险公司本身的力量是不可能实现的，必须要借助政府部门雄厚的公共财政实力以及宏观政策的支持。森林保险本身具有准公共产品和外部属性，因此森林巨灾风险管理同样带有准公共产品和外部性的色彩，需要政府参与以避免市场失灵。而且，森林巨灾基金作为一项系统性基金，是森林保险资本保障与制度体系中的重要组成部分，规模庞大，利益结构复杂，必须在政府的主导下设立，才能保证其公平稳健的运作，切实有效发挥对遭受森林巨灾损失赔付出现经营严重亏损的保险公司进行补偿的功能，增强保险业抵抗森林巨灾风险的能力。

8.3.1 建立健全森林巨灾风险保障体系的必要性

与其他保险业务相比，森林巨灾的灾难特征非常显著。首先，森林受巨灾影响的概率大。虽然在整体分布范围上森林的分布具有广阔性和分散性，但在局部范围内却呈现出集中性，这与各种自然地理环境有关，例如土壤，气候和森林生长所需的地形等等。一旦发生灾害，很容易由点及面扩散开来，形成区域性的损失。在同一风险事故中，许多森林保险参保主体将遭受损失，损失程度高度相关。如受到森林火灾，虫害，洪水，干旱等的袭击，将给相关地区的林业生产经营带来连锁损失。受当前的制度，政策，技术，市场等客观因素的制约，中国在森林灾害风险管理方面仍存在诸多不足，在面对自然灾害，特别是巨大的森林自然灾害时，往往捉襟见肘。其次，林业生产抵御灾害的能力很差，而且森林生长和分布的时间与空间特征决定了灾害损失风险很难在林农之间进行分散和转移，灾害造成的损失程度非常严重。在发生重大自然灾害或气候条件异常变化的情况下，森林巨灾造成的损失难以避免。最后，森林巨灾风险以及损失的可测性差。由于不同地区森林面临的灾害风险程度各不相同，各类森林灾害损失的历史统计数据也不完整准确，所以很难准确确定反映森林灾害损失真实情况的森林保险费率，加之森林植被种类、面积、密度、林龄以及管理和保护措施不一致，因灾导致的损失程度也难以度量。此外，由于森林巨灾损失程度严重，风险高，相应费率也就高，对广大林农来说难以负担。所以，完全采用森林保险的既定模式不能实现森林巨灾风险的分散和转移，必须探索更高层次的风险分散手段。

在当前我国政策性森林保险低保额、低费率运行的机制下，不管是林业经营主体还是商业性保险公司对参与和开展森林保险的积极性并不十分高涨，森林保险经营具有较大的不确定性。为提高保险经营主体的经营意愿，政府必须要发挥其公共职能，为保险公司在巨灾风险下能够持续经营森林保险提供政策支持和资金保障。近年来，我国一些地区探索建立了相应的森林保险巨灾保险风险补偿和转移机制，如江西，福建等省（区）已建立森林保险巨灾风险准备金，实现一定赔付范围内的统筹安排。但是，这种制度安排有一定的局限性。第一，森林巨灾风险基金的规模有限。如：福建省在5000万元森林保险补贴预算中，由省级财政安排了2000万元作为森林综合保险风险补偿金，上年度结余结转下年度使用，年度总额保持在2000万元；湖南省根据保费收入的25%提取灾害风险准备金，按照相应的比例扣除服务费后，其余部分将转为生态公益林巨灾风险准备金，逐年滚存；江西省也建立林业巨灾风险准备金制度，将承保机构当年盈余扣除业务服务费后的剩余部分，全部转为公益林统保巨灾风险准备金，并逐年滚存；另外，四川、海南、吉林等省份也先后建立巨灾风险准备金制度，要求承保机构按照森林保险保费总额的25%计提巨灾风险准备金。这样的数额和积累方式，使得基金积累至特定规模需要一定的时间，在此期间对于突发的大范围的巨灾造成的损失仍然很难完全化解。第二，建立森林巨灾风险基金对地方政府的财政实力要求过高，财政支出能力较弱的省份难以承受，运作模式难以在全国范围内推广。第三，现已建立的森林巨灾风险基金只是各省根据本区域范围内的实际情况而做出的安排，仅适用于各省（区）内森林巨灾风险在时间维度进行纵向分摊，无法实现风险在全国范围内的横向分散化解。

由于巨灾风险具有集中性和损失巨大性的特点，所以世界上灾害频发的国家和地区在建立巨灾保险基金时都采取政府与商业保险公司合作的模式。一般由政府制定具体的实施办法，国家财政提供资金支持，商业性保险公司广泛参与，用市场化的运作方式，协调各利益方参与到巨灾风险基金的管理中来。因此，从长期可持续发展的角度出发，结合外国政府和保险公司的经验，我国也可以考虑建立由中央政府支持的森林巨灾风险基金，专业管理，盈余滚存和有针对性地使用巨灾风险基金。

8.3.2 森林巨灾风险基金的筹集

建立政策性森林保险巨灾风险基金需要设立省级和国家级两级。省级巨灾风险基金主要弥补保险公司的森林保险业务在省级范围内超赔达到一定比例时的损失；国家级的森林巨灾风险基金主要用于当保险公司的森林保险业务在全国范围超赔达一定比例时的超赔损失，如此才能实现森林保险的巨灾风险在各省（区）范围和全国范围的分散和化解。

既然分设国家级和省级两级森林巨灾风险基金，那么融资来源主要以国家投资为基础，辅之以地方投入，并探索多样化的其他融资渠道。具体而言基金来源有以下几种：一是财政拨款，国家级、省级森林巨灾风险基金由中央财政、地方财政拨付资本金，在年度预算中要单列一定比例进行基金的补充；二是保费收入，规定森林保险业务经营的保险公司应当按年度保费盈余的比例提取一部分，逐年滚存存入风险基金；三是转移支付，从国家用于森林防灾、减灾和救灾的专项支出中抽取一部分，补充森林巨灾风险基金，由于该部分支出与森林保险的功能相一致，可以进行合理分配，从而达到资金的杠杆效用，撬动充足的保险供给；四是投资划拨，可以从国家的生态补偿基金、森林基本建设投资、林业支撑与保障资金中划拨一小部分用来构建和充实森林巨灾风险基金。此外，随着我国金融市场的不断完善，金融产品的不断创新，还可通过在资本市场上发行森林巨灾风险基金债券的方式募集资金，进一步提高巨灾风险基金的收储能力，在全社会范围内募集资金。同时也可以采取动员社会团体、群众、企业等社会主体广泛筹集和捐赠资金。

8.3.3 森林巨灾风险基金的管理和使用

关于森林巨灾风险基金的管理和使用，具体来说，首先，依托专门的巨灾风险基金管理机构对国家级森林巨灾风险基金进行全面运作和管理，省级森林巨灾风险基金应受到严格监管。其次，对森林巨灾风险基金中以划拨方式所应收的款项及来源，从各商业保险公司的保费盈余中提取的比例，具体规定应以法律规定或部门规章的形式作出。最后，要定期进行信息披露，公布资金的来源、使用、增益情况，并由相关的审计部门、监察部门进行专门检查监督，保障专款专用，以防资金的流失以及滥用，保证森林巨灾风险基金发挥作用。

就具体的使用而言，国家森林巨灾风险基金的使用主要包括：对遭遇巨灾损失的开办森林保险业务的保险公司的全国超赔损失提供补偿，对省级森林巨灾风险基金提供再保障，用于全国范围内森林巨灾风险的预防支出，为森林巨灾风险研究和预防中心提供科研经费等。

省级森林巨灾风险基金的使用应由各省区根据本省的森林灾害损失情况、历年的森林保险赔付情况，自主决定在何种情况下动用巨灾风险基金。2009 年最初开展中央财政补贴的政策性森林保险试点的江西、福建和湖南都建立了森林巨灾风险基金，并具体规定了使用基金的情形。如江西省规定：当保险赔款超过年收保费的 85% 时，可申请动用巨灾风险准备金；湖南省规定：当综合赔付率超过 60% 或出现严重灾情需采取紧急措施时，可申请动用巨灾风险准备金；福建省规定：当年全省森林综合保险赔付率超过 90%时，由保险公司与风险补偿金按 1:1 比例承担。

这种分层级、分职权、分范围的森林巨灾风险基金的矩阵式架构，一方面可以避免全国性的大而全的巨灾风险保障系统的设立，减轻中央政府的负担，确保基金运行的效率；另一方面，可以充分调动地方政府的积极主动性，有效避免道德风险和逆向选择。此外，还必须考虑一旦发生全国大范围的森林巨灾风险事故，各级森林巨灾风险基金不足以应对超赔时，进一步筹集资金的融资方式。具体是由中央财政直接支付，还是从金融机构贷款，或者由财政担保发行债券等。

我国是一个森林灾害频发的国家，林业产业和政府面临着巨大的、分散性差的林业系统风险，而受政府财力的限制，单靠有限的用于林业产业的政府预算无法化解也无力承担森林巨灾风险所带来的损失。必须整合多种金融工具，如保险基金，巨灾风险债券，巨灾风险期权和巨灾保险指数，将森林巨灾风险转向资本市场，形成融投资与风险，效益与分担为一体的保险运行机制，推动中国巨灾保险市场的发展和完善，在体现政府意志的同时，运用开发性金融的理念，实行市场化运作。

8.4 森林保险监管的制度设计

与一般财产保险业务相比，森林保险业务的监管要求要复杂得多。这种复杂性不仅表现在自身业务经营管理上，还表现在所涉及的若干领域的交叉性上。为避免形成森林保险资源配置的低效率，应加强森林保险业务的监管。

8.4.1 我国森林保险业务监管的必要性

8.4.1.1 森林保险涉及公众利益

我国实行的政策性森林保险对保障林业生态安全具有重要作用，并对整个社会有极大地正外部性，因此森林保险供给涉及广泛的公共利益。这一特点决定了森林保险业不适应一般行业的竞争机制，为了保证保险供给的稳定可持续，维护公共利益，政府必须将政策性森林保险业务置于其监管之下，不能任其自由发展。

8.4.1.2 森林保险具有很强的技术性

保险业的经营本身具有很强的专业性，从费率测算到保单条款制定都具有系统性和复杂性等特点，不易于理解。由于森林保险的条款和费率都是保险公司事先设计好的，所以投保人可能很难识别条款和费率的公平性，更何况投保人在与保险人在签订保险合同时，只能做出是与否的选择，而不能对合同的主要内容做出修改，这就需要监管机构对保单条款与费率进行严格的审核，以维护投保人的利益。

8.4.1.3 森林保险发展不充分

自从2009年实施中央财政保费补贴以来，森林保险才真正意义上步入快速发展的时期，对政策性森林保险业务实施有效监管是健康可持续发展的需要。与国外发达森林保险市场相比，我国森林保险市场还不成熟，无论是技术手段还是经营经验都尚处于摸索积累阶段，产品结构和费率水平仍不尽合理，与我国林业发展与生态建设所需的保障水平还有较大差距。因此，要通过实施有效的监管，引导和规范森林保险市场行为，及时发现问题，确保森林保险的正确发展方向，不断改善承保政策性森林保险业务的商业性保险公司的经营管理水平，促进我国森林保险健康、快速地发展。

8.4.2 我国森林保险业务监管的目标

打击保险市场违法行为，促进保险市场上各主体公平合规竞争，防范重大风险是保险监管所具有的一般功能，森林保险作为保险业务的一种，其监管也不能脱离保险监管一般层面的目标，即规范市场。由于森林保险具有政策属性，所以该业务应当在保本微利的基础上稳健经营，不应以逐利作为开展业务的根本目的。

然而，我国政策性森林保险业务仍由商业性保险公司承保，不可避免的带有追求利润的主观色彩，与此同时，投保方也会存在一定程度上的逆向选择与道德风险，加之政府作为参与政策性保险计划的主要一方也可能产生“寻租”行为，各方面因素均会影响到森林保险市场的交易公平与竞争公平，容易导致政府财政保费补贴的效率无法实现最大化，政策性森林保险的实施不能达到最优状态。为规范政策性森林保险的市场行为、实现在财政补贴下的森林保险资源的最优配置，促进承保理赔各个环节的高效率运行，必须要发挥监管的市场规范功能。具体来讲，首先要对政策性森林保险的业务流程实施监督，打击市场违法违规行为，如纠正商业性保险公司的虚假承保、虚假理赔，“寻租”行为，投保方的保险欺诈行为等，规范森林保险市场的规范运行；其次是保证森立保险产品的公平交易，避免投保人与保险人由于在风险状况、保险产品方面存在信息不对称导致交易显失公平；最后是创造公开透明的良好竞争环境，防止参与政策性森林保险业务的多家商业型保险公司为获取更多的业务量展开不正当竞争，稳定市场秩序，避免引发系统性风险。

8.4.3 我国森林保险业务监管的现状

当前我国对森林保险业务的监管刚刚起步，尚存在着许多问题。具体表现在以下几个方面。

8.4.3.1 监管方式不健全

森林保险的业务经营具有既定的特殊性，而现有的保险监管方式不能完全适应森林保险的客观发展需要。首先，现有的监管手段难以实现对损失赔偿标准的量化。森林植被类型繁多且不同林龄、林种在不同质量的林地上生长差别明显，生产成本和人力成本投入差别较大，同一灾害对不同区域的森林带来的损害也各不相同，实际损失评估和量化困难。现阶段森林保险出险后的查勘定损多以经验判断为主，难以准确定损，因此出现了虚假理赔、虚增赔款的违规现象。其次，森林保险监管的技术水平较低，系统对承保理赔信息的管理较粗放，仅涵盖区域范围内投保标的的总体情况，缺乏具体单个标的的详细信息，无法实现对更小风险单位的风险管控。

8.4.3.2 监管体系不系统

现阶段，我国保险监管部门主要依据《保险法》的规定开展监管工作，至今没有出台针对森林保险业务监管具体规定的法律法规，这也严重影响了森林保险监管的可操作性。事实上，在当前我国森林保险业务多以政策性业务为主的现实情况下，监管部门按照主要对商业保险进行规定的《保险法》的相关条款对政策性的业务进行监督检查，确实存在许多不当之处。如森林保险的补贴问题，林农自缴保费的到位问题，在业务开展初期，因承保标的数量众多，核保过程漫长，实际操作违规等问题，不能完全适用商业保险的做法。

8.4.3.3 监管机制不协调

当前，我国的森林保险发展多以财政补贴的政策性业务为主，形成财政、审计、监察、保险监管等多部门均有权对森林保险业务监督检查的局面，但各部门之间缺乏协调机制，影响了森林保险监管功能的发挥。各部门具有不同的监管职责，监管的目的不同，利益考虑的角度不同，采用的监管规则不一，因此对同一问题所采取的监管措施也会有很大的差异，容易形成被监管对象无所适从的局面。同时，多头监管现象也加大了监管成本，各部门之间既可能形成监管的真空，也可能产生交叉，造成森林保险监管不明确、操作不规范，从而降低了森林保险监管的效率。

8.4.4 森林保险监管主体的确定

目前我国森林保险业务的法定监管主体是中国保监会。但是，与商业性保险业务的监管相比，政策性保险业务的监管在监管性质、内容、规则等方面存在着较大的区别。因此有部分学者提出应单独设立一独立的监管机构，理由一是现在的保监会主要是对商业保险进行监管，在无明确授权的前提下，不能越权对政策性森林保险业务实施监管；理由二是国外很多国家也单设了独立的政策性保险业务监管部门，如美国的风险管理局、日本的农林水产省等，可借鉴这些国家的经验。

但新设独立的森林保险监管机构在当前我国森林保险及整个保险业发展的现实情况下不具有可行性。首先，设立新机构，必定会耗费巨大的成本；其次，新机构由谁来设立，如何设立，设立的目的为何，职责权限的授予等问题需要解决；最后，设立新机构，通常要花费较长时间去论证、去审批，短期内难以实现。相反，目前仍应由中国保监会对森林保险业务继续行使监管职责。一是出于节约成本的考虑；二是出于维持现有监管体系连续性和稳定性的考虑。而且从当前实践来看，保监会已经积累了许多宝贵的森林保险监管经验，具有一定的管理优势。同时，还要进一步扩充保监会的职能，在保监会内部专门下设独立的森林保险业务监管的具体职能部门。中国保监会现已在财产保险监管部下设了“农业保险监管处”，在一些业务量较大省份的地方保监局成立了相同的职能机构，在其他一些省份的保监局增设专岗，专门负责农业保险业务的监管工作。这一整体运作体系也可适用于森林保险，加强对森林保险业务的专职监管，进一步提高监管的针对性和有效性。

8.4.5 我国森林保险业务监管应包括的主要内容

8.4.5.1 对经营森林保险业务的保险公司进行监督检查

首先，要不断完善监督检查的实施细则和相关的监管制度。中国保监会现已下发了《关于规范政策性农业保险业务管理的通知》，已开始起草《农业保险监管暂行办法》，这些规范性文件的制定和颁布从组织监管、产品监管、业务监管、服务监管等多方面初步对森林保险的监管进行了建构。其次，森林保险的监管重点应在于对政策性森林保险经营主体遵守法律、履行协议的情况进行监督检查。如经营政策性森林保险业务的商业保险公司是否在政策性业务范围内进行承保；有无对其他险种进行捆绑强制销售；有无损害投保林农的合法权益；有无以政策性业务为名，而实质进行商业经营的事实；是否将政策性业务单列账簿进行单独的收支管理，有无将商业性业务的经营风险转嫁到政策性业务上。尤其是要对森林保险经营主体的偿付能力进行动态监管，防止经营森林保险业务的主体因偿付能力不足而给广大林农和全社会带来潜在损失情况的发生。

8.4.5.2　对保险公司的森林保险业务实施具体监管

首先要检查保险公司各项森林保险业务数据的真实性，并在此基础上，核实政策性森林保险基金的投资运营状况，有无将森林保险的保费收入挪到其他险种名下，政府对政策性森林保险业务进行补贴的款项是否专款专用，补贴账户的结余与不足情况，是否全额到账，有无虚增管理费用以虚列财政补贴等情形，综合采取现场检查与非现场监管等手段，完善信息披露制度，以此促进政策性森林保险业务的规范开展，维护森林保险市场秩序和投保林农的合法权益。

8.4.5.3　对全国性森林保险条款和费率进行审核

由于森林保险种类繁多，保险标的分散，保额及费率厘定难度大，灾害损失评估技术性强，且各区域之间的供给和需求存在显著差异，同时各省的林业发展状况及经济发展水平不同，对森林保险补贴需求的强弱及补贴的侧重点各有不同。而保险监管部门汇聚了不同区域多家保险公司的业务经营数据，具有宏观掌控的信息优势，更有利于在全国范围内统一森林保险的具体实施。因此监管机构要基于以上基本情况，从宏观层面上对全国性的森林保险条款和费率进行审核，尤其是要实施强制保险的部分险种，保险监管部门可同林业部门联合，从更专业的技术角度对保险公司森林保险旧险种条款的修改和新产品的开发提供指导。

8.4.5.4　对区域性森林保险险种的条款和费率进行报备

针对不同区域森林灾害类型的分布特点以及森林保险的供需状况，鼓励各区域保险公司结合本区域内森林灾害风险的种类、发生频率、损失程度，开发有区域特色的森林保险险种，制定适合本区域开办的森林保险的条款和费率。区域性森林保险险种只需报保险监管部门备案即可。监管部门对保险公司的偿付能力要列入重点监管对象，防止不正当竞争下的森林保险的低费率导致保险公司的偿付危机，或为追求盈利最大化而在政府对森林保险进行补贴后仍然执行高费率，从而损害广大林业生产经营者的利益。

8.4.5.5 对森林保险的相关灾害损失数据进行统计收集

开展政策性森林保险必须要有森林资源的价值资料及损失资料等有关数据，才能把握森林灾害的特点和规律，只有积累长期的赔付及保额损失等相关资料，才能合理地拟定保险费率及保险条款的内容。因此，政府应大力加强对森林灾害风险损失统计数据的普查和整理，汇总森林灾害的相关历史数据，包括分散在各省市、各个部门的气象、林业、民政等相关部门的灾害资料，以及各地区保险公司多年来实施森林保险的相关业务数据和经验资料，建立全国森林灾害数据共享平台，为各省市制定政策性森林保险实施计划、推进政策性森林保险业务的开展，提供借鉴和参考。同时，还要注意资料的不断积累和及时地更新，做好数据的整理工作，为科学制定森林灾害预防工作奠定基础，加大对森林灾害的预报和测量、森林保险理论研究和技术人才培训的投入。

总之，通过扩大监管范围，加大监管力度，可进一步提升政策性森林保险的服务质量和管理水平，有利于切实维护广大林农的利益，确保我国森林保险的持续健康发展。

9 我国森林保险区域化发展的对策建议

9.1 合理地厘定区域森林保险的费率

在不同的风险区域厘定有差别的森林保险费率，使保费负担与保险责任相一致，使区域费率与区域林业生产状况、森林灾害风险状况紧密联系起来，这样就能较好地防止逆向选择和道德风险问题。富有弹性的区域森林保险费率既是区域森林保险条件差异的客观反映，又是逐步缩小区域森林保险发展差距，实现各区域间协调发展的重要条件。另外，区分不同地区的风险程度，制定区域保险费率也是合理确定森林保险补贴标准、具体考虑各区域补贴额度的多少的前提。因此，科学合理的厘定保险费率是森林保险发展中的关键要素。

9.1.1 在风险区划的基础上针对不同区域实行差别费率

森林灾害的损失程度与森林特征、地形、气象因子、社会经济条件等密切相关，因此要因地制宜的估算森林灾害损失率，划定不同等级的风险区域。高风险地区林农的森林保险需求弹性较低，因此尽管费率较高，林农的购买意愿也较强烈；而在低风险地区，林农对森林保险的需求弹性较高，给予适当的费率折扣会鼓励更多的林农投保，从而使保费总收入增加，承保面扩大。如，相对于北方的干旱林区，南方省份气候湿润，较少发生自然起火的情况，林农对森林的自保力度也较强，发生严重火灾的概率降低，这使得森林火灾保险的需求下降。因此可适当降低森林火灾险的费率；但由于南方省份的林区易受暴雨、洪水、霜冻、台风、虫灾等自然灾害以及盗抢等人为因素的破坏，则可选择开办列入本地森林保险的险种供应范围，并适当提高保险费率。

9.1.2 针对树种与林龄的不同划分风险单位，实行差异费率

按照树种、林龄、地区、风险程度的不同对森林保险实行差别费率。如针叶林的费率要比阔叶林高，人工林的费率要比天然林的费率高，稀有树种的费率要比一般树木要高，实验性培育阶段的林木要比已推广成熟的树种费率高。对于相同树种来说，确定保险纯费率时，要根据幼龄林、中龄林、成熟林等林龄阶段适当划分档次，采用不同的费率级别。保险公司应尽可能的进行实地调研，了解更多有关投保人的信息和投保森林的真实情况，精确划分风险单位，进行费率分区，细分费率档次。

9.1.3 针对林农收入水平的不同设置保障范围，实行等级费率

将森林保险的费率按照保障水平的不同，分成若干个档次。与高保障水平相对应是包含高风险的高费率。对收入水平低且经营规模小的林户，可提供低保障水平、低费率的险种，以提高他们的参保率；对收入水平中等且经营规模小的林户，可尝试采用打折的方式吸引投保；对经营高成本、林业附加值高的林户，由于他们的需求程度高，也更需要提供较高保障水平的保险。

9.2 完善政策性森林保险的区域市场运作

9.2.1 因地制宜的设计森林保险的产品供给

要结合区域内森林灾害风险的大小、特点，建立与区域森林保险需求和森林保险供给能力相适应的差异化的保险产品结构体系，体现区域森林保险产品的特色。各区域都应重点拓展本区域内的森林保险保障型产品，即风险大、费率高的险种应作为主要保障对象，由政策性森林保险来提供，政府给予必要的支持；风险较小、费率较低的险种可由商业保险来提供和满足，完全市场化经营。即使在政策性森林保险产品中也应体现风险差异，并在保障水平和补贴水平上体现出各自的差异。同时还要注意各区域开办的森林保险产品责任范围的选择，谨慎开展综合险业务。

9.2.2 健全森林保险的监督奖惩机制与风险管控机制

一是要加强森林保险专业人才的培养和管理水平的提高，适当增加勘损理赔人数；加强部门间合作，在林业部门的参与下进行展业、查勘、定损及防灾防损等相关业务。二是要依据市场的需要，开拓多元化的保险险种，改善条款设置，使森林保险灵活化经营，减少可能产生道德风险的漏洞。三是要赏罚分明，对上年度赔付率低的林农适当降低费率，保费优惠幅度随不出险时间的增加而加大。通过这种激励机制，鼓励被保险林农加强风险管理，增加林农产生道德风险的机会成本。四是要加强风险管控。为林农提供森林灾害风险防范及管理服务，保险人可事前实地检查、督促被保险人做好防灾、减灾的准备工作。

在遭受灾害损失后，要求被保险人及时通知，并尽力采取措施减少损失及损失的扩散。

9.3 有重点、有选择地构建政策性森林保险的区域财政补贴体系

应综合考虑中央和地方公共财政的扶持能力、林农的收入水平、区域经济和保险业发展水平，有重点、有选择地使用财政补贴，逐步建立完善的森林保险补贴体系。政府对森林保险保费的补贴应根据不同的费率和风险情况来确定具体标准。风险程度越大，可能导致的损失情况越严重，森林保险的费率也就越高，需要补贴的额度也越大。

9.3.1 实行“统保 + 自愿”的运作模式，有差别的进行保费补贴

对各地区风险较高、灾害发生较频繁、造成损失较大的险种，可作为基本险，在政府的引导下实行“统保”，这种统保带有一定的经济利益诱导性和操作上的强制性。而对另外一些风险较低的森林灾害和经济效益较高的林种可作为附加险，采取自愿保险的方式。基本险的保额较低，费率低，保障的风险范围较窄，应得到更多的政府财政的支持。对森林保险损失补偿有较高要求的林农可自愿购买补充险。这种参保模式的优势在于：一是政府向所有林农补贴基本险的保费，既减轻了财政负担，也体现了面向全体的公平原则，理顺了政府、保险公司、林农的关系以及相互的责任和利益；二是在政府全部投保基本险的前提下，可迅速提高森林保险的覆盖面和规模，并带动林农的参保积极性，从而实现规模效应，降低

保险公司的经营成本，更好地分散风险。

9.3.2 健全林农参保森林保险的引导机制

森林火灾、病虫害等灾害本身具有传播性，因此参保森林保险也具有一定的互助和义务性质。国外的经验表明，实行信贷、补贴、流转和抵押限定对林农森林保险需求有显著地正向影响，这些措施能有效地提升林农森林保险的需求。所以，为实现基础险种的广覆盖，应当考虑诸如此类的限制措施，如只有参加了政策性森林保险才能有资格进行小额信贷、优惠利率、价格补贴、林地流转和林权抵押贷款等活动，才能享受生态效益补偿基金等，使基础性险种具有一定的强制性，确保参保林农人数和参保森林面积，在大范围内规避风险，实现森林保险持续健康发展。

9.3.3 对生态公益林实行强制投保

对生态公益林这种关系到国计民生和生态环境安全的标的的投保方式，应当明确为强制投保、统一投保。明确由国家负担公益林的保费支出，将公益林投保与相关林业种植补贴的发放挂钩；试点将保险赔付金在补偿林农损失和国家生态建设费用之间合理分配；引导监督林农将保险赔付用于生态公益林的再植；探索针对公益林的道德风险的有效防范措施，逐步解决公益林的森林保险主体缺位问题。

9.3.4 限制政府灾后救助

政府灾后补偿救助必须以林农已采取预防措施和购买森林保险等为前提。这也意味着，为所拥有的森林已投保的林农将获得灾后救助或所获救助超过那些没有投保的林户。这类措施的采用在一定程度上可鼓励林农投保森林保险，迫使林农在风险抵御上进行投资。与此同时，政府还可以重点补贴积极采取森林管护等灾前预防措施的林农，只在特大灾害发生后提供政府救助作为灾后损失保障，这样既保护森林免受灾害，同时也避免林农因得到充分保护而产生道德风险问题。

10 结论与展望

10.1 主要结论

本文通过建立一套清晰的、具有代表性的、数据获得性较易的指标体系，评估了我国各地区森林灾害的风险水平，在此基础上进行了森林保险的综合风险区划，计算出了各地区主要森林灾害的保险费率，根据区域内各类森林灾害损失程度的大小和费率的高低确定了各地区森林保险业务发展的重点，并结合区域经济发展水平、林农的保费支付能力和地方财政实力对各区域森林保险的补贴需求强弱进行了划分，从而为制定有差别的森林保险奠定了基础。研究的主要结论如下。

（1）我国森林保险必须坚持区域差异化的发展方向。

区域风险类型和抗灾能力的差异、区域经济发展水平的差异、区域农村居民收入水平和保险意识的差异、区域保险业发展水平及财政支林规模的差异、区域森林保险业发展的差异，在客观上决定了我国森林保险费率厘定和补贴力度的不同、森林保险产品种类的不同、森林保险的有效需求不同、森林保险产品供给能力的不同和政府扶持措施的不同。我国森林保险须从区域实际出发，实行差异化的发展模式和实施机制，合理界定市场机制作用范围和政府的干预程度，才能更好地促进森林保险的可持续发展，进而促进林业的可持续发展。

（2）我国森林保险现实问题的解决需依赖于区域化的发展路径。

我国森林保险的发展面临有效需求与有效供给不足、逆向选择与道德风险、政府救助与林农参保、自愿投保与强制投保这四个症结问题，成为当前制约我国森林保险发展的主要原因。通过分析得出，有效需求与有效供给不足的解决需要政府对森林保险进行财政补贴；逆向选择和道德风险问题需要通过风险区划，进行区域性森林保险产品的设计与开发来解决；而政府救助和参保方式的选择需要政府采取适度的干预措施，引导林农森林保险的投保决策，这样才能有效解决参保率低的问题。

（3）我国森林灾害风险存在着显著的区域差异。

对我国森林灾害进行风险区划的结果表明：我国森林火灾风险较高的地区主要分布在南方林区和西南林区。火灾风险较低的地区，主要分布在西北、华北及华东地区的北部等我国的少林地区。森林病害的高和较高风险区主要分布在东北、西北及西南地区。南方林区大部分为病害的中风险区。全国大部分省份属于虫害风险的中风险地区，说明虫害的发生在我国具有普遍现象，除对个别省份造成较大危害外，总体处于可控范围之内。我国森林鼠害的风险等级分区结果表明：只有黑龙江、宁夏、陕西、新疆、内蒙古、江西共6个省份被划为高、较高风险区。这一结果和森林鼠害的历年灾害统计数据缺失有密切联系，损失统计数据的缺失将不利于对灾害的评估和森林保险费率的厘定。

（4）参保比例的上升将大幅降低森林保险的费率。

对我国森林保险费率的估算结果显示：所估算的费率比现行的各地区试点中所执行的森林保险费率要低。原因主要在于各保险公司所执行的费率是根据历年的有效索赔数额，计算出单位保额的平均有效索赔额，即平均保额损失率而定的。而本文是基于各地区森林按面积多少全部参保的情况下，计算灾害损失率的大小，两者在计算基数上有所不同。但却反映出随着参保比例的增加，森林保险费率也会随之降低，从而能更好地激起林农投保的积极性。

（5）森林保险的补贴需求在各区域间存在强弱程度的不同。

区域森林灾害风险程度越高，灾害损失后果越严重，森林保险的费率也就越高，林农的保费负担也越重，因而对森林保险保费补贴的需求也就越强烈。但因区域间财政支付能力和保险业的发展水平的不同，造成森林保险补贴需求也呈现较大的差异。除江西、云南、湖南、福建四个已进行中央财政补贴保费试点的林业大省之外，其余划分高补贴需求区的省份多属森林资源较贫乏的华北和西北省份。这也意味着，我国森林保险补贴范围需要进一步扩大，应加强对少林省份的扶持，从而推动该地区林业的发展，改善我国森林资源分布的不均衡性，更好地维护生态环境安全。

（6）我国森林保险区域化发展需要宏观体系的保障。

森林保险的发展需要一个完整、规范的保障体系做支撑。通过森林保险立法，可明确森林保险业务的具体操作规程，规定各参与方之间的权利义务关系，规定各级政府在森林保险开展过程中的职能和作用等内容；森林再保险的开展则有利于风险的分散，业务经营的稳定，保险人承保能力的提高，有利于新险种的开拓和保险经营管理水平的提高；由财政支持的各级森林巨灾风险基金的设立是为维系森林保险的稳定运营而建立的资本保障体系，可进一步增强保险业抵抗森林巨灾风险的能力；保险监管的实施可进一步提升森林保险的服务质量和管理水平，有利于切实维护广大林农的利益，确保森林保险持续健康发展。

10.2 研究展望

（1）进一步深入进行更窄区域范围内的森林保险风险区划。

受限于统计资料的缺失，我国目前对森林保险的风险区划研究较少，仅有的研究也主要针对森林火灾、森林病虫害的灾害分区，本研究也仅到省级层面的森林保险的区域划分和发展，在进行风险区划时采取求大同存小异的原则，因此，在每一等级的风险区内仍然存在局部的风险程度差异，这样会在一定程度上低估更小区域范围内的森林灾害风险和损失率，我国地域宽广、森林分布分散，执行分地块的费率也不切实际。因此，为了能使以风险区划为基础厘定的森林保险费率更加科学合理，切实保障林农和保险公司的利益，可参照省级森林灾害区划的做法对我国森林保险进行更窄层面的风险区划。

（2）进一步分析林种、树种和林龄对森林保险风险区划及费率分区的影响。

因本文的风险区划范围界定为省级区域，而各省内的植被类型分布，林龄、林种、树种等资料只能在局部范围内获得，不具有全国范围内的相比性。所以本研究在设定区划指标时暂时没有予以考虑。实际上，按树木品种抗性分，抗病虫害强的树种风险系数等级低，反之高；火烧阻燃系数高的树种，风险系数低，反之高。按树种林龄分，中龄林风险系数低，成、过熟林和幼龄林风险系数高。按林分结构分，混交林风险系数低，纯林风险系数高。对于相同树种来说，确定保险纯费率时，可按林龄分成若干费率档次。

（3）进一步加强森林灾害统计及森林保险赔付的统计数据的收集整理。

要对森林灾害损失做出较为客观的评估，必须要有比较详实的统计数据才能做到。但我国在森林灾害统计工作方面比较粗放，还没有建立起一套切实可行的、完整的指标体系和数据库，为森林灾害损失的评估带来很大的困难。具体而言，缺乏森林气象灾害（干旱、冰冻、雹灾、台风、泥石流等）的综合性统计数据，且指标体系很不完整；缺乏灾害发生后，森林资源损失的统计与评估，及营林成本和统一的立木价格及各种主要林产品价格，使得森林资源损失的经济评估缺少重要的价值尺度。此外我国森林保险起步较晚，又经历了停滞期，森林保险业务并没有得到广泛的开展，造成相关业务数据和经验资料的缺乏。森林历史灾害数据和保险赔付数据掌握的缺失给森林保险的研究和开展带来了很大的障碍。

附　录

附表 1　森林火灾风险指标的量化

Schedule 1　Quantization for risk index of forest fire

	火灾损失指标				火灾危险性指标								
火灾风险指标	火灾次数	火灾面积损失率	火灾蓄积量损失率	间接经济损失额	有林地占林地面积的比重	平均海拔	平均气温	平均相对湿度	平均风力	易损性指数	规模指数	效率指数	火灾防灾能力指数
单位		%	%	万元	%	m	℃	%	米/秒				
北京	10.5	0.73	0.18	26.36	0.51	43.1	12.3	57	2.5	0.3117	1.1675	3.4467	0.0328
天津	13.3	1.47	0.04	7.31	0.66	1.2	12.6	62	2.4	0.2108	0.4470	1.5738	0.0214
河北	80.8	0.32	0.09	41.86	0.54	80.5	9.1	55	1.1	0.2353	0.9714	2.7100	0.0065
山西	35.1	3.69	3.92	1363.43	0.29	777.9	10	59	2.0	0.4182	0.7298	0.8760	0.0074
内蒙古	109.6	12.10	2.40	4480.52	0.39	1063	6.7	54	1.9	0.7543	0.9720	0.1198	0.0129
辽宁	183.8	0.45	0.02	57.79	0.73	41.9	8.4	63	2.8	0.5107	1.8105	1.2036	0.0153
吉林	70.1	0.18	0.04	208.76	0.87	236.8	5.6	63	3.9	1.5921	2.0939	0.7050	0.0121
黑龙江	137.8	34.99	0.12	8487.46	0.88	171.7	4.2	65	3.6	1.0742	2.1713	0.3215	0.0205
上海	1.0	0.00	0.00	0.00	0.80	2.2	16.6	76	3.2	0.2470	0.1741	31.8573	0.0029
江苏	113.2	1.89	1.19	154.34	0.84	8.4	15.4	76	2.5	0.4146	0.4141	13.1779	0.0194
浙江	564.9	7.80	8.45	371.26	0.87	42.6	16.5	77	2.3	0.2924	2.9879	3.6463	0.0624
安徽	159.4	1.94	1.07	169.27	0.82	28.7	15.4	72	2.4	0.4387	1.3196	1.4648	0.0114
福建	495.2	8.38	3.82	750.75	0.84	84	19.8	76	2.6	0.8143	3.4574	1.9341	0.0551
江西	480.3	5.24	2.44	1461.86	0.92	46.7	17.6	77	2.5	0.4901	3.0675	0.8162	0.0201
山东	67.0	0.56	0.15	249.82	0.74	51.6	14.7	57	3.0	0.2197	0.7381	6.2190	0.0308

续 表

	火灾损失指标				火灾危险性指标								
火灾风险指标	火灾次数	火灾面积损失率	火灾蓄积量损失率	间接经济损失额	有林地占林地面积的比重	平均海拔	平均气温	平均相对湿度	平均风力	易损性指数	规模指数	效率指数	火灾防灾能力指数
单位		%	%	万元	%	m	℃	%	米/秒				
河南	467.3	1.81	0.18	186.18	0.67	110.4	14.3	67	2.4	0.4366	0.8891	2.4272	0.0050
湖北	649.7	2.93	1.48	171.66	0.70	23.3	16.6	77	1.8	0.4348	1.4701	1.2371	0.0124
湖南	1994.0	10.57	7.30	2922.03	0.77	44.9	17.1	82	2.2	0.4329	2.2312	1.1737	0.0143
广东	245.8	2.40	1.44	558.64	0.79	6.3	22.0	77	1.7	0.4816	2.5530	1.7388	0.0504
广西	627.2	2.77	2.37	536.49	0.69	72.2	21.8	79	1.3	0.5206	2.2740	0.7583	0.0096
海南	129.3	1.57	0.23	94.83	0.84	13.8	24.1	84	2.4	0.6062	2.6837	1.7850	0.0067
重庆	160.2	1.69	1.14	306.04	0.53	259.1	18.2	80	1.3	0.6471	1.2219	0.9985	0.0072
四川	285.6	0.41	0.24	1762.52	0.57	505.9	17.8	81	0.8	1.4341	1.6623	0.5083	0.0053
贵州	1414.8	6.33	3.00	726.65	0.55	1071.2	15.3	76	2.0	0.5943	1.3086	0.4375	0.0080
云南	556.7	1.68	0.82	1778.99	0.67	1891.4	14.9	72	2.1	1.2595	2.2389	0.3141	0.0205
西藏	14.9	0.18	0.18	394.17	0.48	3658	8.0	44	1.9	2.2899	0.6211	0.0089	0.0224
陕西	57.2	0.47	0.09	50.36	0.57	396.9	13.7	70	1.6	0.6446	1.7875	0.4298	0.0055
甘肃	17.0	3.80	1.58	404.60	0.25	1520	9.8	56	0.8	0.8204	0.3657	0.4867	0.0063
青海	8.0	0.63	0.00	18.57	0.06	2261.2	6.1	55	1.5	0.1590	0.2416	0.0251	0.0068
宁夏	8.2	0.76	0.00	16.58	0.09	1111.5	9.0	57	2.0	0.1367	0.3339	1.0424	0.0088
新疆	35.3	1.39	0.03	276.92	0.19	917.9	6.9	58	2.3	0.8134	0.1614	0.6198	0.0087

附表 2 森林病害风险指标的量化

Schedule 2 Quantization for risk index of forest disease

	1 损失指标				2 防治率%	6病虫鼠害防灾能力指数
病害风险指标	1.1发生面积公顷	1.2 成灾面积公顷	1.3 发生率%	1.4 成灾率%		
北京	1498.9	486.6	0.40	32.46	87.13	0.015723
天津	1783.2	560.2	1.91	31.42	87.84	0.056126
河北	20092.4	6781.4	0.61	33.75	75.11	0.007164
山西	2114.75	428.9	0.10	20.28	64.80	0.008711

续 表

	1 损失指标				2 防治率%	6病虫鼠害防灾能力指数
病害风险指标	1.1发生面积公顷	1.2 成灾面积公顷	1.3 发生率%	1.4 成灾率%		
内蒙古	27828.8	10227	0.14	36.75	76.11	0.004676
辽宁	40983.9	18746.1	0.85	45.74	72.58	0.016888
吉林	34567.6	15782.2	0.48	45.66	75.06	0.007599
黑龙江	42989.2	30712.6	0.24	71.44	82.21	0.004364
上海	1630.7	370.9	8.63	22.74	99.15	0.006023
江苏	25642.3	15428.7	3.31	60.17	75.02	0.017935
浙江	29392.2	11401.4	0.53	38.79	85.72	0.050712
安徽	45429.3	15092.1	1.37	33.22	78.86	0.032090
福建	39156.9	6078.9	0.52	15.52	76.57	0.026195
江西	45765.5	6968.3	0.49	15.23	55.26	0.012657
山东	119676.1	32379.3	5.85	27.06	75.49	0.048220
河南	88155.3	30076.8	3.27	34.12	80.47	0.004272
湖北	44511.5	11306.4	0.89	25.40	78.51	0.004621
湖南	3723.8	631.3	0.04	16.95	70.76	0.011243
广东	27540.2	7485.6	0.33	27.18	88.94	0.018701
广西	21248.1	8109.9	0.22	38.17	22.92	0.003749
海南	7987.4	4588.9	0.48	57.45	54.72	0.017918
重庆	13837.5	8110.3	0.76	58.61	77.98	0.005880
四川	69977.8	33415.6	0.48	47.75	77.68	0.002408
贵州	14589.8	4098.8	0.35	28.09	76.49	0.004614
云南	35253.4	16217	0.23	46.00	78.28	0.004445
西藏	10037.4	3670.7	0.07	36.57	0.00	0.008927
陕西	34233.4	19416.7	0.51	56.72	54.16	0.001746
甘肃	48752.1	27711.7	1.63	56.84	70.31	0.006451
青海	19237.7	10244.1	0.62	53.25	43.08	0.006686
宁夏	1532.7	331.6	0.38	21.64	64.17	0.017701
新疆	47078.3	23009.5	0.98	48.87	74.92	0.011466

附表 3　森林虫害风险指标的量化

Schedule 3　Quantization for risk index of forest insect

	1 损失指标				2 防治率	6病虫鼠害防灾能力指数
虫害风险指标	1.1 发生面积	1.2 成灾面积	1.3 发生率	1.4 成灾率		
	公顷	公顷	%	%	%	
北京	31175.6	6537. 3	8.23	20.97	94.67	0.015723
天津	21873.8	7146.0	23.39	32.67	94.90	0.056126
河北	354534.6	133401.5	10.78	37.63	84.47	0.007164
山西	321100.0	149660.3	15.42	46.61	45.74	0.008711
内蒙古	552424.6	321585.5	2.69	58.21	67.27	0.004676
辽宁	493166.7	225111.0	10.26	45.65	84.42	0.016888
吉林	200486.6	104197.8	2.78	51.97	68.20	0.007599
黑龙江	298222.5	202703.5	1.66	67.97	82.63	0.004364
上海	10173.5	4615. 4	53.83	45.37	96.15	0.006023
江苏	58988.0	18581.3	7.62	31.50	86.34	0.017935
浙江	51177.2	21071.8	0.92	41.17	92.12	0.050712
安徽	267430.3	97570.6	8.06	36.48	78.47	0.032090
福建	209354.4	56757.3	2.74	27.11	61.09	0.026196
江西	243642.7	85071.6	2.62	34.92	66.92	0.012657
山东	436932.5	114790.7	21.35	26.27	80.28	0.048220
河南	448036.3	146693.7	16.58	32.74	74.07	0.004272
湖北	236919.8	99088.4	4.76	41.82	68.12	0.004621
湖南	249717.4	106348.1	2.90	42.59	66.08	0.011243
广东	552304.1	185027.3	6.68	33.50	22.15	0.018701
广西	237845.2	65441.6	2.42	27.51	48.89	0.003749
海南	43426.45	47383.1	2.61	109.11	70.25	0.017918
重庆	119819.7	59126.3	6.54	49.35	84.97	0.005880

续 表

虫害风险指标	1 损失指标				2 防治率	6病虫鼠害防灾能力指数
	1.1 发生面积	1.2 成灾面积	1.3 发生率	1.4 成灾率		
	公顷	公顷	%	%	%	
四川	601683.0	259424.1	4.11	43.12	89.22	0.002403
贵州	174885.7	53215.91	4.16	30.43	80.78	0.004614
云南	288846.6	140876.9	1.85	48.77	79.14	0.004445
西藏	34948.8	8687. 1	0.25	24.86	0.00	0.008927
陕西	303758.8	145599.7	4.53	47.93	59.35	0.001746
甘肃	125251.2	63714.9	4.18	50.87	75.91	0.006451
青海	106350.5	49112.3	3.35	46.18	48.68	0.006686
宁夏	98747.2	29482.6	24.47	29.86	50.74	0.017701
新疆	311140.5	137560.7	6.43	44.21	79.47	0.011466

附表 4　森林鼠害风险指标的量化

Schedule 4　Quantization for risk index of forest rat

鼠害风险指标	1 损失指标				2 防治率	6病虫鼠害防灾能力指数
	1.1 发生面积	1.2 成灾面积	1.3 发生率	1.4 成灾率		
	公顷	公顷	%	%	%	
北京	185.00	26.36	0.05	14.25	0.00	0.015723
天津	20.00	3.64	0.02	18.18	0.00	0.056126
河北	6188.27	3089.15	0.19	49.92	75.80	0.007164
山西	28487.33	13412.51	1.37	47.08	48.26	0.008711
内蒙古	200914.20	119675.50	0.98	59.57	57.73	0.004676
辽宁	5874.12	2183.98	0.12	37.18	73.36	0.016888
吉林	26377.79	7659.73	0.37	29.04	71.36	0.007599

续 表

	1 损失指标				2 防治率	6病虫鼠害防灾能力指数
鼠害风险指标	1.1 发生面积	1.2 成灾面积	1.3 发生率	1.4 成灾率		
	公顷	公顷	%	%	%	
黑龙江	286039.60	226220.40	1.59	79.09	87.99	0.004364
上海	0.00	0.00	0.00	0.00	100.00	0.006023
江苏	0.00	0.00	0.00	0.00	100.00	0.017935
浙江	22.00	0.00	0.00	0.00	94.40	0.050712
安徽	70.58	33.00	0.00	46.76	89.33	0.03209
福建	0.00	0.00	0.00	0.00	100.00	0.026196
江西	211.75	667.00	0.00	314.99	100.00	0.012657
山东	0.00	0.00	0.00	0.00	100.00	0.04822
河南	1736.00	670.00	0.06	38.59	81.28	0.004272
湖北	5982.97	1783.21	0.12	29.80	56.31	0.004621
湖南	1976.29	932.80	0.02	47.20	84.48	0.011243
广东	0.00	0.00	0.00	0.00	100.00	0.018701
广西	30.40	23.30	0.00	76.65	94.44	0.003749
海南	216.67	75.00	0.01	34.62	59.70	0.017918
重庆	48300.33	12940.29	2.64	26.79	79.44	0.00588
四川	30372.94	13443.99	0.21	44.26	81.46	0.002408
贵州	12152.12	3367.85	0.29	27.71	67.02	0.004614
云南	7181.67	3017.30	0.05	42.01	86.16	0.004445
西藏	22761.86	8311.00	0.16	36.51	0.00	0.008927
陕西	140395.00	59601.97	2.09	42.45	57.46	0.001746
甘肃	68950.19	36902.97	2.30	53.52	79.93	0.006451
青海	114454.40	55953.12	3.61	48.89	54.72	0.006686
宁夏	148396.00	64232.73	36.77	43.28	74.15	0.017701
新疆	190629.50	98977.10	3.94	51.92	67.01	0.011466

附表 5　各省（区）各类型森林灾害稳定系数和风险系数

Schedule 5　Stability and risk factor of forest disasters in each province

地区	稳定系数α				风险系数λ			
	火灾	病害	虫害	鼠害	火灾	病害	虫害	鼠害
北京	1.5565	2.4977	1.1365	3.2930	1.1	1.1	1.1	1.2
天津	1.7090	0.6443	0.3672	4.3589	1.1	1.1	1	1.2
河北	0.8887	0.7764	0.4318	0.8460	1.1	1.2	1.2	1.2
山西	1.2103	1.9869	0.9029	0.5931	1.1	1.2	1.3	1.3
内蒙古	2.2977	1.2415	0.2606	0.4118	1.1	1.4	1.4	1.3
辽宁	0.7455	0.2960	0.2404	0.7363	1.1	1.3	1.3	1.1
吉林	0.9155	1.1845	0.6155	1.7609	1.2	1.2	1.4	1.1
黑龙江	2.2690	0.9618	0.7445	0.4758	1.4	1.4	1.4	1.3
上海	0.0000	2.8906	1.8493	0.0000	1.3	1	1	1.3
江苏	1.2861	0.7531	0.7280	0.0000	1.2	1.2	1.1	1.2
浙江	1.0032	1.2376	0.7425	0.0000	1.3	1.1	1.2	1
安徽	1.0302	0.6707	0.4985	4.3589	1.2	1.2	1.2	1.1
福建	1.1058	1.2761	0.5717	0.0000	1.4	1.1	1.3	1
江西	1.0353	0.8281	0.5535	4.3589	1.3	1.1	1.3	1.2
山东	1.2810	0.7617	0.9940	0.0000	1.1	1.2	1.1	1.1
河南	0.8004	0.8987	0.9791	2.3727	1.1	1.3	1.2	1.2
湖北	0.9248	1.2045	0.4733	1.3382	1.2	1.2	1.3	1.2
湖南	0.9039	1.1088	0.4671	2.7384	1.4	1.1	1.3	1.1
广东	1.0120	0.7127	0.8204	0.0000	1.3	1.1	1.4	1.1
广西	0.8889	0.5188	0.5001	2.6787	1.3	1.3	1.3	1.2
海南	0.6763	2.5961	2.0746	2.8572	1.3	1.2	1.3	1.1

续 表

地区	稳定系数α				风险系数λ			
	火灾	病害	虫害	鼠害	火灾	病害	虫害	鼠害
重庆	1.0640	0.8548	0.7020	1.4378	1.2	1.2	1.2	1.2
四川	0.8712	0.4062	0.2181	0.6281	1.3	1.4	1.4	1.2
贵州	0.8434	0.7618	0.5950	1.4530	1.3	1.2	1.2	1.2
云南	1.1299	0.4585	0.3332	1.2679	1.4	1.3	1.4	1.1
西藏	1.2384	1.3891	1.3241	1.4435	1.2	1.4	1.3	1.3
陕西	1.6101	1.1619	0.6719	0.4866	1.1	1.3	1.3	1.3
甘肃	2.9771	0.6877	0.8324	0.8502	1.1	1.4	1.3	1.3
青海	0.9739	0.6197	2.1063	1.1375	1	1.3	1.2	1.3
宁夏	1.2660	2.2471	0.4791	0.6681	1	1.3	1.2	1.4
新疆	1.6861	1.4568	0.3431	0.9096	1.1	1.3	1.2	1.4

附表 6　森林保险费率计算值与各地区现行费率表

Schedule 6　Premium rate of forest in each province

地区	计算费率		现行费率	
	损失率预测值	费率计算值	公益林	商品林
北京	0.0970	0.3954	2	–
天津	3.2482	5.7604	–	–
河北	1.0573	2.3329	3.8	3.8
山西	1.0147	2.9477	3	–
内蒙古	2.2215	6.6416	2.5	2.5
辽宁	1.7940	3.5486	3	3
吉林	0.6496	1.8461	4	4
黑龙江	3.0563	13.6724	–	–

续 表

地区	计算费率		现行费率	
	损失率预测值	费率计算值	公益林	商品林
上海	0.6189	2.4776	–	–
江苏	0.6895	1.6350	–	–
浙江	0.1165	0.3093	1.5	8
安徽	0.9069	2.0784	3.5	4
福建	1.0144	3.2865	2.5	2.5
江西	0.3100	0.8265	4	4
山东	0.5973	1.5814	5	–
河南	1.3142	3.7583	2	3
湖北	1.5420	3.6846	3	3
湖南	0.6222	1.4630	4	10
广东	0.2700	0.8293	4	–
广西	0.4385	1.0862	3	3
海南	0.6587	2.8868	3	5
重庆	1.1235	3.0300	2	4
四川	0.9194	1.9600	1.3	1.6
贵州	0.3646	0.9336	7	7
云南	0.4933	1.3116	1	1
西藏	0.6708	2.5197	–	–
陕西	0.9582	2.5285	4	4
甘肃	1.0345	3.0258	2	2
青海	2.0077	7.0673	3.5	3.5
宁夏	7.3685	19.8527	–	–
新疆	3.5790	8.9441	–	–

附表 7　代表省份森林保险的主要实施办法

Schedule 7　Main scheme of forest insurance in typical provinces

省份	类别			保险费率	保险金额（元/亩）	保费负担比例			
						中央	省级	县级	林农
江西	公益林			2‰	500	50%	50%		
	商品林	火灾险		1.5‰	800	30%	25%	5%	40%
		综合险				30%	25%	5%	40%
湖南	公益林			4‰	400	50%	25%	15%	10%
	商品林					30%	25%	10%	35%
福建	公益林			2‰	500	50%	25%	15%	10%
	商品林	投保面积≤ 1000 亩		3‰		30%	25%	15%	30%
		投保面积 >1000 亩				30%	25%		45%
浙江	公益林	欠发达县		3‰	300	50%	40%	10%	
		其他县				50%	20%	30%	
	商品林	火灾险	欠发达县	1.5‰	200~800	30%	27%	18%	25%
			其他县			30%	18%	27%	25%
		综合险	欠发达县	用材林 8‰、经济林 6‰、竹林 8‰	用材林 500、经济林 800、竹林 650	30%	27%	18%	25%
			其他县			30%	18%	27%	25%
云南	公益林			1‰	400	50%	25%	25%	
	商品林					30%	25%	15%	30%
辽宁	公益林			3‰	400	50%	25%	20%	5%
	商品林					30%	25%	20%	25%

参考文献

[1] 陈晨.农作物保险费率厘定方法及其政策影响研究[D].安徽农业大学，2009：12-16.

[2] 陈丽.国外农业保险风险区划的经验启示[J].中国集体经济，2010(6)：198-199.

[3] 陈平.农作物保险的风险区划和费率精算研究[J].黑龙江农业科学，2010(11)：126-128.

[4] 陈新建，陶建平.湖北省水稻生产风险区划的实证研究[J].统计与决策，2008(19)：86-88.

[5] 崔文迁，王珺，马菁蕴.我国森林保险的市场失灵与政策建议——基于福建省森林保险工作的研究[J].林业经济，2008(11)：17-20.

[6] 邓国，王昂生，周玉淑.中国省级粮食产量的风险区划研究[J].南京气象学院学报，2002(3)：373-379.

[7] 丁少群.我国农业保险的发展需要风险区划[J].中国集体经济，2009(27)：91-92.

[8] 范晨.基于GIS的森林火灾风险评价的分析与研究[D].北京交通大学，2010：16-20.

[9] 方少勇.论森林保险的制度特征与演进路线[J].保险研究，2010(2)：

96–99.
[10] 郭忠义 . 农业风险区划的必要性与可行性 [J]. 中国保险，2010（4）：42–44.
[11] 韩司南 . 农业巨灾风险分析与保险费率厘定研究 [D]. 中国农业科学院，2008：15–17.
[12] 洪伟，陈辉，方柏州 . 森林火灾数量特征和火灾保险率的数学模拟 [J]. 林业科学，1993（04）：313–318.
[13] 金满涛 . 林农行为视角下政策性森林保险的经济分析 [J]. 新疆财经大学学报，2010（2）：36–39.
[14] 梁来存 . 我国粮食作物保险风险区划的实证研究 [J]. 山西财经大学学报，2010（1）：65–71.
[15] 刘红梅，周小寒，王克让 . 加快发展我国林业保险的研究 [J]. 经济体制改革，2007（01）：169–172.
[16] 刘锐金 . 湖北省县级水稻产量保险的费率厘定 [D]. 华中农业大学，2009：10–17.
[17] 宁满秀 . 农业保险与农户生产行为关系研究 [D]. 南京农业大学，2006：108–113.
[18] 潘家坪 . 发展我国森林保险的制约因素透视与对策探讨 [J]. 林业资源管理，1997（05）：8–10.
[19] 潘家坪 . 森林保险中合理确定保险费率的探讨 [J]. 林业资源管理，1999（05）：5–8.
[20] 石焱 . 我国南方集体林区森林保险事业发展对策研究 [D]. 北京林业大学，2009：75–82.
[21] 苏宏钧，赵杰，尤德康，等 . 我国森林病虫害灾害经济损失 [J]. 中国森林病虫，2004（5）：1–6.
[22] 孙香玉 . 农业保险补贴的福利研究及参保方式的选择 [D]. 南京农业

大学，2008：35-47 .
[23] 陶莎 . 典型国家农作物保险保费补贴分析 [D] . 中国农业科学院，2010：24-30.
[24] 王华丽 . 政府灾后救助对林农森林保险决策的影响分析 [J] . 生态经济，2010（3）：62-65.
[25] 王华丽，陈建成 . 政府支持与我国森林保险发展的经济学分析 [J] . 经济问题，2009（10）：28-30.
[26] 王克 . 农作物单产分布对农业保险费率厘定的影响 [D] . 中国农业科学院，2008：14-19.
[27] 王素艳 . 北方冬小麦干旱风险评估及风险区划研究 [D] . 中国农业大学，2004：33-38.
[28] 邢鹂，高涛，吕开宇，等 . 北京市瓜蔬类作物生产风险区划研究 [J] . 中国农业资源与区划，2008（6）：55-60.
[29] 邢鹂，钟甫宁 . 粮食生产与风险区划研究 [J] . 农业技术经济，2006（1）：19-23.
[30] 张友祥 . 区域农业保险形成机理及发展模式研究 [D] . 东北师范大学，2008：81-89.
[31] 李彧挥，颜哲，韩爱桂 . 成本收益视角下政策性森林保险供需分析——以福建省为例 [J] . 林业经济，2012（08）：91-95.
[32] 冯祥锦，黄和亮，杨建州 . 森林保险投保行为博弈分析 [J] . 福建农林大学学报（哲学社会科学版），2012，15（02）：59-62.
[33] 邓义，陶建平 . 我国政策性森林保险监管研究 [J] . 林业经济，2012（09）：79-84.
[34] 李彧挥，李彩鸽，孔祥智 . 政策性森林保险支付意愿及影响因素分析——以湖南省安化县为例 [J] . 北京林业大学学报（社会科学版），2012，11（01）：80-85.

［35］秦涛，田治威，刘婉琳，等．农户森林保险需求的影响因素分析［J］．中国农村经济，2013（07）：36–46.

［36］龙开平．浅谈我国森林保险面临的困境和发展思路［J］．湖南林业科技，2013，40（03）：97–100.

［37］宋晓梅，陈荆，潘焕学．森林保险财政补贴研究［J］．江苏农业科学，2013，41（12）：437–439.

［38］邓晶，秦涛，张卫民．我国森林保险财政补贴政策及其对林农保险需求的影响——基于湖南省林农问卷调查的实证研究［J］．广东农业科学，2013，40（09）：200–204.

［39］杨超．影响林农森林保险需求的关键因素分析［D］．福建农林大学，2013.

［40］陈宣，王博．政策性森林保险主体行为分析及政府作用研究［J］．绿色财会，2013（03）：30–32.

［41］刘晓宁，吴昊．湖北省森林保险执行现状与影响因素［J］．北京农业，2014（30）：112.

［42］王毅．湖南省政策性森林保险实践与发展对策研究［D］．中南林业科技大学，2014.

［43］秦涛，王源，顾雪松．森林保险需求影响因素研究进展［J］．广东农业科学，2014，41（19）：199–202+219.

［44］王珺，冷慧卿．基于公顷网格尺度的森林火灾风险区划与保险定价研究［J］．管理世界，2014（09）：42–47.

［45］周古月，刘晓宁，周伟国．湖北省森林保险需求影响因素分析［J］．吉林农业，2014（17）：80.

［46］王灿雄，蔡硕聪．福建省政策性森林保险发展的经济学分析［J］．科技和产业，2014，14（06）：148–151.

［47］李生冲．森林保险发展的问题与建议［J］．中国林业经济，2018（05）：

86–87.

[48] 沈丹舟 . 四川省森林保险发展现状与对策思考 [J]. 四川林业科技, 2018, 39 (04): 121–125.

[49] 韦珠丹 . 森林保险发展中存在的问题及优化策略探寻 [J]. 南方农业, 2018, 12 (18): 86–87.

[50] 秦涛, 张晞, 顾雪松, 等 . 基于 Holecy 模型的森林火灾保险费率厘定研究 [J]. 保险研究, 2018 (06): 77–87.

[51] 李勇斌 . 我国森林保险保费补贴区域差异化研究 [J]. 区域金融研究, 2018 (05): 30–34.

[52] 张英, 刁钢, 陈绍志, 等 . 森林保险区划研究——以辽宁省为例 [J]. 林业经济问题, 2018, 38 (02): 66–72+108.

[53] 邢红飞, 贾子昂, 宫大鹏, 等 . 基于风险区划的我国森林火灾保险费率厘定研究 [J]. 林业经济, 2018, 40 (02): 107–112.

[54] 王天会 . 浙江省森林保险现状及困境研究 [J]. 林业经济问题, 2017, 37 (06): 62–65+107.

[55] 林洁, 武双, 苏志琛, 等. 福建省森林保险发展变化及制约因素的研究[J]. 中国林业经济, 2017 (05): 10–14.

[56] 夏钰, 秦涛 . 我国森林保险保费补贴的区域差异化 [J]. 江苏农业科学, 2017, 45 (17): 314–318.

[57] 周晓莉, 李丹宁, 巨心怡, 等 . 林业保险的法律问题与对策 [J]. 安徽农业科学, 2017, 45 (25): 257–258.

[58] 陈国荣, 邵豹伟, 秦涛, 等 . 基于风险区划的我国森林火灾险费率厘定研究 [J]. 价格理论与实践, 2017 (08): 116–119.

[59] 马平, 潘焕学, 秦涛 . 我国林业巨灾保险风险分散体系的构建及政策保障 [J]. 农村经济, 2017 (01): 67–72.

[60] 杜翠萍 . 山西省开展政策性森林保险工作的思考 [J]. 山西林业科技,

2016，45（04）：42–44.

[61] 邵豹伟，秦涛 . 基于二次熵权法的森林火灾风险区划研究 [J]. 时代金融，2016（26）：280–281+285.

[62] 高播，张英，赵荣，等 . 政策性森林保险制度设计创新研究 [J]. 林业经济，2016，38（02）：27–32.

[63] Atwood J，Shaik S，Watts M. Can Normality of Yields Be Assumed for Crop Insurance？ [J]. Canadian Journal of Agricultural Economics，2002，50（2）：171–184.

[64] Babcock B A，Hart C E，Hayes D J. Actuarial Fairness of Crop Insurance Rates with Constant Rate Relativities [J]. American Journal of Agricultural Economics，2004，86（3）：563–575.

[65] Barnett B J，Mahul O. Weather Index Insurance for Agriculture and Rural Areas in Lower-Income Countries [J]. American Journal of Agricultural Economics，2007，89（5），1241—1247.

[66] Breustedt G，Bokusheva R，Heidelbach O. Evaluating the Potential of Index Insurance Schemes to Reduce Crop Yield Risk in an Arid Region [J]. Journal of Agricultural Economics，2008，59（2）：312–328.

[67] Brunette M，Couture S. Effects of Public Compensation for Disaster Damages on Private Insurance and Forest Management Decisions[J], 2007(6): 1–.32

[68] Breustedt G，Bokusheva R，Heidelbach O. Evaluating the Potential of Index Insurance Schemes to Reduce Crop Yield Risk in an Arid Region [J]. Journal of Agricultural Economics，2008，59（2）：312–328.

[69] Chambers R G. Valuing Agricultural Insurance [J]. American Journal of Agricultural Economics，2007，89（3）：596–606.

[70] Chambers R G，Quiggin J. Optimal Producer Behavior in the Presence of Area-Yield Crop Insurance [J]. American Journal of Agricultural

Economics, 2002, 84 (2) : 320–334.

[71] Chen C, Chang C. The impact of weather on crop yield distribution in Taiwan: some new evidence from panel data models and implications for crop insurance [J] . Agricultural Economics, 2005, 33 (s3) : 503–511.

[72] Coble K H, Barnett B J. Implications of Integrated Commodity Programs and Crop Insurance [J] . Journal of Agricultural and Applied Economics, 2008, 40 (2) : 431.

[73] Deng X, Barnett B J, Hoogenboom G, et al. Alternative Crop Insurance Indexes[J]. Journal of Agricultural and Applied Economics, 2008, 40(1): 223.

[74] Dismukes R, Glauber J. Why Hasn' t Crop Insurance Eliminated Disaster Assistance ? [J] . Amber Waves, 2005, 3 (3) : 34.

[75] Glauber J W. Crop Insurance Reconsidered [J] . American Journal of Agricultural Economics, 2004, 86 (5) , 1179—1195.

[76] Goodwin B K, Rejesus R M. Safety Nets or Trampolines ? Federal Crop Insurance, Disaster Assistance, and the Farm Bill [J] . Journal of Agricultural and Applied Economics, 2008, 40 (2) : 415.

[77] Goodwin B K, Vado L A. Public Responses to Agricultural Disasters: Rethinking the Role of Government [J] .Canadian Journal of Agricultural Economics, 2007, 55 (4) : 399–417.

[78] Jin Y, Rejesus R M, Little B B. Binary choice models for rare events data: a crop insurance fraud application[J]. Applied Economics, 2005, 37(7): 841.

[79] Ker A, Ergun A T. On the Revelation of Private Information in the U.S. Crop Insurance Program [J] . Journal of Risk and Insurance, 2007, 74 (4) : 761–776.

[80] Makki S, Somwaru A, Harwood J. Participation in yield and revenue insurance products: What are important factors ? [J]. Journal of Agricultural Lending, 2001, 14(2): 30.

[81] Ozaki V A, Goodwin B K, Shirota R. Parametric and nonparametric statistical modelling of crop yield: implications for pricing crop insurance contracts [J]. Applied Economics, 2008, 40(9), 1151.

[82] Pattanayak S K, Sills E O. Do tropical forests provide natural insurance ? The microeconomics of non-timber forest product collection in the Brazilian Amazon [J]. Land Economics, 2001, 77(4): 595.

[83] Roberts M J, Key N, O' Donoghue E. Estimating the Extent of Moral Hazard in Crop Insurance Using Administrative Data [J]. Review of Agricultural Economics, 2006, 28(3): 381-390.

[84] Sherrick B J, Barry P J, Ellinger P N, et al. Factors Influencing Farmers' Crop Insurance Decisions [J]. American Journal of Agricultural Economics, 2004, 86(1): 103-114.

[85] Sherrick B J, Zanini F C, Schnitkey G D, et al. Crop Insurance Valuation under Alternative Yield Distributions [J]. American Journal of Agricultural Economics, 2004, 86(2): 406-419.

[86] Vergara O, Zuba G, Doggett T, et al. Modeling the Potential Impact of Catastrophic Weather on Crop Insurance Industry Portfolio Losses [J]. American Journal of Agricultural Economics, 2008, 90(5), 1256—1262.

[87] Xu W, Odening M, Musshoff O. Indifference Pricing of Weather Derivatives[J]. American Journal of Agricultural Economics, 2008, 90(4): 979-993.

[88] Zhong F, Ning M, Xing L. Does crop insurance influence agrochemical uses under current Chinese situations ? A case study in the Manasi watershed, Xinjiang [J]. Agricultural Economics, 2007, 36(1): 103-112.